优 秀

FP&A

财务计划与分析从入门到精通

詹世谦 ———— 著

机械工业出版社
CHINA MACHINE PRESS

本书从业务视角，系统讲解 FP&A 需要掌握的战略规划、预算管理、财务分析等模块，并提供实际案例，对 FP&A 工作进行直观演示。书中还分享了很多有创意的财务模型，有助于财务专业人士认识和深入理解 FP&A，更好地应用管理会计与业财融合的理念，成为各职能部门的业务伙伴与管理层的决策参谋。本书也可以帮助非财务人员快速入门，尤其书中的战略规划、预算管理与财务分析三部分内容，是非财务人员快速学习战略与财务管理的极佳资料。

图书在版编目（CIP）数据

优秀 FP&A：财务计划与分析从入门到精通 / 詹世谦著 . —北京：机械工业出版社，2023.12

ISBN 978-7-111-74688-1

I. ①优… II. ①詹… III. ①财务管理 IV. ① F275

中国国家版本馆 CIP 数据核字（2024）第 028945 号

机械工业出版社（北京市百万庄大街 22 号　邮政编码 100037）
策划编辑：石美华　　　　　　　　　　责任编辑：石美华
责任校对：孙明慧　丁梦卓　闫　焱　　责任印制：郜　敏
三河市国英印务有限公司印刷
2024 年 4 月第 1 版第 1 次印刷
170mm×230mm · 26 印张 · 1 插页 · 342 千字
标准书号：ISBN 978-7-111-74688-1
定价：89.00 元

电话服务　　　　　　　　网络服务
客服电话：010-88361066　　机　工　官　网：www.cmpbook.com
　　　　　010-88379833　　机　工　官　博：weibo.com/cmp1952
　　　　　010-68326294　　金　书　网：www.golden-book.com
封底无防伪标均为盗版　机工教育服务网：www.cmpedu.com

知其然，知其所以然，知其所以必然
——非财务人员财务通识之度

◎王漫　民企 CEO，行为改变高管教练

花了一整周时间一口气读完这本书，用心潮澎湃来形容当时的自己一点也不为过，很久没有一本书能令我如此深受启发并引发我的思考了。细读之后我笃定，除了财务专业人士，这本书的财务理念、逻辑结构、实战案例值得每一位企业家和经理人阅读和学习。因为这本书内容涵盖财务思维和业财融合，既贴近业务，又安全可行。

当今世界正经历百年未有之大变局；中国企业正面临许多机遇与挑战。无论是什么样的经营思想、管理理念、专业工具、方法论，对于广大发展中的中国企业来说最重要的是，一要适合企业的水土，二要安全实施落地，这样才能真正为企业所用，带来实际价值。

在我辅导过的多家民企中，企业因老板听了一个概念、管理团队上了几天课、聘请咨询公司做了几天内训，就不顾企业现状、管理团队成熟度、员工个人能力，盲目导入如阿米巴、华为 IDP 等管理模式，从而导致本位主义严重、效率大幅下降、经营成本飙升、员工士气低下等严重后果，将企业引向歧途的例子比比皆是。最后，很多管理模式要么形同虚设，要么不了了之。企业为之投入的资源被极大浪费，更重创了组织元气。

这本书所阐述的核心内容，是基于管理会计和业财融合理念对财务管理模式转型的探索，通读之后给了我很大的信心。书中的财务管理理念与思维、预算管理流程与财务模型值得企业借鉴、推行和导入，原因如下。

首先，它是以业务视角对 FP&A（Financial Planning & Analysis，财务计划与分析）的角色、作用和实践进行诠释。从中长期战略规划制订，到年度经营计划分解，到基于资源配置的预算管理，再到符合 SMART 原则的关键绩效指标设计，以及预算执行过程控制与差异分析，作者呈现的财务管理框架是和业务经营思路一脉相承、完美融合的。

其次，FP&A 具有的业务意识，使其提供的财务计划和分析更加有的放矢；汇总的财务报告更加易于业务同人理解；搭建的财务管控流程更便于执行。与此同时，对于像我一样非财务专业背景的企业管理者，在做出重大经营决策时，也更知道应该向财务相关部门索要哪些关键信息，对信息的采纳也更加坚定。

最后，谈到安全，离不开作者的工作经历，以及从他文字中所窥见的价值观。作者既有近 20 年的跨国企业财务管理工作背景，又有作为培训讲师和财务管理咨询师指导数百家企业的财务管理者与企业高管的经验。他所介绍的理论、工具、模型，无不是在外企、国企、民企落地实践并被印证行之有效的结晶。在阅读这本书的过程中，我更加理解了财务思维和财务逻辑对经营决策的帮助，也不止一次思考和感叹，如果当时借鉴了这本书的一些模型和方法论，对战略判断会有哪些不一样的启发？若早一点认识到 FP&A 的价值，在组织架构中增设 FP&A 或业务财务角色的决心能否更加果断？

书，是作者思想表达的重要载体之一。关于一本好书，读者学习的不仅是作者所研究领域的专业知识，更能借此走进他们的内心，与之对话并产生共鸣。本书就有这样一个案例引起了我极大的共鸣，作者指出，财务分析工作考验的是专业知识、逻辑思维与判断能力，如果你发现公司目前的财务分析的公式或模型有问题，就要大胆提出来，进行修正，这不但可以展示你的专业能力与影响力，也会给公司创造价值。有这样一种说法，管理层的气质决定了企业的气质。那么，作为领导企业经营中枢的财务部门的管理者，他们所秉持的正直、严谨、担当、尽责、合作、支持，也就决定了所提供的财务数据的真正质量与价值内涵，采用这样的数据显然没有后顾之忧。

这本书以业务伙伴与管理层的决策参谋为基石，分别从战略规则、预算管理、营运管理、成本管理、投融资管理、绩效管理、企业管理会计报告等知识框架，对FP&A职能与模块做了系统而全面的梳理，其中给我最大的启发包括：

（1）FP&A是传统财务管理模式转型的典范，是最能用业务语言诠释财务信息与数据的桥梁。FP&A对组织提升经营及管理能力的贡献在于：通过对信息和企业数据的规划、整合、管理和分析，前瞻性地（面向未来）为业务方向提供有见地的预测；借助对预算预测与实际财务绩效的评估，帮助组织以最佳方式实现运营、财务及战略目标。

（2）他山之石，可以攻玉。诚如作者所说："我会毫无保留地分享我多年来的实战经验与财务管理理念，以及很多有创意的财务模型。"阅读过程中，时时都能深刻感受到作者的深厚底蕴与倾囊相授的诚意。比如，作者在"预算管理"部分，用一整章篇幅对预算编制的各种准备工作，特别是对预算启动会议和企业预算编制工作计划做了详尽的介绍，我们在实操中几乎可以完全参照；又比如，作者所分享的定价模型、固定资产投资决策模型、企业估值模型等，都非常实用，由这些模型制定的决策有更为可靠的依据，极大地增强了管理者对决策的信心。书中经典的实际案例不胜枚举，在此不再赘述，相信阅读此书的财务管理者与企业经营者一定会有自己的体会和收获。

经营者需要懂财务，才能经营好公司，这已然是共识。但毕竟术业有专攻，非财务人员对财务专业知识和技能的掌握度到底在哪里？幸运的是，在这本书中我找到了这一问题的答案。

经营结果一定是用财务语言来表达的！这本书用通俗易懂的文字、大量的实际案例带领我们系统学习了必要的财务语言，帮助我们再次认知收入、利润、成本、价格、流动资金周转效率、存货周转率、应收账款与应付账款周转天数等关键财务指标对经营结果的影响；懂得了财务数据对经营决策的价值，明白了财务管理在日常运营中的内在逻辑，具备了现金为王、成本领先、科学定价、投资回报等核心财务思维。若能将其熟练掌握并加以应用，有利于非财务人员在经营中把控风险，做出正确的经营决策。

经营的本质是利润与客户，是经营的必然；企业利润的多寡、现金流量的充裕程度，是经营的所以然；FP&A为财务管理提供了科学的分析路径，抓住了经营的本质，此乃知其然。知其然，知其所以然，知其所以必然，是这本书为读者呈现的价值！若读者能从一本书中得到启发，既能知其然，还能知其所以然，更能知其所以必然，那么这本书一定是一本好书！

怎么定义今天这个时代？动荡（Volatility）？不确定（Uncertainty）？复杂（Complexity）？模糊（Ambiguity）？

宝洁公司前 CEO 罗伯特·麦克唐纳曾借用一个军事术语，描述时下的商业格局："这是一个 VUCA 的世界。"自此，他以上述四个英文单词缩写的"VUCA"，逐渐被商界和管理学界用来描述当下的商业环境和时代特征。

在俄乌军事冲突、中美关系极大影响世界格局演化的今天，国际贸易冲突、金融风险加剧、全球供应链重构、人力资源成本上升、土地价格与物业租金攀升等因素共同作用，极大考验着企业的经营及管理水平。可以说，当今世界所面临的动荡和不确定性程度，比以往任何一个时期更加复杂及模糊，任何传统意义上的优势都不再具有连续性。在动荡中寻求转型，在变化中重新确定新的竞争优势，是身处 VUCA 时代的每个个体和组织必须直面的困难与挑战。

作为一名财务老兵，我一直在思考和探寻财务部门如何通过自身转型，帮助企业未雨绸缪，解决外部环境与内部经营之间的矛盾，在不确定中寻找确定的方向，使组织具备适应 VUCA 时代的能力。就这一思考，我与多家企业财务高管和财务专业培训机构进行了深入交流。我们发现，当今企业管理者对财务团队运用财务信息，帮助组织进行经营管理与业务决策的诉求越来越高。此外，财务部门必须实现业财融合，成为管理层决策参谋及各职能部门业务伙伴，这个转型刻不容缓。

幸运的是，业界和我自己对这场势在必行的深刻转型已有所准备！

近年来，中国会计界对管理会计这一概念的引入和探讨不断深入；中国注册会计师协会与培训机构亦大力推广管理会计相关课程，通过认证与培训，完成管理会计知识与思维在企业的执行落地。而财务部门自身也在为企业提供投融资决策、定价策略、预算管理、财务分析、滚动预测、成本与费用管控、绩效管理等全新视角的支持，辅助战略决策并支持业务发展，在降低经营风险的同时，完成财务管理模式的转型。

回看我个人，无论是前十余年在财务各岗位上的经验积累，还是后十年职业转型后的理论研究与实践，无不在为今天财务管理模式的变革蓄力准备。

在管理会计应用中，有个重要职位，即财务计划与分析（Financial Planning & Analysis，FP&A），就是负责将管理会计的职责付诸实践的职位。本书我将以这一岗位为支点，分享我对管理会计在现代企业经营管理和决策中的作用的系统思考。

1997 年，大学毕业后，我进入广东一家合资企业的财务部门工作。在 8 年的时间里，我从一名会计逐步成长为财务主管、财务经理、财务总监。我领导的财务部门的职责范围包括会计核算、资金管理、税务管理与财务管理。而财务管理，包括预算编制、财务分析、滚动预测、固定资产投资分析、项目融资、流动资金管理与现金流量管理等工作内容。

大约在 2010 年，我参加了上海一家财务培训机构的论坛，遇见一位女性嘉宾，她是一家民营企业的 CFO。论坛上她分享了自己的成长经历与 FP&A 职业经验。她先在美国一家跨国企业担任 FP&A 经理，然后被浙江一家民营企业邀请回国，担任了 CFO。她说，FP&A 是管理会计的高阶应用，是财务管理的王者皇冠，在美国，很多 CFO 有过 FP&A 的工作经历。FP&A 的工作经历让她更容易理解业务，并胜任 CFO 职位。

这位演讲嘉宾的观点让我印象深刻，也让我对 FP&A 有了初步的认识。几年后，我所服务的跨国企业被美国黑石集团收购，然后需要增设 FP&A 部门，以满足黑石集团和董事会对财务分析的要求。总部与管理层认为，FP&A 必须具有管理会计思维，而且熟悉公司业务，能够帮助企业增强盈利能力，成为管理层的业务伙伴与决策参谋。后来，在选择亚洲区 FP&A 总监时，管理层认为我是合适的人选。在上司的鼓励下，我从中国财务总监转到了亚洲区 FP&A 总监这个位置，从此开始了一段新的职业生涯。

FP&A 总监职位的职责范围包括哪些呢？下面是我的岗位描述的主要职责范围：

- 参与制订战略规划，并编制平衡计分卡与行动计划。
- 组织各业务单元与各部门进行年度预算的编制，并开发预算报表模型。
- 负责每个月的亚洲区管理报告与财务分析，解释实际与预算及预测的差异。
- 每个月持续对利润表进行滚动预测，并提出改善建议。
- 参与制订关键绩效指标（KPI），负责审核各业务单元与部门的成本费用与绩效报告。
- 开发各种财务模型与数据图表，用作财务分析或业务决策工具。
- 持续关注流动资金，对应收账款、存货与应付账款的周转率和账龄进行分析与管理。

- 参与制定价格策略，负责产品的定价与报价。
- 对公司的生产线、客户与产品的盈利能力进行分析，发现问题与改善机会。
- 负责对重大的投资项目进行内部收益率与可行性分析。
- 成为精益生产与六西格玛项目的财务代表，批准与审议改善项目的收益计算。
- 支持地区财务副总裁的日常工作，并支持亚洲区管理层团队。

显然，FP&A 是支持管理层与各职能部门的关键财务职能，也是财务部门成为业务伙伴的体现。因为其重要性，FP&A 自然是人才市场中争抢的对象。可以预料，对 FP&A 职位与职业有兴趣的，或正在从事 FP&A 工作的财务人员，也会有意愿继续学习 FP&A 有关知识，掌握 FP&A 专业技能，增强自身业务意识。

恰好，我就是一个有着强烈业务意识的财务人。我在外企工作了 18 年，其中 10 年担任财务总监，也有长时间担任 FP&A 总监的经历。从 2014 年开始，我与上海高顿咨询合作，在国内率先开设了 FP&A 实战训练营课程。几年下来，这个课程成为高顿的钻石课程，课程内容的实战性得到了上万学员的广泛认可。在授课过程中，经常会有学员建议我去著书，将这些内容传播给更多财务人。因此，著书的想法一直埋在我心里，等待时机的到来。

很幸运，经友人介绍，我结识了机械工业出版社的策划老师，同样的专业背景和在同一个年代长大让我们有了更多的共同语言。策划老师亲临了我在北京的培训课堂，感受了我的风格与特点之后，经过我俩再次的交流与探讨，最终达成共识，由此策划老师提出了本书的写作与出版计划。

本书试图对 FP&A 一职应该熟练掌握的战略规划、年度经营计划、预算管理、财务分析、滚动预测、绩效考核、财务模型、投资决策等内容进行讲解与演练，让读者得到启发，激发读者兴趣与继续学习的欲望，并让读者掌握可以落地的模型与解决方案。作者也希望此书能够给广大财务从业者带来启发，拓宽财务视角和认知思维，更好地应用管理会计与业财融合的理念，改善企业的财务管理水平，为企业的发展贡献价值。

本书内容贴近现实，案例丰富，文字深入浅出，对于广大的企业高管，以及想拓宽财务思维的其他非财务管理人员，是一本值得大力推荐的读物。管理者阅读本书后，可以更加了解财务管理的职责范围与岗位价值，也可以对财务团队提出更高的要求。

在本书中，我会毫无保留地分享我多年来的实战经验与财务管理理念，以及很多有创意的财务模型，比如基于数量、价格与产品组合三因素的销售差异分析、利润差异分析、毛利润率差异分析；搭建三大财务报表完美关联的预算模型、固定资产投资可行性分析模型与企业估值模型。此外，若我的抛砖引玉可以引起财务同行、专家学者的注意与讨论，为管理会计在中国的推广共同助力，则荣幸之至。

最后，感谢为本书的出版提供直接帮助的编辑与老师，特别感谢策划老师与罗依芬老师。此外，非常感谢几位好友，包括王漫、刘林、杨惠芬与闫征征，细心阅读本书稿件，并提供了非常有价值的建议与帮助。借此机会，也感谢在我的职业生涯中曾经给我提供无数帮助与支持的同事与领导，以及深度合作过的众多培训机构与工作人员。

由于本书为本人的第一本作品，加上水平有限，难免存在不当与疏漏之处，敬请广大读者批评指正。如果大家在阅读过程中，有任何疑问或希望探讨的话题，欢迎通过电子邮件联系我：jameschan815@163.com。

詹世谦

谨以本书献给我的妻子丽霞

以及我们的孩子奕涵、奕霏与凯杰

目 录
CONTENTS

第 3 部分 预算管理

第 3 章 认识预算的真面目 / 62

第 4 章 预算编制的准备工作 / 84

1

认识财务计划与分析（FP&A）

第 1 章

从财务会计到 FP&A

1.1　财务团队的职能分工

在小微企业，财务团队的职能分工非常简单，可能只设置了出纳与会计。有些小微企业甚至只雇用了出纳，负责收集票据、收付款以及记流水账，而将会计工作外包给了会计服务公司。对于小微企业来说，这样的财务分工是非常简单且务实的。

但随着企业业务的成长与规模的增大，财务部逐渐成为重要的管理部门，以支持企业的经营管理与业务决策。因此，财务部对于企业的生存与发展，变得非常重要。

简单起见，我们可以把财务的职能区分为会计核算、税务管理、资金管理与财务管理，如图 1-1 所示。

会计核算	税务管理	资金管理	财务管理

• 总账 / 应收账款 /
  应付账款 / 固定
  资产
• 财务报表与报告
• 库存管理
• 成本核算
• 内部控制
• 审计
	• 税务合规
	• 纳税申报
	• 税务筹划
	• 税务审计
		• 出纳
		• 费用报销
		• 现金流量管理
		• 融资管理
		• 外汇管理
			• 战略规划
			• 预算管理
			• 财务分析
			• 滚动预测
			• 绩效考核
			• 项目投资分析
			• 并购与重组
			• 资本运作

图 1-1　财务职能分工

1.1.1　会计核算

会计核算，包括总账、应收账款、应付账款、固定资产等模块，并负责编制财务报表与报告、库存管理、成本核算、内部控制与审计等工作。在分工明确的公司，会计核算由会计经理负责。

有些企业的成本特别重要，可以将成本核算独立出来，成立成本管理团队，配置成本经理岗位，直接向财务总监汇报。

而集团公司通常还会把内部控制与审计独立出来，以保持对会计核算的制衡与监督。

1.1.2　税务管理

税务管理的重要性毋庸置疑。对于企业来说，在合法合规的前提下，可以通过税务管理与税务筹划，降低企业的税负。

税务管理的工作，包括了税务合规、纳税申报、税务筹划与税务审计。税务审计独立于财务报表审计。存在关联交易的跨国企业，还需要做转移定价的特殊审计。

1.1.3　资金管理

　　资金管理，包括出纳、费用报销、现金流量管理、融资管理与外汇管理等职能。

　　确保企业的资金不出问题，让现金流量处于健康水平，是每一位财务管理者必须铭记的使命与责任。

1.1.4　财务管理

　　财务管理，包括战略规划、预算管理、财务分析、滚动预测、绩效考核、项目投资分析、并购与重组以及资本运作等事务。

　　财务管理显然是财务职能里最具挑战性，又最能体现价值的工作内容。

　　上面是一般企业的财务部门的职能区分。而在有些超级企业中，财务部门非常庞大，人数可能多达数千人，分工变得非常详细与复杂，如下面的案例 1-1，将财务组织区分为战略与专业财务、业务财务、共享财务以及内部控制，共四个模块，可供参考。

○ **案例 1-1**

　　某集团公司将财务组织区分为战略与专业财务、业务财务、共享财务以及内部控制，如图 1-2 所示。

　　战略与专业财务

　　战略与专业财务负责财务战略选择、财务组织设计、管控能力建设、优化资源配置，并负责推进制度、政策、流程和管理规范化。战略与专业财务的工作内容，主要包括了财务规划、预算绩效以及资金管理，具体如下。

　　财务规划

　　财务规划包括了以下职责：

　　（1）公司资本运作的规划，对投资方案、关联交易等的合规性、效益性进行评估，参与交易谈判，给予决策支持。

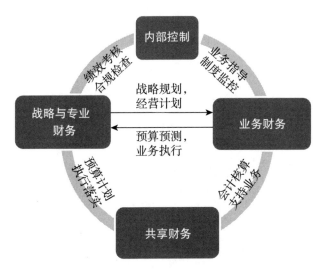

图 1-2　某集团公司财务组织设计图

（2）对企业的工商税务、税务筹划、税务稽核等专业事项提供指导，制定管理规范及流程制度。

（3）建立标准的会计核算及报表体系，促进往来账务管理的规范化，保障公司财务报表的真实性与可靠性。

预算绩效

预算绩效负责预算编制与绩效管理，主要职责包括：

（1）承载集团战略，指出各业务单元行动方向。

（2）依据战略分解目标，通过预算指标引导业务单元制订计划。

（3）在预算目标执行过程中，进行预测预警，及时调整与纠偏。

（4）分析差距，查找原因，并执行考核方案。

资金管理

资金管理包括搭建资金管理平台，事业部公司化，负责资金周转，如应收账款周转天数、库存周转天数、应付账款周转天数等指标，促进营运资金管理处于健康水平，实现现金流量安全与资金使用效率的提升。资金管理的主要职责如下：

（1）制订并落实资金计划，包括内外部融资、投资理财等。

（2）维护银企关系，建立银企合作，承担流动资金贷款管理与项目融资贷款管理。

（3）完善银行账户管理、支付管理、资金调度管理流程与规范，推进资金系统优化。

（4）完善各公司的资金风险管理职责，强化大区层面的资金风险控制能力。

业务财务

业务财务主要负责支持业务部门的管理和决策，注重与前端业务流程相配合，提升经营绩效及把控风险。

业财融合是业务财务的首要工作理念。业务财务是业务部门的合作伙伴，帮助业务部门提升经营绩效。

按照企业的不同战略业务单元与功能，集团公司将业务财务区分为商品零售支持、线上平台支持、物流业务支持、金融业务支持以及地产开发支持。

共享财务

共享财务承担了企业会计核算职能与大量基础财务工作。

共享财务以信息系统与技术支撑为前提，搭建平台与智能共享中心，实现集中作业与提供财务服务，以提高企业财务的效率。

共享财务的主要职责范围包括会计核算与财务报告、费用报销、应收账款管理、应付账款管理、资金集中支付、标准化账表处理、票据管理、影像作业、档案管理等。

内部控制

内部控制包括了风险管理、内部控制与内部审计。

风险管理包括风险信息共享、风险预测与评估、风险持续监控、风险报告与记录。

内部控制包括流程管理、控制点管理、缺陷管理、内部控制报告。

内部审计包括审计项目、咨询项目、审计机器人、持续监控、问题整改。

1.2　VUCA 时代下 FP&A 的机会与挑战

最近几年，从财政部到中国注册会计师协会，都在力推管理会计，鼓励财务会计转型为管理会计。财政部为了促进企业和行政事业单位加强管理会计工作，提升内部管理水平，促进经济转型升级，印发了《财政部关于全面推进管理会计体系建设的指导意见》，随后又制定了《管理会计基本指引》。[⊖]

是什么原因推动财政部大力推广管理会计？

我认为，主要原因是中国的经济发展已经面临转型。四十多年的改革开放，带来了经济的快速发展。在快速发展时期，扩大产能、取得销售订单显得格外重要，对此财务部门发挥的作用有限。而且，财务部门经常提出合规要求、内部控制与成本费用管控，有时会被认为是制约业务发展的绊脚石。

当下处于 VUCA 转型时代的中国经济，有什么特征呢？

第一，劳动力人口下降，人口老龄化，新生人口下跌。

按国际通用标准，15 ～ 64 岁属于劳动适龄范围，即为劳动力人口。但中国的国情与退休年龄与之不同，通常将 16 ～ 59 岁作为劳动力人口的适龄范围。第一财经梳理国家统计局历年《国民经济和社会发展统计公报》发现，

⊖　来源：http://kjs.mof.gov.cn/zhengcefabu/201606/t20160624_2336654.htm，中国财政部，关于印发《管理会计基本指引》的通知。

劳动力人口在 2011 年前后已经达到峰值，为 9.4 亿人。十多年间，劳动力人口减少超过 6 000 万。⊖

随着劳动力人口的持续下降，进入退休年龄的人口越来越多。根据联合国常用的人口老龄化划分标准，一个国家或者地区，60 岁及以上人口占总人口的比例达到 10%，或者 65 岁及以上人口占总人口的比例达到 7%，则标志着该地区进入了老龄化社会。世界卫生组织把老龄化的社会进一步细分为"老龄化社会""老龄社会"和"超老龄社会"，其对应 65 岁及以上人口占比分别为 7%、14% 和 20%。

根据 2021 年 5 月颁布的第七次全国人口普查结果，（截至 2020 年 11 月）中国 60 岁及以上人口约为 2.64 亿人，占 18.70%，其中 65 岁及以上人口约为 1.91 亿人，占 13.50%，数据详见下面的案例 1-2。

○ 案例 1-2

第七次全国人口普查公报（第五号）——人口年龄构成情况⊜

发布时间：2021-05-11

全国人口中，0 ～ 14 岁人口为 253 383 938 人，占 17.95%；15 ～ 59 岁人口为 894 376 020 人，占 63.35%；60 岁及以上人口为 264 018 766 人，占 18.70%，其中 65 岁及以上人口为 190 635 280 人，占 13.50%。与 2010 年第六次全国人口普查相比，0 ～ 14 岁人口的比重上升 1.35 个百分点，15 ～ 59 岁人口的比重下降 6.79 个百分点，60 岁及以上人口的比重上升 5.44 个百分点，65 岁及以上人口的比重上升 4.63 个百分点。

根据发改委的数据，2022 年末，全国 0 ～ 15 岁人口为 25 615 万人，占

⊖ 新浪新闻中心，第一财经网：人口迈入"零增长"，劳动年龄人口 10 年前已达峰，人才红利如何释放。

⊜ 来源：http://www.stats.gov.cn/sj/tjgb/rkpcgb/qgrkpcgb/202302/t20230206_1902005.html，国家统计局，第七次全国人口普查公报（第五号），发布时间：2021 年 5 月 11 日。

全国人口的 18.1%；16～59 岁劳动年龄人口为 87 556 万人，占 62.0%；60 岁及以上人口为 28 004 万人，占 19.8%，其中 65 岁及以上人口为 20 978 万人，占 14.9%。与 2021 年相比，16～59 岁劳动年龄人口减少 666 万人，比重下降 0.4%；60 岁及以上人口增加 1 268 万人，比重上升 0.9%；65 岁及以上人口增加 922 万人，比重上升 0.7%。[⊖]

与老龄化相对应的是，新生儿人口数量持续多年下滑。2015 年，中国新生儿为 1 655 万人，当年 10 月宣布实施全面二孩政策，2016 年的新生儿为 1 786 万人，比 2015 年多了 131 万人，这是放开二孩政策的直接影响。[⊜]而 2017 年的新生儿为 1 723 万人，比上一年减少了 63 万人。[⊜]2016 年与 2017 年，积压的生育需求得以释放。2018 年到 2020 年，出生人口数量持续下降，分别为 1 523 万[⊕]、1 465 万[⊛]与 1 200 万[⊗]。

2021 年的新生人口继续大幅度下降。2022 年 1 月 17 日，国家统计局发布最新的人口数据，2021 年我国新生人口 1 062 万人，死亡人口 1 014 万人，人口自然增长率逼近零增长区间。[⊕]

国家统计局公布的人口数据显示，2022 年全年出生人口 956 万人，人口出生率为 6.77‰；死亡人口 1 041 万人，人口死亡率为 7.37‰；总人口数比上年末减少 85 万人，人口自然增长率为 -0.60‰。对比 2021 年的数据，

⊖ 来源：https://www.ndrc.gov.cn/fggz/fgzy/jjsjgl/202301/t20230131_1348088_ext.html，国家发改委，2022 年人口相关数据。

⊜ 来源：https://www.gov.cn/xinwen/2017-01/22/content_5162356.htm，2000—2016 年我国出生人口数变化情况。

⊜ 来源：央广网，http://china.cnr.cn/ygxw/20180119/t20180119_524105110.shtml，统计局：2017 年中国出生人口 1 723 万 较 2016 年有所下降。

⊕ 来源：新浪新闻中心，新京报：2018 年中国出生人口 1 523 万人。

⊛ 来源：腾讯网，21 世纪经济报道：人口出生率再创新低！2019 年全国出生人口 1 465 万人。

⊗ 来源：经济观察网，第七次全国人口普查结果发布：全国人口数超 14.1 亿 2020 年人口出生率创新低。

⊕ 来源：中国新闻网，《中国人口进入零增长区间，专家分析四因素致出生人口快速下降》，2022 年 1 月 17 日。

2022 年我国少出生 106 万人。[一]

人口数量与人口结构的变化，给中国的社会与经济带来深远的影响，同样也影响到各行各业的发展。有些行业会受到打击，比如首当其冲的医院产科与备孕保健品、面向婴幼童的奶粉与纸尿裤行业，幼儿园学位的需求也有相应下降。而有些行业的需求又会快速增加，比如面向老年人的产品与服务。与婴儿纸尿裤的销量下滑相对应的是，老年人的失禁尿裤的需求量正在快速增长。

我们要密切关注人口数量与人口结构的变化，并判断这会给自己服务的行业与公司带来什么样的挑战或机会。同样，人口的变化也会对每一个家庭与个人生活造成深远影响，作为个人应未雨绸缪。

第二，人力资源成本的增长趋势无法改变。

人力资源成本不断攀升。尤其是一些供需矛盾严重的工种，比如生产操作工与熟练技术工人的用工成本在过去多年呈现明显的增长趋势。

为了引导工资合理增长，2021 年，全国多个省市区颁布了 2021 年的工资增长指导线，一般基准线在 7%～8%[二]。7%～8% 也是近年来普遍的企业工资增长基准线。在实际执行的时候，生产操作工与熟练技术工人的工资增长幅度一般会高于基准线。

为什么要求工资年年要保持增长？除了通货膨胀之外，很重要的原因是劳动力人口的下降导致了劳动力供需矛盾。

第三，企业面临能源、租金与物流等成本压力。

对于广大企业来说，能源成本主要看电价、油价与天然气的价格。

中国的电价，可以依照用电分类，分为大工业电价、一般工商业电价、居民用电电价以及农业用电电价。

[一]　来源：http://www.stats.gov.cn/xxgk/jd/sjjd2020/202301/t20230118_1892285.html，国家统计局。

[二]　来源：腾讯网，《7 省份公布 2021 年工资指导线！你涨薪了没？》，2021 年 9 月 11 日。

大工业电价又分为两部分，即基本电价与电度电价。基本电价按照变压器容量或最大需量计收。表 1-1 为广州市电价价目表[⊖]，最大需量的基本电价为每个月每千瓦 32 元。假设某企业申请了 2 万千瓦的最大需量，则每个月的基本电价为 64 万元。一般工商业用电、居民用电和农业用电的电价没有基本电价。而电度电价依照实际耗用的电度来计算，并按照不同的耗电量，分为不同档次的价格。为了缓解用电峰谷差异，电网公司还采用峰、平、谷三种电度电价，鼓励企业与居民错峰用电，多利用低谷时间的电力，降低用电成本。假设在某个企业中，电力成本在生产成本中占据重要地位，则可以通过适当的生产排单，尽量把高耗能产品安排在电价低谷时段生产，可以降低电力成本。

作为 FP&A，应该对自己公司的电价与电力成本的估算非常熟悉。我们在编制预算、制定标准成本或报价时，都会使用到这个重要的成本要素。

租金成本压力的出现，是因为土地与房地产的价格持续攀升后，传导给了企业。对于企业来说，可能需要租赁厂房、办公室、商场、门店或仓库，容易面临租金上涨压力。有些零售企业，五年前签的租约到期了，需要续约，而业主提出修改租金，租金的增长幅度惊人，甚至无法承受，企业不得不选择停止经营或重新选址。

在中国某些大城市，商场的租金成本较高。艾媒咨询的研究数据显示，中国主要一线城市北京、上海的核心商圈月租金已经超过 2 000 元 / 平方米，广州、深圳、杭州与成都大约在 1 000 ～ 1 500 元 / 平方米。[⊜]请注意，这是平均数字，高端商场的租金远远超过平均数。租金成本的增长，给线下经营的零售业带来巨大的挑战与压力。

⊖　来源：http://gxj.gz.gov.cn/zt/dlys/bszn/content/post_5660116.html，广州市工业和信息化局。

⊜　来源：艾媒咨询，《2019—2021 中国城市商业综合体大数据与商业决策分析报告》，2019 年 9 月 6 日。

表 1-1　广州市电价价目表

（从 2019 年 7 月 1 日起执行）

（单位：分/千瓦时）

用电分类				目录电价	可再生能源电价附加	城市建设附加费	重大水利工程建设基金	水库移民后期扶持基金	合计（含税）
一、大工业	基本电价	变压器容量（元/KVA·月）		23.00					23.00
		最大需量（元/KW·月）		32.00					32.00
	电度电价	1～10千伏		61.04	1.90		0.196 875	0.67	63.806 875
		20千伏		60.72	1.90		0.196 875	0.67	63.486 875
		35～110千伏		58.54	1.90		0.196 875	0.67	61.306 875
		220千伏及以上		56.04	1.90		0.196 875	0.67	58.806 875
二、一般工商业电价		不满1千伏		67.25	1.90		0.196 875	0.67	70.016 875
		1～10千伏		64.75	1.90		0.196 875	0.67	67.516 875
		20千伏		64.34	1.90		0.196 875	0.67	67.106 875
		35千伏及以上		62.25	1.90		0.196 875	0.67	65.016 875
		地铁		57.55	1.90		0.196 875	0.67	60.316 875
三、居民用电电价	阶梯电价	第一档		58.02			0.196 875	0.67	58.886 875
		第二档		63.02			0.196 875	0.67	63.886 875
		第三档		88.02			0.196 875	0.67	88.886 875
	峰谷电价	峰		95.73			0.196 875	0.67	96.596 875
		平		58.02			0.196 875	0.67	58.886 875
		谷		29.01			0.196 875	0.67	29.876 875
		合表电价		61.72			0.196 875	0.67	62.586 875
四、农业用电电价		稻田排灌、脱粒电度电价		38.11			0.196 875	0.67	38.306 875
		农业生产电度电价		62.71			0.196 875	0.67	62.906 875

说明

1. 电价标准根据粤发改价格〔2019〕191号文执行。
2. 表中的标准电价均含增值税。
3. 目录电价中不含可再生能源附加1.9分/千瓦时，住宅用电、稻田排灌、脱粒用电、学校教学用电不收取可再生能源附加。
4. 根据粤发改价格〔2015〕565号的规定，对大工业用户停收燃气燃油加工费2.2分/千瓦时（含税）。

第四，消费者更注重品质与健康，市场竞争激烈，市场增长速度减慢。

在高速发展的时代，很多产品供不应求，产品的标准也没有完善，质量参差不齐，但通常能够销售出去，并获取不菲的利润。现在不一样了，客户有了更多的消费经验，更注重产品的质量。这种转变让市场竞争更激烈，同质化的产品走向价格战，没有核心竞争力的厂商会逐渐被淘汰。

那企业要怎么应对呢？面对激烈的市场竞争，很多企业通过精益生产与六西格玛持续改进和提高效率，以抵消部分成本压力。还有，依靠创新与技术革新，应用人工智能和物联网技术，才能让企业在竞争中生存与发展。

在转型时代，营商环境的改变使得管理层对财务部门的要求与期望更高了，财务部门也遇到了罕见的机会与挑战。

在高速增长时期，管理层更加关注销售订单与市场份额，而财务部门经常对不合规的业务与税务处理进行干预，这样容易招致业务部门的不满。如果财务部门的负责人业务水平不过硬，个性软弱，就更加被动了。

现在，中国营商环境在变化，有些新兴行业一路高歌，有些行业却面临增长压力，甚至出现衰退的迹象。比如 2018～2020 年中国汽车行业在国内市场连续三年销售量下降。中国汽车工业协会发布，从 2018 年至 2020 年，汽车销售量分别为 2 808 万、2 577 万、2 531 万，分别下降 2.8%、8.2% 和 1.8%。[⊖]2021 年，汽车销售量为 2 627 万，同比增长 3.8%，结束了连续三年的下降趋势。汽车行业作为中国的支柱产业之一，一旦衰退，对于上下游的产业，都会产生巨大的影响。

不过，相对于传统燃油汽车销售量的萎缩，新能源汽车的销量连续多年高速增长。2021 年，中国新能源汽车销量为 352.1 万辆，同比增长 1.6 倍，连续七年全球领先。[⊜]2022 年，新能源汽车产销分别达到 705.8 万辆和 688.7 万

⊖ 中国汽车工业协会统计信息网统计数据。
⊜ 来源：新浪网，《结束三连降！2021 中国汽车销量突破 2 627 万辆，新能源汽车占比达 13.4%》，2022 年 1 月 12 日。

辆，同比分别增长 96.9% 和 95.6%，继续保持全球领先。[⊖]

面对营商环境的转变，管理层要求财务部门能够给业务提供更多的支持，并带领各部门编制预算，管理好成本与费用，进行财务分析与滚动预测，提出有建设性的建议。这些工作内容就是管理会计的主要职责。

管理会计对企业管理和策略制定起到的重要作用日渐突显。财政部为了引导更多的财务会计积极转型为管理会计，于 2017 年 9 月，印发了《管理会计应用指引第 100 号——战略管理》等 22 项管理会计应用指引的通知，分别对战略管理、预算管理、营运管理、成本管理、投融资管理、绩效管理、企业管理会计报告和管理会计信息系统给出应用指引。[⊜]图 1-3 可作为我们学习管理会计的路径。

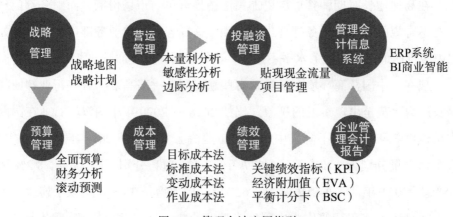

图 1-3　管理会计应用指引

何谓管理会计？管理会计是企业会计的一个分支，它运用一系列专门方法去收集、分类、汇总、分析和报告各种经济信息，以进行预测和决策，制订计划，对经营业务进行控制，并对业绩进行评价，最终帮助企业改善经营

⊖ 来源：中国汽车工业协会统计信息网，《2022 年新能源汽车产销情况简析》，2023 年 2 月 2 日。

⊜ 来源：http://kjs.mof.gov.cn/zhengcefabu/201710/t20171018_2727363.htm，中国财政部，关于印发《管理会计应用指引第 100 号——战略管理》等 22 项管理会计应用指引的通知。

管理水平，提高经济效益。[○]

管理会计与财务会计的主要区别在于信息的使用者。

财务会计旨在向组织外部的利益相关者提供财务信息，而管理会计旨在帮助组织内部的管理者做出明智的业务决策。相对而言，财务会计会偏向于提供真实合规的财务数据，而管理会计却需要对数据进行整理、分析与判断，从而为组织内部管理者的决策提供支持。

在大力推行管理会计的时代，FP&A 有了更多的表现机会，在企业内部的影响力得以提升，但也会遇到更多的挑战。公司的管理层希望 FP&A 可以为公司的业务与决策提供帮助，但如果 FP&A 屡屡让人失望，管理层会逐渐失去耐心。相反，如果 FP&A 具有管理会计思维与业务意识，能够提出有建设性的建议，为公司的业务与决策提供支持，会逐渐取得管理层的认可与信任，并得到更多的职业发展机会。

VUCA 时代下，财务部门的机会与挑战并存，希望 FP&A 抓住时代的机遇，为自己的职业生涯创造新的机会。

1.3　FP&A 的职责范围与职位描述

如果一个公司设立了财务计划与分析部门，FP&A 就自然成为企业管理会计的代表。设置了 FP&A 部门的公司，更注重财务管理，善于利用预算预测、财务分析、数据分析等管理方法与工具来帮助管理层进行决策。

FP&A 的职责范围主要有哪些呢？对于大部分的 FP&A 人员，下面的工作职责是最为常见的：

○ 管理会计的定义有很多，不同学者有不同的观点。本书的管理会计定义，采用了中国人民大学温坤教授的观点。来源：百度百科。

- 预算编制与管理。
- 财务分析与滚动预测。
- 参与制定价格策略与报价。
- 固定资产投资分析。
- 参与绩效考核。
- 参与并购与资产重组。

根据企业财务研究院（Corporate Finance Institute）的研究报告，FP&A 角色如今变得越来越重要，因为它有助于对业务绩效做出关键分析。此外，FP&A 不再局限于管理报告，它还需要业务洞察力，以帮助最高管理层制定有效的战略。

FP&A 的主要职责是将公司总体战略转变为具有年度经营和预算的财务计划，并利用财务建模，预测营业收入和盈利绩效，为关键绩效指标（简称"KPI"）设定年度目标，然后通过编制年度预算，为公司提供未来绩效的量化目标，为员工确定工作的方向。企业财务研究院定义的 FP&A 角色与职责，概括性更强且更精准，具体如下：

- 分析 KPI 的趋势，尤其是与销售、支出和利润率等财务指标相关的趋势。
- 监控 KPI 并调查任何意外差异的原因。
- 编制预算，并持续改进财务预测和运营预测。
- 提交各单位和各部门的月度和季度财务报告。
- 颁布业务绩效报告。
- 实施商业智能（BI）工具和发布仪表盘报告。
- 开发财务模型，并对其进行分析以支持战略规划。
- 支持管理团队和部门主管进行数据分析。

笔者在被任命为美国 PGI 集团亚洲区 FP&A 总监时，被告知此职位负责亚洲区域盈利能力的提升，参与制订战略规划并负责预算编制、财务分析、滚动预测、新项目投资研究、项目融资以及参与其他业务决策。图 1-4 是笔者担任 FP&A 总监的详细职责模型。

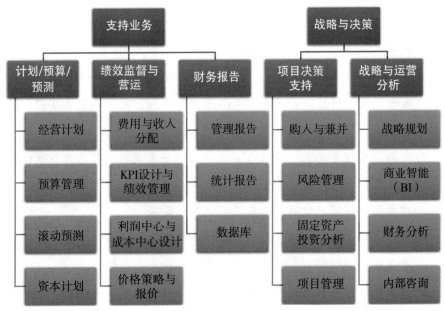

图 1-4　FP&A 总监职责模型

在上面的职责模型里，除了大家都熟悉的战略规划、经营计划、预算管理、财务分析与滚动预测，还有购入与兼并、风险管理、项目管理、内部咨询等内容。通过比照此职责模型，FP&A 负责人可以发现自己的职责范围里，有哪些地方需要改进，并将其列为持续改善计划项目。

基于 FP&A 在企业经营管理与业务决策过程中发挥的关键作用，市场及企业对 FP&A 合格候选人的需求日益增长。很多跨国企业，或有进取心的民营企业，对 FP&A 候选人要求颇高，也愿意以优厚的薪资待遇来吸引候选人。

人力资源市场的招聘广告中，对 FP&A 的职位描述与具体要求，与其他财务人员会有很大的差异。案例 1-3 是一家著名药厂的 FP&A 副总监招聘广告，其职位描述可供参考。

○ 案例 1-3

FP&A 副总监

职位描述

1. 支持相关业务单元进行总体财务规划和分析，包括但不限于月度报告、费用和成本分析，以及项目与业务单元的毛利、成本、资本支出、人力等相关的分析。

2. 支持高级财务总监去领导各实体公司的资本支出、折旧和摊销的预算编制，并负责整个预算编制流程。

3. 负责年度预算，定期预测与展望损益表项目。

4. 与业务团队密切合作进行项目分析，并根据需要提供财务建议。

5. 准备业务回顾演示会议，深入了解财务和业务问题。

6. 向管理层团队提供财务分析，包括但不限于成本效益分析、资产回报率分析、净现值、内部收益率等，以更好支持决策流程。

7. 为指定部门准备成本分配，并在必要时调整成本计算方法。

8. 配合人力资源部门跟踪整个公司的员工成本的预测和变动。

9. 根据需要，支持特别项目和特别分析需求。

10. 参与成本节约和成本改善计划。

11. 其他临时的分析要求。

要求

1. 学士学位或以上。

2. 在跨国企业、医疗保健行业的知名企业，有 8 年以上工作经验者，优先考虑。要求对财务 BP[⊖]、FP&A 或 Controlling[⊜]拥有丰富的经验，或年轻但有潜力者。

3. 具有科学背景的 MBA，优先考虑但不是必需的。

4. 具有良好的沟通和人际交往能力。熟练掌握英语。

5. 具有灵活的沟通技巧和极强的商业敏锐度。

6. 具有强有力的执行力和团队合作精神。

7. 注重细节，能在压力下工作。

8. 精通 Excel 和 PowerPoint。

如果你想在 FP&A 领域有所作为，可以按照上述招聘信息的要求去做准备。

假设你拥有正规大学的学士或硕士学位，持有一两个财务资格证书（比如 CPA/CMA/ACCA 等），而且还是名校 MBA，英语娴熟，具有 5～10 年的知名企业的财务管理工作经历，你在 FP&A 职业领域会有很多选择机会。

当然，你还需要具备软能力，比如沟通能力、人际交往能力、商业敏锐度、执行力、团队合作能力、抗压能力和领导力，才能够升到 FP&A 经理与总监级别的位置。

对 FP&A 经理或总监级别的要求很高，但收入也丰厚。据某美国网站的统计数据，FP&A 总监在美国的工资中位数为年薪 14.1 万美元，主要范围为 12.2 万美元至 16.4 万美元。图 1-5 显示了美国 FP&A 总监的薪资信息。

在中国，FP&A 也是被争抢的对象，企业纷纷开出有竞争力的薪酬与待遇清单。

⊖ 财务 BP 可以理解为业务财务伙伴，是追求业财融合的企业，为连接财务部门与业务部门而设立的财务岗，要求既懂财务，又懂业务。

⊜ 德国企业通常用 Controlling 这个词来定义 FP&A 工作，可以理解为与 FP&A 同样的工作岗位。

图 1-5　美国 FP&A 总监的薪资信息

根据中国猎聘网的信息，FP&A 分析师的月薪多数在 1.5 万～ 3 万元人民币，FP&A 经理的月薪多数在 3 万～ 7 万元人民币，FP&A 总监的月薪多数在 5 万～ 10 万元人民币，一年 13 薪至 16 薪不等，奖金另计。有些企业甚至给 FP&A 总监开出 15 万～ 18 万元人民币的月薪。[⊖]

不过，在现阶段，中国的人力资源市场对 FP&A 各级岗位的需求，还集中于跨国企业和有实力的民营企业，而且多数在北上广深等一线城市。

FP&A 是为 CEO 与 CFO 的业务决策提供支持的，也是职业发展路径中非常接近 CFO 的一个财务岗位，虽充满挑战，但前途无量！

1.4　能力清单与职业发展路径：从 FP&A 小白到 FP&A 总监

FP&A 需要具备哪些工作能力，才能胜任工作呢？ 2013 年，当笔者被任命为黑石集团旗下资产亚洲区 FP&A 总监时，收到了一份 FP&A 岗位的能力清单，如下：

- 掌握扎实的会计知识。

　⊖　来源：猎聘网。

- 深刻理解公司绩效管理系统。
- 了解公司使命 / 战略 / 价值观 / 市场 / 风险。
- 成为 ERP 系统 / 数据管理的高手。
- 能设计报告与分析工具 / 模型。
- 善于口头沟通。
- 具有客户服务意识。
- 具有解决业务难题的强烈愿望。

掌握扎实的会计知识具体表现在能够透彻理解会计科目、财务报表之间的关联与勾稽、财务指标的定义与计算公式以及熟练分析财务报表。

公司的绩效管理系统，由人力资源部门制定，并由管理层批准。作为 FP&A 人员，要深刻理解公司绩效管理系统，比如 KPI 是怎么定义与考核的，公司级别与部门级别的 KPI 有哪些，并研判目前公司使用的 KPI 指标是否存在缺陷。

对于公司的使命、战略、价值观、市场、风险等内容，很多财务人员不以为然，认为这是宏观层面的，跟自己没关系。实际上，这是缺乏远见的认知。作为 FP&A 人员，如果你能够深刻理解公司宏观层面的内容，就能更加理解投资人与管理层的决策依据。另外，如果你能够深入了解公司的产品、成本、设备与工艺，以及客户、供应商与竞争对手，就有利于提高业务意识，提升决策能力。

FP&A 人员还要深入了解公司目前的 ERP 系统[⊖]，比如国内常见的金蝶

⊖　ERP，企业资源计划，是指组织用于管理日常业务活动的一套软件，这些活动包括会计、采购、项目管理、风险管理和合规性、供应链运营等。完整的 ERP 套件还包括企业绩效管理软件，用于帮助企业针对财务结果制订计划和编制预算，以及预测和报告财务结果。

与用友，国际通用的 SAP[⊖]与 Oracle[⊜]。我们要清楚，目前公司 ERP 系统应用到哪个层面，是否启动了生产模块与预算模块，ERP 系统里现存的标准报表有哪些，可以输出什么样的数据与报表，如何用它们来做数据库与财务分析。

有了数据，FP&A 人员还要设计各种财务报告、分析工具与财务模型。财务报告有周报、月报、季度报以及年度报告，内容依照要求来设计与编制。财务报告呈现的方式，包括报表、图表以及 PPT 文件。使用的分析工具通常包括 Excel 软件、各种函数与工具组合以及 BI 工具。财务模型可以用于财务分析与业务决策，比如销售差异分析、利润差异分析、流动资金分析、现金流量预测、财务报表分析、固定资产投资可行性分析、企业估值等。

FP&A 人员有更多机会接触管理层，也需要与各部门负责人进行深度的交流与讨论，善于口头沟通是很重要的。

FP&A 人员需要承担很多不确定的工作任务，为管理层与业务部门提供支持，具备客户服务意识与解决业务难题的强烈愿望是非常重要的。

FP&A 人员的职业发展路径，与所在公司的规模、业务模式及组织架构有关。

如果 FP&A 人员被编制在业务单元层面，则主要工作是编制预算、财务分析与滚动预测以及负责一些决策分析。在同一业务单元，如果只有销售功

⊖ SAP 是全球领先的业务流程管理软件供应商之一。SAP 成立于 1972 年，最初称为 System Analysis Program Development，后来采用缩写 SAP。SAP 总部位于德国沃尔多夫，在全球拥有超过 105 000 名员工，2021 年营业收入为 278.42 亿欧元。SAP 最初推出的产品是 SAP R/2 和 SAP R/3，这两款产品为全球建立了 ERP 的标准。

⊜ Oracle，即甲骨文公司，是全球最大的企业级软件公司，总部位于美国加利福尼亚州。1977 年拉里·埃里森与同事罗伯特·迈纳创立"软件开发实验室"，当时 IBM 发表"关系数据库"的论文，他们以此造出新数据库，名为 Oracle（甲骨文）。1989 年正式进入中国市场。2022 财年收入高达 420 亿美元，拥有 170 000 名员工。

能，或只有生产功能，那 FP&A 人员面对的业务会更加简单。如果业务单元既有销售功能，又有生产功能，FP&A 人员需要应对更全面的分析内容，不但要做工厂成本的预算与分析，还要应对各种营销场景与业务决策。

如果你属于集团总部或区域总部的 FP&A 人员，便有可能接触更有战略性的工作内容，如并购、资本运作与重大固定资产投资项目，涉及投资可行性分析与决策。

对于 FP&A 人员来说，职业目标应该是成为各职能部门的业务伙伴与管理层的决策参谋。FP&A 人员在完成编制预算、财务分析与滚动预测的基础上，还需要参与业务决策、投资、并购与资本运作。

图 1-6 是 FP&A 人员的角色定位与进阶路线，可供参考。

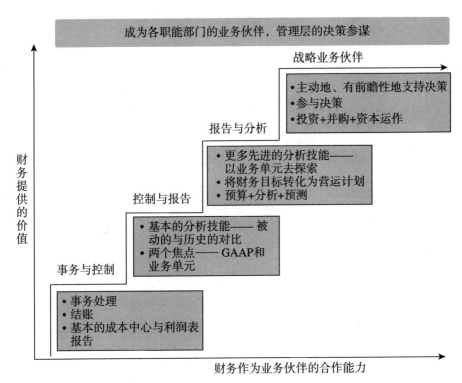

图 1-6　FP&A 人员的角色定位与进阶路线

如图 1-6 所示，FP&A 人员的高阶工作内容主要包括两部分：

报告与分析：需要掌握更多先进的分析技能，需要以业务单元进行探索，并通过预算管理、财务分析与滚动预测，将财务目标转化为营运计划。

战略业务伙伴：需要更多主动性与前瞻性，支持决策，参与决策，包括各种投资项目、并购与资本运作。

相对应的是，FP&A 的职业发展路径，从 FP&A 分析师，一直到 FP&A 总监或副总裁，如图 1-7 所示。

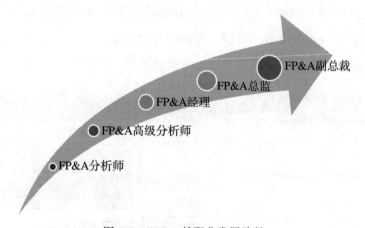

图 1-7　FP&A 的职业发展路径

1. FP&A 分析师

FP&A 分析师的主要工作是收集数据、建立和维护模型以及协调各利益相关者。

企业在招聘 FP&A 分析师时，通常会要求应聘者有 1 ～ 3 年的财务分析工作经验，并具备会计工作经验。一般来说，如果你在积累了 3 ～ 5 年的会计工作经验之后，再进入 FP&A 团队，会更加得心应手。

大学毕业后直接做 FP&A 分析师的人比较少，这类情况一般出现在分工明确的大型企业。这种背景的 FP&A 分析师的职责更接近于数据分析师，强调分析的技术与能力。

2. FP&A 高级分析师

FP&A 高级分析师需要指导 FP&A 分析师，并负责项目的运行，对财务建模的参与度很高。

对 FP&A 高级分析师的典型要求是，3 ～ 5 年的财务分析工作经验，有会计工作背景者往往被优先考虑。MBA 教育背景是 FP&A 高级分析师的加分项。

3. FP&A 经理

FP&A 人员成长为 FP&A 经理，可以证明已经操练过大量的分析，并在许多财务年度里成为重要的个人贡献者，体现了自己的价值。

对 FP&A 经理的要求是，必须有 5 ～ 10 年的财务分析工作经验，具备丰富的实战经验。FP&A 经理可以由内部晋升或外部招聘。大多数 FP&A 经理会有 MBA 教育背景，或具备 CPA 与 CMA 等专业资质。

4. FP&A 总监或副总裁

FP&A 总监或副总裁需要领导团队实施新的财务计划与分析流程，能够在新项目中担任牵头人，参与或负责投资、并购、资本运作等重要决策。

对于 FP&A 总监或副总裁，通常会要求具备 10 年以上的财务管理经验，并已经在之前的岗位证明了自己的专业能力与领导力，还可能被要求具备相同的行业背景。

FP&A 从业人员晋升到总监或副总裁的位置，进入管理层团队，已经成为一个很难被替代的重要角色，这是职业生涯中了不起的成就。

那后面的职业生涯还会发生什么？

最大的可能性是，FP&A 总监或副总裁成为内部选拔 CFO 时，最有竞争力的候选人之一。如果 FP&A 总监或副总裁有在内部谋求 CFO 职位的意向，可以在等待期，寻求轮换到其他关键业务岗位的机会，如财务总监、投资管理、企业发展和运营等，以积累更全面的管理经验，并训练自己的领导能力。如果去外部公司谋求 CFO 职位，FP&A 总监或副总裁也有很大的优势。

更大的挑战是，有些 FP&A 总监或副总裁寻找担任总经理或 CEO 的机会。在 FP&A 领域取得成功的人，具有高度的分析能力和前瞻性，也有机会展示自己的进取心与领导力。此时，可以通过自己创业，或加入注重投资与资本运作的公司，担任总经理或 CEO 来展现自己的才华。

PART
第 2 部分

战 略 规 划

第 2 章

战略规划与年度经营计划

2.1　使命与愿景：决定了战略规划的方向

　　财务管理的主要内容，按照时间长度，可以用一个金字塔模型来展示。如图 2-1 所示，每个月度或季度，财务人员要进行财务分析与滚动预测；每年，财务人员需要参与或负责制订经营计划与预算管理；每 3 ～ 5 年，财务人员需要参与制订企业的战略规划；5 年以上，财务人员需要参与企业使命与愿景的重塑。

2.1.1　使命与愿景

　　使命与愿景，是企业管理的宏观层面，它们将影响企业长期的经营与投资方向。FP&A 需要深刻理解企业的使命与愿景，并将其应用于战略规划与重大的投资决策。

　　使命，是企业在社会经济发展中所应担当的角色和责任，为企业目标的

确立与战略的制定提供依据。使命，是企业存在的意义，明确企业有关"我是谁""我要做什么"等基本的哲学定位。[一]

5年以上	使命与愿景
3~5年	战略规划
1年	经营计划与预算管理
月度/季度	财务分析与滚动预测

图 2-1 财务管理金字塔

简单来说，企业的使命应该包括以下内容：

1. 企业存在的原因或者理由，即企业生存的目的定位

企业生存的目的，可能是"提供某种产品或者服务""满足某种需要"或者"承担某个不可或缺的责任"。如果一个企业不明确或找不到存在的原因或理由，企业的经营就没有方向，可以说这个企业已经失去了发展的动力。

2. 企业生产经营的哲学定位，即经营理念

使命为企业确立了一个经营的基本指导思想、原则、方向、价值观、哲学定位等，从而影响经营者的决策和思维。

3. 企业生产经营的形象定位

使命反映了企业试图为自己树立的形象，诸如"我们是一个愿意承担社会责任的企业""我们是一个给客户带来美丽与健康的企业""我们是一个技术领先的企业"，在明确的形象定位下，企业的经营活动会始终向公众昭示

———
[一] 本书的"使命"的定义，参考了 MBA 百科。

这一点，逐渐确定与树立广为人知的企业形象。

迪士尼公司曾经的使命非常简单：让人们更加欢乐。这个看似简单的使命，驱使员工对客户倾注了无穷的热情。

如果一家企业的使命是"让这个世界的空气更洁净"，企业的员工与股东都知道，企业的业务与发展方向就是净化空气、造福世界，这样的使命可以让员工充满激情。

愿景，是企业希望在可见的未来发展成的样子。它回答的是企业的核心理念，以及在未来5年、10年甚至20年的设想和规划。愿景为企业的战略规划及团队建设指引了方向。

简单来说，愿景是一幅清晰、实用、鼓舞人心的关于企业未来的蓝图。要使蓝图落地，需要关注以下三个要点：

1. 构建或指向一个更远大的超越现有资源、组织能力和当下环境的目标和故事

特斯拉公司CEO埃隆·马斯克可以说是最敢于构建远大目标的"狂人"。除了众所周知的特斯拉汽车与SpaceX，马斯克还创建了Powerwall、Megapack等储能产品以及Cybertruck电动卡车、Semi半挂式电动卡车、FSD系统、Boring地下隧道挖掘等充满想象力的产品与技术。这些产品与技术都有马斯克确定的共同愿景，即"改变世界并帮助人类"。这个远大的愿景可以有效吸引人才与资本。[⊖]

2. 以一种鼓舞人心、令人信服的方式阐述愿景

为了实现远大的愿景，马斯克在不同的时点阐述了其宏图篇章。

2006年，马斯克公布了宏图的第一篇章，目标是开发一款低产量、价格昂贵的车型（Model S），这有助于公司未来开发中等产量的车型（实际上

为 Model 3 与 Model Y）。

2016 年，马斯克公布了宏图的第二篇章，目标是整合能源再生与储存，扩充电动汽车产品线以满足各细分市场需求，开发自动驾驶技术，通过共享闲置的车辆让车主赚钱。

2023 年初，马斯克公布了宏图的第三篇章。马斯克称实现可持续的能源经济需要达到以下目标：电池储能为 240 TWh（太兆瓦），可再生电力为 30 TWh，制造领域投资为 10 万亿美元，需要能源为化石燃料经济的一半，占地面积低于 0.2%，占 2022 年全球 GDP 的 10%，地球将实现能源可持续。马斯克说："通往可持续能源地球的道路清晰明了，它不需要破坏自然栖息地。它不需要我们变得简朴、停止使用电力、活在寒冷中或做任何其他事情。"⊖

3. 在企业内部进行充分讨论，唤醒共鸣，达成共识，形成大家愿意全力以赴的未来方向

组织里的每位成员在参与和构建企业愿景的过程中，想象力被极大激发，创新思维源源不断地出现，信心与信念孕育出的乐观，令他们勇往直前、挑战困难，实现难以实现的目标。

达成共识后，企业愿景分解成战略决策、行动计划的路径，并帮助员工找到工作的意义，进而吸引、激励并留住杰出人才。

2.1.2　战略规划

战略规划的英文是 Strategic Planning，是制定具体业务战略、实施战略并评估执行计划结果的艺术，涉及公司的整体长期目标或愿望。战略规划是一个概念，专注于整合公司内的各个部门（如财务、市场营销、生产运营和

⊖ 来源：澎湃新闻，投资 10 万亿美元，马斯克揭秘"宏图篇章 3"。

人力资源）以实现其战略目标。战略规划一词本质上是战略管理的同义词。$^{\ominus}$

战略规划是企业使命与愿景的实施步骤，同时又是制订企业年度经营计划与全面预算的基础。战略规划，为企业确定了 3～5 年的中长期经营目标，从而对短期的经营计划与预算目标产生制衡作用。

在战略规划中，各种为商界所广泛接受的管理工具会被使用，比如战略地图、平衡计分卡、宏观环境分析（PEST）、行业竞争环境分析（波特五力模型）与企业竞争力分析（SWOT）等。

2.2 战略地图：从四个维度快速解读战略规划

战略地图，是指为描述企业各维度战略目标之间因果关系而绘制的可视化的战略因果关系图。如图 2-2 所示，战略地图分为财务、客户、内部营运、学习和成长四个维度，通过分析各维度的相互关系，绘制出战略因果关系图。企业可根据自身情况对各维度的名称、内容等进行适当的修改和调整。

战略地图由哈佛商学院的罗伯特·卡普兰和诺朗诺顿研究所所长戴维·诺顿提出。卡普兰和诺顿也是平衡计分卡的创始人。他们在对实行平衡计分卡的企业进行长期的指导和研究的过程中发现，企业无法全面地描述战略，管理者之间、管理者与员工之间难以沟通，对战略难以达成共识。2004年 1 月，他们联合出版了著作 *Strategy Maps：Converting Intangible Assets into Tangible Outcomes*。

战略地图可以这么理解：企业通过运用人力资本、信息资本和组织资本等无形资产（学习和成长），实现创新并建立战略优势和效率（内部营运），

$\ominus$ 来源：企业财务研究院，对 Strategic Planning 的定义。

进而使公司把特定价值的产品或服务带给市场（客户），从而实现股东价值最大化（财务）。[⊖]

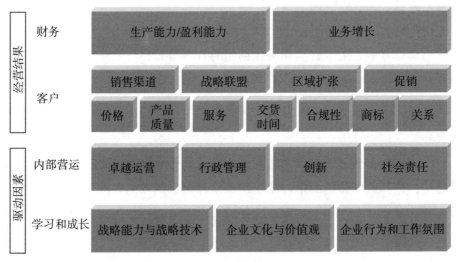

图 2-2　战略地图

战略规划也可以理解为：首先确定未来的财务目标，比如"五年内公司的销售收入达到 100 亿元，利润达到 15 亿元，然后成功上市"；为了实现这个财务目标，公司需要将有竞争力的产品或服务销售给客户；接着，通过创新与卓越的内部营运，生产与交付产品或服务；战略规划最终都要依靠员工实现，而员工通过学习与成长，构建起企业独特的战略能力与战略技术、企业行为与工作氛围，以及企业文化与价值观。

请注意，企业的内部团队难以绘制企业战略地图，需要依靠外部咨询公司的专业服务。外部咨询公司会更加中立与专业，对企业绘制战略地图有很大的帮助。

⊖　参考百度百科。

2.3 平衡计分卡：战略规划的绩效评价模式

平衡计分卡（Balanced Score Card，BSC），是根据企业或组织的战略规划而精心设计的指标体系。

平衡计分卡是由卡普兰和诺顿创建的管理工具，与战略地图形成了很好的互补。两位学者试图研究一种面向未来组织的绩效衡量方法和评价体系，目的在于找出可以超越以财务指标衡量绩效的评价体系，以使企业或组织的策略能够转变为行动。

平衡计分卡被《哈佛商业评论》评为75年来最具影响力的企业管理工具之一，它打破了传统的单一使用财务指标衡量绩效的方法。平衡计分卡在财务指标的基础上，加入了多个驱动因素，包括客户、内部流程、学习与成长，在公司战略规划与执行管理方面发挥了重要作用。

按照卡普兰和诺顿的观点，"平衡计分卡是一种绩效管理的工具。它将企业战略目标逐层分解，转化为各种具体的相互平衡的绩效考核指标，并对这些指标的实现状况进行不同时段的考核，从而为企业战略目标的完成建立起可靠的执行基础"。[一]

作为一种绩效管理工具，平衡计分卡通过设计可视化的图、卡、表，推动战略规划的实现。

使用平衡计分卡，关键在于确定绩效考核指标，每一个企业或组织应该按照自己的业务模式与发展阶段选择合适的绩效考核指标。需要推进平衡计分卡的企业，可以参考附录一的平衡计分卡绩效指标库，选择适合自己企业的绩效指标。

比如，评价经营能力时，制造业企业通常选择"现金营运周期"或"营

[一] 来源：MBA智库百科。

运资金占销售百分比"[⊖]。但是，这样的选择对零售业并不合适，因为零售业几乎没有应收账款，存货周转天数大概为 30～40 天，应付账款周转天数一般为 45～80 天，现金营运周期为负数，营运资金也是负数，如果坚持用现金营运周期或营运资金占销售百分比来衡量，就不合适了。对于零售业，更为关键的是管理好存货，用存货周转率来评价经营能力更合适。

2.4　PEST 模型：政治、经济、社会与技术

企业制订战略规划，要完成一个重要步骤，即分析企业的宏观经营环境、行业的市场竞争环境与企业本身的竞争力，相应地会使用到 PEST、波特五力模型与 SWOT 分析工具。这三种分析工具已经被全世界工商企业广泛使用，MBA、CPA、CMA 的教材通常也涵盖了这些内容。

PEST 工具是对企业所处的宏观经营环境的分析。所谓 PEST，包括 4 种风险，分别为政治（politics）、经济（economy）、社会（society）与技术（technology）。这些宏观经营环境的风险是企业难以控制或无法控制的。

一个企业如果长期耕耘于一个国家或地区的市场，对所处的宏观环境会很熟悉，可能就会忽略对宏观经营环境的分析。如果企业的业务需要扩张到其他国家或地区，则宏观经营环境的分析将成为必要条件。要分析宏观经营环境，PEST 分析必不可少，如图 2-3 所示。

1. 政治

政治因素包括执政党性质、政治体制、经济体制、政府的管制、税法与公司法的修改程序、环境保护政策、产业政策、鼓励投资政策、政府补贴、反垄断法律、与重大国家及周边国家或地区的外交关系等。

⊖　这里的营运资金是指流动资金，即净应收账款加上净存货，并减去应付账款。

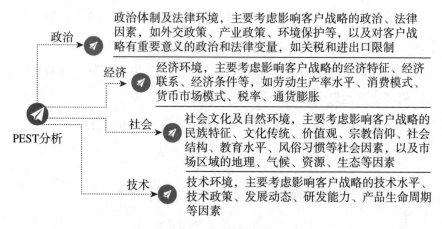

图 2-3   PEST 分析

政治因素对企业的宏观经营环境的影响具有以下特点：①难以预测，企业很难预测国家政治环境的变化；②直接，政治因素直接影响企业的经营状况，而且影响重大；③不可逆转，政治因素一旦影响到企业，企业会迅速发生明显的变化，而企业又难以逃避和转移这种因素带来的影响。

政治因素的分析与研究非常重要，是企业投资决策过程中必不可少的一个环节。假如一个企业决定到东南亚国家投资，则企业必须对投资所在国家或地区的政治与法律环境进行分析，尽可能预判与规避政治与法律风险。

2. 经济

经济因素，主要包括利率、汇率、通货膨胀率、GDP 总量及其增长率、人均 GDP 水平、劳动生产率以及失业率等。

除此之外，还要考虑贷款的可得性、股市融资的可得性、居民可支配收入水平、居民储蓄习惯、居民消费模式、政府预算赤字水平、进出口政策、物价波动、货币政策与财政政策等。

3. 社会

社会因素，主要包括社会道德、文化传统、人口变动趋势、教育观念、价值观、社会结构等。各个国家与地区的社会因素相差甚远，对企业的影响也不尽相同。对于社会因素，可以从下面几个角度来研究：

人口：结婚率、离婚率、出生率和死亡率、人口平均寿命、年龄及其分布、民族构成、性别比例、教育水平等。

社会流动性：社会的阶层、各阶层之间的教育水平与收入差异、各阶层之间的流动、社会财富构成的变化以及不同区域的人口分布等。

消费心理与生活方式：消费心理对企业战略也会产生影响，比如亚洲客户比较喜欢追求有新鲜感的产品，企业应该提供更多的产品类型以满足顾客的需求。生活方式包括当前及新兴的生活方式与时尚，现阶段人们对健康、美丽、社交、求知、自我认可的需求更加强烈，企业应该由此调整产品的开发与生产方式。

宗教信仰与风俗习惯：宗教信仰与风俗习惯也是影响经济活动的一个重要因素。而且，宗教信仰与风俗习惯还会影响该国家或地区的生活观念与价值观，比如对待工作环境、产品质量、假期、服务方式以及权威的态度。

地理：地理包括水文、气候、资源、生态等因素。有些企业的业务被地理因素深刻影响，需要仰仗于独特的资源或生态环境。比如，开采某种矿产需要到该类矿产资源丰富的区域；而生产汽车零配件，最好在目标客户的附近布局生产能力，因为与客户距离的远近决定了物流成本以及战略合作的紧密性。

4. 技术

技术因素，包括国家对科技开发的支持力度、该行业技术发展状态、研发费用总额、技术转移和商业化速度、专利及其保护情况以及产品生命周期。

在 VUCA 时代，中国企业不得不面对动态变化的国际关系与贸易壁垒，技术因素的风险在增加，有些企业甚至被列入技术限制的名单，深刻影响了企业的技术研发与国际销售。

综上所述，PEST 主要分析宏观环境对企业的现实和潜在的影响，是制定和评估企业战略的基本工具，可以让企业从政治、经济、社会及技术因素中找到分析的角度与因素。

但是，PEST 只提供了一个宏观分析的框架，本身并不提供分析指标及指标的评估标准。具体的分析指标，要依据不同的项目，做出适当的选择。

再次强调，企业准备进入不熟悉的市场并进行重大投资时，PEST 分析必不可少，而且有必要借助可靠的咨询公司。尤其是在海外投资，更要投入必要的资金，采购咨询服务，以尽量规避宏观经营环境的风险。

2.5　PORTER 模型：行业存在的五种竞争力量

PEST 工具是对宏观经营环境的分析，而对行业竞争环境的分析，则建议使用迈克尔·波特的五力模型（Five Forces Model，简称 PORTER 模型或波特模型）。

PORTER 模型是迈克尔·波特（Michael Porter）[一]于 20 世纪 80 年代初提出的，旨在帮助企业建立和守卫竞争优势。用 PORTER 模型分析行业竞争环境，可以有效地分析行业内参与者都要面对的五种竞争力量，即波特五力，分别是：

- 同业竞争者的竞争程度（rivalry）。
- 供应商的议价能力（bargaining power of suppliers）。
- 购买者的议价能力（bargaining power of buyers）。

[一] 迈克尔·波特，哈佛商学院教授，他所提出的"五种竞争力量"和"三种竞争战略"的理论观点被广泛传播。

- 新进入者的威胁（threat of new entrants）。
- 替代品的威胁（threat of substitutes）。

波特五力的变化，将最终影响行业盈利能力的变化。图 2-4 展示了波特五力的竞争力量。

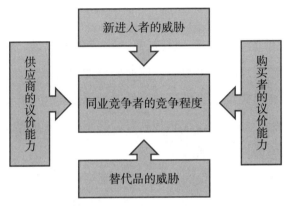

图 2-4　波特五力的竞争力量

2.5.1　波特五力的竞争力量

1. 同业竞争者的竞争程度

同业竞争者之间的竞争，目的在于使自己的企业获得相对于同业竞争者的优势。在竞争过程中，同业竞争者之间必然会产生冲突与对抗。

同业竞争者之间的竞争通常表现在价格、广告、产品、服务等方面，其竞争强度与许多因素有关。一般来说，出现下述情况将意味着竞争强度的加大：

- 行业进入门槛较低，竞争对手较多且势均力敌。
- 市场趋于成熟，产品需求增长缓慢。

- 竞争者倾向于采用降价手段促销。
- 竞争者提供几乎相同的产品或服务，用户转换成本很低。
- 一个新产品或营销方案如果取得成功，其收入相当可观。
- 退出门槛较高让同业竞争者只能继续参与竞争。

2. 供应商的议价能力

供应商的议价能力主要通过其提高价格或降低质量，来影响行业中现有企业的盈利能力与产品竞争力。供应商议价能力的强弱，主要取决于它们所提供的产品与服务类型。当供应商产品的价值占购买方产品总成本的比例较大，或对购买方产品生产过程非常重要，甚至严重影响购买方产品的质量时，供应商的议价能力会增强。

一般来说，满足如下条件的供应商会具有更强的议价能力。

（1）供应商所处行业如果被一些具有垄断地位的企业所控制，而且其产品的购买方众多，以至于任何单个购买方不可能成为供应商的重要客户，供应商的议价能力就会增强。比如，对于中石化、中石油、埃克森美孚等超级石化企业来说，没有一个客户能够构成重大影响，毫无疑问，它们具有难以撼动的议价优势。

（2）假如目前各供应商的产品各有特色与优势，令购买方难以转换，也难以找到替代品，供应商则具备更强的议价能力。比如，CPU产品主要由英特尔与AMD两家公司研发与生产，两者的产品各有特色，技术参数与定价策略也有不同，满足了不同客户的需求，而客户很难找到替代品，它们因此建立了CPU的定价能力。其中英特尔作为领导者，AMD作为跟随者，形成比较平衡的竞争关系。

（3）如果供应商能够实行前向联合或一体化，具备了产业链纵向延伸的能力，而购买方却没有这个能力，那么供应商会具有更强的议价能力。比如，IP 电话曾经很盛行，但这是依附于几个通信公司的电话服务，很容易被通信公司纵向延伸吞并，显然通信公司有更强的议价能力，而 IP 服务商很被动。

3．购买者的议价能力

购买者即客户，主要通过压价或要求供应商提高质量的谈判能力，来影响行业中现有企业的盈利能力与产品竞争力。一般来说，满足如下条件的购买者，具有更强的议价能力。

（1）购买者的总数较少，而每个购买者的购买量大，占供应商销售量的比例大。比如某公司生产与销售手机配件，80% 的产能销售给某著名品牌手机公司。相比之下，手机公司作为强势购买者，议价能力更强。

（2）如果供应商行业由大量规模较小的企业组成，购买者则有更高的议价能力。比如，国内陆路货运物流公司的数量惊人，客户有更多的选择与更强的议价能力。

（3）如果购买者所购买的是一种标准化产品，在技术与经济上可以同时向多个供应商购买，则购买者有更强的议价能力。比如普通的包装材料容易同质化，购买者可以轻松找到不同货源，如果需求量大，还可以用招投标的方式，来压低价格。

（4）购买者有能力实现后向一体化，而供应商不可能实现前向一体化。比如温氏股份⊖需要寻找屠宰厂为其提供屠宰服务，以满足其电商与商超客户的需求。如果需要，温氏股份可以快速地投资建设或收购屠宰厂，实现后向一体化。而作为服务供应商的屠宰厂，不可能进入养猪业，实现前向一体化。由此可以判断，温氏股份对屠宰服务的价格有更强的议价能力。

⊖　一家以畜禽养殖为主业、配套相关业务的跨地区现代农牧企业集团。

4. 新进入者的威胁

新进入者会给行业带来新的生产能力、新的资源，也希望在现有市场中赢得一席之地，必然会与现有同业竞争者发生原材料与市场份额的争夺，最终导致行业的平均盈利水平降低，严重的话还有可能威胁现有同业竞争者的生存。因此，新进入者很容易招致现有同业竞争者的反击。

新进入者的威胁的严重程度取决于两方面的因素，即进入新领域的障碍大小与预期现有企业对于新进入者的反应情况。

进入障碍主要包括规模经济、技术门槛、资本门槛、转换成本、销售渠道、政府行为与政策（如进入许可证或牌照）、商业秘密、经验学习曲线效应、自然资源、地理环境（如大型造船厂只能建在滨海城市）等方面，其中有些障碍是很难克服与突破的。

预期现有同业竞争者对进入者的反应情况，主要是采取报复行动的可能性大小。报复行动取决于相关同业竞争者的财力、报复记录、固定资产规模、行业增长速度等。

总之，新进入者进入一个行业的可能性大小，取决于进入者对于进入新行业所带来的潜在利益、所需花费的代价与所要承担的风险这三者的相对大小的判断。

很多行业的潜在进入者，是在其目前行业遇到了增长瓶颈时，或出于利用目前产品相关性的目的，野心勃勃地想要进入一个新的领域。

万科于 2020 年 3 月正式成立食品事业部，在业务开展初期，主要布局生猪养殖、蔬菜种植、企业餐饮三大领域，开始积极招收相应领域的人才。万科在招募信息中称，万科将集团战略升级为"城乡建设与生活服务商"。万科以服务现有业主为起点，在"从农场到餐桌"的整个产业链条上，与各行业优秀伙伴共同努力，争取"以普通家庭可支付的价格，为大众提供安全健康的日常餐食"，是"美好生活场景师"的重要组成部分。为此，万科

宣布了招募令，吸引聚落化猪场总经理、预结算专业经理、猪场开发报建专员、猪场兽医等人才。[⊖]

万科作为一个新进入者，当然会面对很多挑战，但是万科野心勃勃，加上具备雄厚的资本、存量物业形成的市场渠道、运作能力、人才激励等优势，可以很快打开局面。万科通过资本运作与并购，快速切入了养殖行业。2020 年 7 月，万科全资收购了利津华育养猪有限公司，养猪场兴建人员以及后期运营人员均由万科对外招募。同年 10 月，万科投资成立了德州华育种猪有限公司。2022 年，万科在其财报中首次披露已完成对环山集团的并购。[⊜]

5. 替代品的威胁

两个不同行业的企业所生产的产品可以互为替代品，从而产生相互竞争关系。这种源自替代品的竞争，会以各种形式影响行业中现有企业的竞争战略。

因为替代品的威胁，现有企业产品售价以及盈利能力将受到限制。现有企业必须提高产品质量、降低售价，或开发新产品，来应对替代品的威胁，否则其销量与利润可能会严重受挫。

对于替代品的威胁，要考虑产品的可替代程度，与产品买主转换成本的高低。几乎任何产品都有替代产品的存在，只不过替代的程度不同而已。

比如肉类市场，猪肉供应商的竞争不仅仅来自现存同行业的猪肉供应商，还有牛羊肉与鸡肉供应商，因为这些肉类也是猪肉的替代品。

煤炭与石油作为传统能源，相互可替代程度很高。太阳能、风能、水电、核电等新能源又是传统能源的替代品。

替代品的存在可以限制某些产品价格的提升，因为产品价格的提升会扩

⊖ 来源：站长之家，《万科也要养猪了！万科开始招募猪场总经理》。

⊜ 来源：新浪财经，《实探万科养猪：最高月薪超 7000 招"猪倌"仍困难》。

大替代品的生存空间与盈利能力。比如美国的页岩气本来没有成本优势，但在原油价格高涨的时期，出现了成本优势，从而使得页岩气开发得到快速发展。页岩气产量激增之后，单位成本降低以及开发技术得到改善，反过来可以压制原油的价格。如果美国出于环保的考虑，严格控制页岩气的开发，那么又会让原油的价格上涨。

在各种替代品中，需要特别关注新技术和新产品的产生对现有技术和产品的替代。新技术和新产品有可能逐渐替代现有的技术与产品。如数码相机的产生逐渐替代了胶卷相机；后来智能手机整合了相机功能，又逐渐淘汰了数码相机。智能手机如同一条"贪食蛇"，可以逐渐替代无数的产品或服务，比如电视机、台式或笔记本电脑、平板电脑、MP3、手表、导航仪、ATM机等。

波特模型的意义在于，五种竞争力量的抗争，衍生出企业的三种竞争战略定位：总成本领先战略、差异化战略与集中化战略。企业要从这三种基本竞争战略中，选择一种，作为主导战略。

2.5.2　总成本领先战略

总成本领先战略（overall cost leadership），是企业通过加强内部成本控制，在设备选型、采购、生产、研发、销售、营销和广告等领域，降低成本与优化成本，成为行业中的成本领先者。

在总成本领先战略的指导下，企业决定成为低成本营运的厂家。如果一个企业能够保持成本优势，其平均价格相当于或低于其竞争对手时，就可以获取超额利润。

成本领先要真正转化为竞争优势的前提是，产品创造的价值必须与竞争厂商相等或相近。如果一个公司的产品的成本领先进而使得产品价格低廉，但产品或服务的质量差，客户在质量上的损失大于低价格带来的好处，竞争优势则会荡然无存。

确定选择总成本领先战略的企业，在选址、厂房设计与设备引进时，就要充分考虑成本因素，并且固定资产的选择与未来的生产运营都要围绕着规模与成本开展，对材料采购、销售费用、管理费用和研发费用等，也要进行严格控制。

格兰仕集团就是总成本领先战略的成功例子。格兰仕集团从 1993 年产销 1 万台微波炉开始起步，后来经过一系列眼花缭乱的价格战，销售规模快速扩大，1998 年，格兰仕微波炉以 450 万台的产销规模达到世界第一。⊖2020 年 4 月，格兰仕集团工业 4.0 示范基地投产，单线平均 6.7 秒做出一台微波炉，预计年产健康家电 1 100 万台。⊜格兰仕实行的总成本领先战略，不仅获取了规模效益，也极大地降低了微波炉行业的成本，同时微波炉的技术工艺也保持在世界先进水平，然后通过价格调整策略，成为微波炉细分市场的领先者。

2.5.3 差异化战略

差异化战略（differentiation）是指企业向顾客提供的产品或服务独具特色，这种特色可以给产品带来额外的附加值。如果一个企业的价格溢价超过了差异化所增加的成本，那么，拥有这种差异化的企业将获得竞争优势。

差异化战略可以分为产品差异化与服务差异化。

产品差异化的主要因素有：特征、性能、一致性、耐用性、可靠性、易修理性、式样和设计。比如 iPhone 手机，从第一代产品开始，取消了数字按键，采用触摸屏，定义了智能手机的特征，吸引了消费者的眼球。

服务差异化主要包括消费环境、送货、安装、咨询等服务内容。典型的

⊖ 来源：南方⁺客户端，登上央视《对话》 格兰仕三台微波炉折射世界冠军"很硬核"。
⊜ 来源：格兰仕官网。

例子是海底捞，它依靠远超火锅餐饮行业竞争对手的服务水平，取得了快速发展，并通过溢价获取超额利润。服务的差异化，其关键在于对员工的选拔与训练，让员工执行公司的差异化服务。

2.5.4   集中化战略

集中化战略（focus）⊖是针对某一特定购买群体、细分市场或区域市场，采用成本领先或差异化来获取竞争优势的战略。

比如日本 YKK 公司，作为世界拉链行业的领导者，一直专注于拉链与纽扣产品的研发与生产，并采用精益管理，至今仍是拉链和纽扣行业最大的市场份额占有者。⊜

与集中化战略相反的是多元化战略。当一个公司发展到一定程度，或者一个行业的市场达到饱和甚至出现衰退的时候，可以考虑多元化的战略路线，让企业再次走上快速发展的道路。不过，这是充满风险的选择。比如格力集团本来一直专注于空调产品的研发与制造，与日本大金空调的定位相似，后来改变战略，开始了多元化经营，先后进入房地产、手机、芯片与新能源汽车等领域，有成功也有失败，褒贬不一，但这些对格力的未来影响深远。

2.6   SWOT 模型：优势、劣势、机会与威胁

SWOT 分析模型源自麦肯锡咨询公司，可谓众所周知，现在已经被全世界的工商企业广泛采用。SWOT 是针对企业自身的竞争力，从四个角度进行

⊖ 在不同的学术文章或书籍中，对竞争战略的 focus 战略有不同的译法，比如聚焦战略、焦点战略、集中战略，本书采用"集中化战略"。

⊜ 来源：搜狗百科。

分析，包括优势、劣势、机会和威胁。

SWOT 分析是企业对内部因素和外部因素进行总结，进而分析自身的优势与劣势、面临的机会和威胁，如图 2-5 所示。

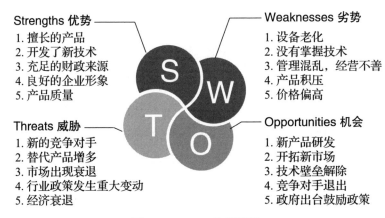

图 2-5　SWOT 分析模型

2.6.1　SWOT 分析的四个角度

1. 优势

优势（strengths）是企业的内部因素，包括有利的市场地位、充足的资金、良好的形象与美誉度、技术与研发力量、经营规模、质量管理、市场份额、成本领先、广告营销等。

2. 劣势

劣势（weaknesses）也是企业的内部因素，包括产品竞争力差、设备老化、管理混乱、缺少关键技术、技术与研发落后、资金短缺、经营不善、产品积压等。

3. 机会

机会（opportunities）是企业的外部因素，包括新产品、新市场、新需求、国际市场壁垒解除、竞争对手失误或退出等。

4. 威胁

威胁（threats）也是企业的外部因素，包括新进入者或替代产品的威胁、市场低迷、政策变化、经济衰退、突发事件等。

SWOT 模型的优点在于考虑问题全面，可以把诊断问题和解决办法紧密结合在一起，简单明了，很有说服力。通过 SWOT 模型的分析，可以帮助企业把资源和行动聚集在自己的强项以及有更好机会的业务上，让企业的战略更清晰，并得到企业的决策层与执行层的支持。

2.6.2　SWOT 矩阵

使用 SWOT 模型分析企业的竞争力时，还可以用到 SWOT 战略矩阵，如图 2-6 所示。

	O 机会	T 威胁
S优势	SO组合——增长型战略 发挥优势发展 增加融资与投资	ST组合——多元化战略 联盟、收购、营销战
W劣势	WO组合——扭转型战略 业务创新、细分市场、合资、 改善企业文化	WT组合——防御型战略 收缩、剥离、退出

图 2-6　SWOT 战略矩阵

1. SO 组合

优势与机会组合，可采用增长型战略。这时候，企业应该发挥优势发展，利用外部机会，增加投资与融资，适当使用财务杠杆，实现最大程度的发展。

2．ST 组合

优势与威胁组合，可采用多元化战略。此时，企业应该利用优势，回避外部威胁，可以通过联盟、收购与打营销战来挫败外部威胁。

3．WO 组合

机会与劣势组合，可采用扭转型战略。企业可以利用外部机会，通过业务创新、细分市场、合资、改善企业文化等方法来改变劣势。

4．WT 组合

威胁与劣势组合，可采用防御型战略。这个时候，企业需要仔细评估，然后做出防御性的行动，比如收缩、剥离与退出。

2.7　产品组合战略：波士顿矩阵与产品组合案例

当企业制订战略规划时，除了对外部竞争环境与自身竞争能力进行分析外，还要对企业的产品与产品组合进行研究，并制定产品组合战略。

一般企业不会经营单一的产品，很多企业的产品种类复杂繁多，如美国通用电气公司（GE），是世界上最大的提供技术和服务的跨国公司之一，GE的主要业务领域包括电力设备、电器设备、家用电器、喷气发动机、医疗电器、航空航天设备等十大类，共 25 万种产品。[○]

当然，并不是说一个企业经营的产品种类越多越好。

一个企业应该生产和经营哪些产品才有利？这些产品之间应该有什么关

○　来源：搜狐网，《扒一扒美国通用电气：世界最大的动力巨头，到底有多彪悍？》。

系？这就是产品组合问题。

产品组合是指一个企业生产或经营的全部产品的组合方式，它包括四个要素：产品组合的宽度（广度）、产品组合的长度、产品组合的深度和产品组合的关联性。

产品组合的宽度，是指一个企业所拥有的产品线的数量。比如宝洁公司（P&G）的产品组合的宽度，包括了婴儿护理、织物护理、女性护理、男士理容、秀发护理、居家护理、口腔护理、个人健康护理、皮肤和个人护理，共 10 条产品线。⊖

产品组合的长度，是指企业所拥有的产品品种的平均数，即全部品种数除以全部产品线数量所得的结果。比如 P&G 的秀发护理产品线下面的海飞丝、飘柔、潘婷、沙宣、质感哲学等品牌，就代表了产品组合的长度。

产品组合的深度，是指每个产品品种的规格等有多少。比如，P&G 旗下的海飞丝洗发水有多个系列以及多种包装规格，这代表了产品组合的深度。

产品组合的关联性，是指各个产品大类在生产条件、分销渠道等各方面的关联程度。宝洁公司不同的产品线之间，分销渠道关联性很强，可以共享强大的分销渠道，且可以和渠道客户建立紧密的商业合作关系，并培养与强化消费者对 P&G 品牌的认可度与忠诚度。

产品组合四个要素和促进销售、增加利润有密切的关系。产品组合战略使产品组合的宽度、长度、深度及关联性处于相对合理的结构，有利于提高企业销售收入和盈利能力。比如，企业可以依照业务情况，采取下面的产品组合战略。

（1）增加产品组合的宽度，即增加产品大类，扩大经营范围，甚至实行多元化经营，以发挥企业的品牌号召力，使企业的资源、技术得到充分利

⊖　来源：宝洁中国官网。

用。但是，多元化经营的业务之间要有关联性，否则会显著增加企业经营的风险与不确定性。小米集团在手机业务取得成功后，快速增加了家电、笔记本电脑、平板电脑、路由器等产品，甚至还涉足箱包等产品领域。这是典型的增加产品组合的宽度与多元化经营的思路。

（2）增加产品组合的长度或深度，即增加产品品种，或增加产品的规格等，以迎合不同消费者的需求，并吸引更多顾客。比如，为了满足客户的需求，肯德基在中国市场售卖油条与粥，麦当劳提供了品质咖啡。

（3）增加产品组合的关联性。比如，企业可以分享不同产品的生产条件与分销渠道，以分摊成本、提高效益。来自瑞典的宜家家居是世界家居行业的领导者，而宜家家居商场里的便捷餐厅，凭借着实惠的特色菜品，每年为宜家带来 18 亿美元的额外营业收入，占总营收的 8% 左右，宜家堪称一家被忽略的餐饮巨头。宜家在家居商场里提供餐饮服务，不仅提高了客户的黏性与满意度，还为宜家带来了丰厚的利润。$^{\ominus}$

为了判断企业各种产品的状态，通过研究企业产品的市场增长率与市场份额的关系，波士顿咨询公司开发了 BCG 矩阵，为无数公司提供了一个可以落地的产品组合解决方案。

2.7.1　波士顿矩阵

波士顿矩阵，也称 BCG 矩阵，由波士顿咨询公司于 20 世纪 70 年代初开发，并得到了广泛应用，成为企业制订战略规划时最常见的工具之一。

BCG 矩阵将组织的每一个"战略业务单元"（Strategic Business Unit, SBU），标在二维的矩阵图上，从而显示出哪个 SBU 提供超额利润，哪个 SBU 在浪费资源。

　　$\ominus$　来源：雪球，《宜家，一个靠餐饮成功出圈的家居品牌！》，2021 年 3 月 19 日。

BCG 矩阵的发明者布鲁斯·亨德森[一]认为："公司若要取得成功，就必须拥有市场增长率和市场份额各不相同的产品组合，组合的构成取决于现金流量的平衡。"[二]如此看来，使用 BCG 矩阵的目的是通过产品组合优化实现企业的现金流量平衡。

BCG 矩阵区分出四种业务组合，分别为明星业务、现金牛业务、问题业务与瘦狗业务，如图 2-7 所示。

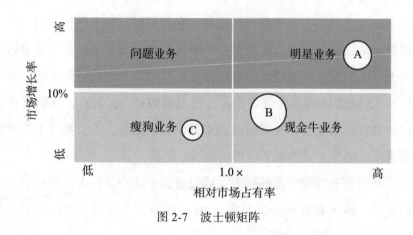

图 2-7　波士顿矩阵

1. 明星业务，代表高增长、高市场份额

明星业务（stars）象限的产品，处于快速增长的市场，并且具有市场支配地位，可以视为高速成长市场中的领导者。但是，明星业务不一定可以给企业带来源源不断的现金流，因为业务市场还在高速成长，企业必须继续保持资本投资力度，以实现与市场同步增长，保持企业的市场竞争力。

明星业务适合采用增长战略，保持市场竞争力，等到市场增长速度回落

㊀ 布鲁斯·亨德森（Bruce Henderson，1915 ~ 1992 年），波士顿咨询公司创始人，波士顿矩阵、经验学习曲线、三四规则理论的提出者。

㊁ 来源：MBA 百科。

之后，会成为现金牛业务。

2. 现金牛业务，代表低增长、高市场份额

现金牛业务（cash cows）象限的产品，具有市场支配地位，但市场增长已经乏力。企业如果拥有这个阶段的产品，就是成熟市场的领导者，在这个产品上此阶段企业不需要继续投入大量的资本，但享有规模经济和边际效益的优势，因而能给企业带来大量现金流，故称现金牛业务。

现金牛业务对于企业来说，如同定海神针，企业可以用该业务产生的现金流支持其他三种业务的发展。现金牛业务适合稳定战略，主要目的在于保持 SBU 的市场份额。

3. 问题业务，代表高增长、低市场份额

问题业务（question marks）象限的产品，市场增长率很高，但是企业的产品在市场的地位不够，有较大的经营性风险。问题业务的利润率可能很高，但占有的市场份额较小，往往会是公司的新产品或新业务。为努力增加问题业务的市场占有率，并超过竞争对手，公司必须建立新工厂，增加设备和人员，这些投资需要大量的资金。

对于问题业务，公司要思考是否继续投资与发展该业务。只有那些符合企业的战略规划、具有技术或资源优势、能够增强企业核心竞争力的业务才可以扩大投资。有机会发展成为明星业务的问题业务，适合增长战略，否则应该采用收缩战略。

4. 瘦狗业务，代表低增长、低市场份额

瘦狗业务（dogs）象限的产品所处的市场已经增长乏力，企业也没有市场份额优势。瘦狗业务既不能产生大量的现金，也不需要投资大量现金，已经看不到希望。一般情况下，这类业务常常是微利甚至亏损的，瘦狗业务的存在很多是因为感情上的因素，虽然一直艰难维持，但它就像人类养了多年

的家狗一样，不忍轻易放弃。

实际上，瘦狗业务通常占用很多资源，但多数是得不偿失的。显然，瘦狗业务适合采用收缩战略，将其出售或关闭，以便把资源转移到更有利的业务类型上。

波士顿矩阵的横轴，代表企业的某项业务的相对市场占有率，即企业的某项业务的市场份额与目标市场上最大竞争对手的市场份额之比，反映企业在目标市场上的竞争地位。相对市场占有率分界线一般为1.0，并依此划分为高、低两个象限。

波士顿矩阵的纵轴，代表企业的某项业务的市场增长率，即企业的某项业务前后两年市场销售额增长的百分比，反映该业务的成长能力。市场增长率一般以10%为分界线，并依此分为高、低两个象限，即高于10%为高增长，低于10%则为低增长。

图2-7中的圆圈表示企业的某项业务或产品，圆圈的面积表示该项业务或产品的收益占公司全部收益的比重。如图2-7所示，B产品属于现金牛业务，占比大，A产品属于明星业务，占比次之，C产品属于瘦狗业务，占比最小。

在实际操作中，BCG矩阵还有一个高明之处，即把战略规划和资本支出预算紧密结合，把一个复杂的企业投资战略用两个重要的衡量指标（相对市场占有率与市场增长率）区分为四种类型，用简单的矩阵分析来应对复杂的投资战略问题，帮助公司确定哪些产品适宜加大投资，哪些产品适宜收缩或被卖出，从而使业务组合优化并创造更大的经营效益。因此，在企业制订战略规划时，BCG矩阵得到广泛的应用。

2.7.2 产品组合案例

案例2-1为温氏食品集团的产品与产品组合，可供学习与思考。

○ **案例 2-1**

温氏食品集团股份有限公司（简称"温氏"），创立于 1983 年，现已发展成一家以畜禽养殖为主业、配套相关业务的跨地区现代农牧企业集团。2015 年 11 月 2 日，温氏在深交所挂牌上市（股票代码 300498）。

截至 2020 年底，温氏已在全国拥有控股公司 399 家、合作家庭农场约 4.8 万户、员工约 5.3 万名。2020 年温氏上市肉猪 955 万头、肉鸡 10.5 亿只，实现营业总收入 749 亿元。[⊖]

温氏的业务以养鸡、养猪为主，兼营食品加工和生物制药，是全国农业产业化重点龙头企业，也是目前广东省最大的农业龙头企业。

对于养殖业务，温氏以"公司 + 农户"为产业化推广模式，实行从育种到种苗生产、饲料加工、动物防疫、动物保健品生产、饲养管理服务以及产品销售等产业链全程管理，合作养户负责其中的饲养环节。温氏运用现代科技与管理，购进玉米、豆粕等饲料原料，根据不同地区不同品种的配方，配制出相应的饲料以供应给合作养户，养殖生产出活鸡和活猪并上市销售，部分产品加工成冰鲜肉产品，在超市、生鲜店以及京东旗舰店等线上渠道销售。在这个生产经营过程中，需要经过以下五个环节：

（1）原料采购与饲料生产——由公司饲料部与饲料厂完成。

（2）种苗生产——由公司孵化厂完成。

（3）肉鸡饲养——主要由农户来完成。

（4）技术配套——由各分公司服务部和集团生产部来完成，具体包括技术硬件化、技术的普及和推广。产业配套有育种公司、动物保健品厂、饲料添加剂厂和信息中心等。

（5）销售与加工——由公司销售部及食品加工分公司完成。

⊖ 来源：大华农官网以及温氏股份的年报。

以上五个环节中，温氏承担市场风险，实行综合经营，合作养户承担饲养管理风险。

图2-8对温氏的业务与产品组合做了总结。

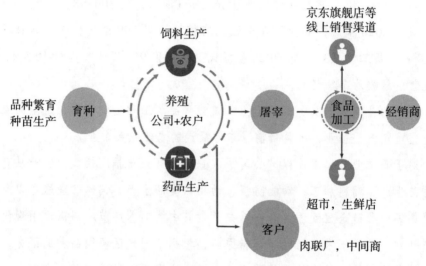

图2-8   温氏的业务与产品组合

财务管理者可以从产品组合战略的角度，思考下列问题，并为企业的战略规划与业务多元化经营提供建议与方案：

- 温氏的种苗也卖给同业竞争者吗？
- 饲料与药品是不是也可以市场化经营？
- 未来温氏会进入水产养殖以及牛羊肉类市场吗？
- 未来温氏会增加自己直接屠宰的比例吗？
- 温氏会不会自己运营生鲜店？
- 温氏会不会跳出养殖业，实现多元化经营？
- 温氏会不会进行收购兼并以实现快速增长？

2.8　战略规划报告的内容与框架

制订战略规划，并完成战略规划报告的撰写，是非常有挑战性的工作。企业制订战略规划时，需要聘请外部咨询公司进行调查与研究，并撰写战略规划报告。

战略规划报告的内容主要包括公司概况、环境分析、战略指导思想与定位、公司战略方案选择以及公司战略的实施计划。具体如下：

1. 公司概况

公司概况要重点介绍公司的发展历史、现行组织架构、公司法人治理结构、经营业务构成、主要经济指标分析，让阅读者能够了解公司的基本概况。

2. 环境分析

环境分析要对宏观、中观、微观三个层次的竞争环境进行研究。相应地，分别用 PEST、PORTER 与 SWOT 三种工具进行环境分析。

3. 战略指导思想与定位

咨询公司与公司高层充分沟通，了解他们对公司愿景、使命、战略指导思想的初步看法。然后组织高层与管理骨干，对公司战略指导思想、战略依据、目标定位进行反复讨论，最终经提炼形成战略指导思想与定位。

4. 公司战略方案选择

战略规划方案既要有公司总体发展战略，也要有各个经营单位的具体发展战略。需要按职能领域（如销售、生产、研发、采购、人力资源、财务）进行撰写。

5. 公司战略的实施计划

根据公司现实情况，为了生存与发展，提出具有前瞻性的公司战略的实施计划。实施计划包括了机制的创新、核心竞争力的确定、组织架构的调整、产业纵向的整合、产品结构的优化、投融资计划、人力资源开发、企业文化建设等。通过平衡计分卡与年度经营计划，对公司的战略规划确定行动计划与具体实施方案。

2.9 年度经营计划与年度经营目标

年度经营计划是指企业为实现战略规划的目标任务而制订的一个年度内的经营管理计划，包括经营目标、实施策略、具体举措与行动方案。年度经营计划是实施和落实企业战略规划的重要步骤，其目的是实现企业的战略目标和长远发展。

年度经营计划也可以作为预算编制的起点与依据，并为后来的绩效考核提供基础。从战略规划，到年度经营计划，再到预算编制与绩效考核，形成了财务与战略之间的联系。

为了支持预算编制，年度经营计划需要在预算启动之前完成。比如，如果企业的预算编制启动时间为 9 月初，那么年度经营计划应该在 7 月或 8 月完成。

制订年度经营计划，需要先确定年度经营目标。年度经营目标的确定，需要考虑企业的业务模式与发展阶段。

图 2-9 是一个制造业企业的年度经营目标的范例。年度经营目标和战略规划地图与平衡计分卡一脉相传，也区分为财务、客户、内部营运、学习与成长四个维度，并由此选择适当的经营指标。

年度经营目标包含了三组数据，分别是当年的预算、当年的预估和明年的预测。图 2-9 包含了 2021 年预算、2021 年预估以及 2022 年目标预测，其中 2021 年预估是由 1 ~ 9 月实际和 10 ~ 12 月预测组成。

2022 年度经营目标设定表

公司名称：×××集团×××有限公司

发展战略概述：

年度整体目标：

类型	目标	单位	2021 年 预算 A	2021 年 1~9 月实际 B	2021 年 10~12 月预测 C	年度预估 D=B+C	2022 年 目标预测 E	22/21 年差异（%） F=(E-D)/D×100%
财务方面 如何回报股东的要求？	销售数量	吨						
	主营业务收入	万元						
	单位毛利	元/吨						
	利润总额	万元						
	经营活动产生的现金流量	万元						
	资产负债率	%						
	净资产收益率	%						
	单位产品管理费用	元/吨						
客户方面 如何真正满足顾客需求？	主要产品 1 市场占有率	%						
	主要产品 2 市场占有率	%						
	主要产品 3 市场占有率	%						
	客户维系率	%						
	新客户数	个						
	准时交货率	%						
	单位产品销售费用	元/吨						
	应收账款周转天数	天						
内部营运过程 怎样提升内部营运流程与效率？	生产数量	吨						
	产品正品率	%						
	设备运转率	%						
	新产品制造比例	%						
	单位产品制造费用	元/吨						
	单位产品电耗	度/吨						
	存货周转天数	天						
学习与成长 如何成为学习型组织和实现员工能力的成长？	员工流动率	%						
	员工主动流失率	%						
	关键员工主动流失率	%						
	员工人均培训小时数	小时/人						
	员工总人数	人						
	人均主营业务收入	万元/人						
	人均利润总额	万元/人						

图 2-9　年度经营目标的范例

确定目标值的时候，我们可以遵循非常朴素的假设，即假设下一年度的预测值，要比当年的预估值好一些。公司管理层在确定年度经营目标的时候，提出这个要求，是可以理解的。但要注意，并非所有的指标都会变好，不排除有些指标变差。只要相关部门能够提供充足的理由与依据，也可以接受。

已经确定的年度经营计划的目标值，可以作为预算的关键假设的参考值。在预算编制的过程中，如果发现某个关键假设极其不合理或有错误，可以修改年度经营计划的目标值，让年度经营计划与预算有相互优化的互动关系。

PART
第 3 部分

预算管理

第 3 章

认识预算的真面目

3.1　预算的概念与作用：要考核预算的准确性吗

对于企业的预算[⊖]，每个利益相关者的认知与经验，会有很大的差异。预算的利益相关者主要包括股东、管理层、经理及员工。

股东作为企业的投资人，拥有企业的所有权，通过股东大会与董事会来实现股东的监督权。董事会任命与授权 CEO 或总经理行使经营权，对企业进行经营管理。CEO 或总经理组建管理层团队，并招聘经理与员工，通过内部营运与客户营销，完成公司的财务目标。

股东、管理层、经理与员工，利用预算进行博弈，以不断优化与合理化利益分配的机制。

但在企业刚开始推广预算时，经常会遇到一个有挑战性的问题：预算会

⊖　本书的预算针对的是工商企业的预算，不考虑国家机关、事业单位的公共预算或单位预算。

准确吗？这个问题，经常让负责预算编制的 FP&A 或其他财务管理人员非常困扰。

先思考一个问题：什么是预算？

预算是在各类战略性元素的预期值的基础上，形成一系列关键性假设，建立起涉及销售、采购、生产、人力资源需求与投融资计划等一整套经营计划的总体预测。负责预算编制的 FP&A 团队或其他财务管理人员，根据这些关键性假设与总体预测，将这套经营计划，量化成三大财务报表与绩效考核标准。

简而言之，预算是运用一系列的关键性假设，对公司未来经营计划做出总体预测，并量化成财务报表。

关键假设的数据非常多，实际结果与预算对比，总是会有偏差，预算的准确性难以实现。但有些公司因为特殊的背景，或者管理层的偏好，对预算的准确性有非常严苛的要求，甚至不惜人力去刻意控制实际结果。案例 3-1 是一个很有代表性的例子。

○ 案例 3-1

几年前，笔者在北京讲授预算管理，讲到预算的准确性时，有位学员说，其公司总经理要求每个月实际净利润与预算的偏差为 0～1%，就是说，实际利润要超过预算，但超过幅度不得大于 1%。这是一个不可思议的苛刻要求！

为什么该公司总经理会有这种苛刻要求？背后的理由与动机是什么？我们可以做一下情景分析，如表 3-1 所示，分别从企业类型、市场竞争、产品种类、制造成本、企业规模与激励机制六个角度，来判断这个企业的背景。

真实的情况是，这个企业是华中地区某地级市的一家国有企业，属于制药业，产品畅销，缺少竞争，产品种类很简单，制造成本非常低，企业规模中小型，激励机制比较僵化。制药业的毛利通常可高达70%～90%，制造成本很低。

表 3-1　企业背景分析

项目	情景一	情景二	情景三
企业类型	国企	民企	外企
市场竞争	缺乏竞争	完全竞争	
产品种类	复杂	简单	
制造成本	高	低	
企业规模	大	中	小
激励机制	开放	比较僵化	

因为该企业的背景与激励机制，管理层认为，经营结果与预算刚好吻合显然更为明智。不过，为了实现这个苛刻的要求，财务部与各部门负责人，要花费很多的精力，去控制收入与支出，每个月的实际经营都要严格遵守预算进度，形成了非常独特的预算管理模式。

有些管理层认为越准确的预算越好，把预算的准确性作为关键考核指标。

实际上，预算不应该以追求准确为目的。否则，大家会更倾向于保守的预算，因为更容易控制保守的预算的"准确度"。随后，会出现很多的人为干预，预算成为阻碍团队挑战更高绩效的绊脚石。而高明的预算定义了预算目标，并通过绩效考核机制鼓励团队实现并超越预算目标。

实际上，预算不只是一个管理工具，也是一套系统的管理方法，通过股东与管理层合理分配企业资源，以及相应的绩效考核机制，有利于企业实现战略规划与经营计划。

很多公司在推行预算时，会受到各部门的抵制，因为他们认为预算是总经理与财务部合谋建立的一套管控系统，给他们装上了锁链，不再有"自由"与"操作空间"了。其实，这是一个巨大的误会，预算不是用来控制部门经理与员工的锁链。恰恰相反，预算可以缓解公司管理层与部门经理的矛盾，并帮助公司管理层与部门经理达成经营目标。通过预算，各利益相关者之间，有了理性的博弈过程，这个过程会给企业带来有价值的思想碰撞，从而激发团队的潜能。

关于预算管理的作用，主要体现在下面几点。

1. 预算提供了企业经营的目标与标杆

企业管理层对下一个年度的业务做出判断与决策，是要快速增长还是稳健发展，体现为企业下一个年度的目标与标杆。企业管理层在确定下一个年度的目标与标杆的时候，不能鲁莽行事。不合理的预算无法得到团队的认可。

预算也提供了多方博弈的机会，将企业经营的目标与标杆放在预算模型中演练与分析更有可行性。如果企业经营的目标与标杆被团队认可，就有更高的执行力。

2. 预算为业绩评价提供标准与依据

通过预算确定了企业下一个年度的目标与标杆，企业管理层与有关部门可以据此为业绩评价提供标准与依据。在业绩评价体系里，可以有多个评价标准，以激励团队与员工追求更高的绩效。

有些国际企业对公司级别的绩效，设定了三个目标，并采用下面的"1-2-4 机制"进行奖励，非常简单实用。

门槛目标：为预算目标值的 80% ～ 90%，绩效奖金为 1 个月工资。

标准目标：即预算目标值，绩效奖金为 2 个月工资。

挑战目标：设立一个比标准目标更有挑战的目标，比如达到标准目标的 1.2 倍或以上，绩效奖金则为 4 个月工资。

在门槛目标与标准目标之间，不计算比例，即在门槛目标与标准目标之间，没有一点几个月工资的奖金。

在标准目标与挑战目标之间，可以用公式计算比例，比如可能拿到相当于 2.5 个月或 3 个月工资的奖金。

通过这种简单实用的 1-2-4 奖励机制，可以让管理团队清楚知道目标值，以及预期的奖励。完成预算编制之后，财务部通常会协助人力资源部门，制定相应的绩效考核目标与考核机制，并在新的年度预算运行前颁布。假如绩效方案迟迟未定，无法对员工产生激励，则不利于实现公司的预算目标。

3. 预算能促进部门之间的合作，让部门经理制订合理计划

如何让各职能部门通力合作完成公司的预算目标，是让管理层头疼的问题。通过预算与绩效的合理设计，可以让部门经理之间减少内耗，停止无休止的争论，更愿意采取合作的态度，并让部门经理可以据此制订合理计划。

比如有一个公司，用公司、部门与个人三个级别的 KPI 来评价部门经理的业绩，并采用了 A 方案进行考核。A 方案的三个级别 KPI 的权重比分别为 20%、30% 与 50%。可见，公司级别的 KPI 比重最少，个人级别的 KPI 比重最大。在这样的权重比例下，如果需要部门经理顾全大局，齐心协力实现公司目标，恐怕非常困难。但如果采用 B 方案，将权重调整为 50%、30% 与 20%，公司级别的 KPI 权重最大，个人级别的 KPI 权重最小，假设部门经理是一个理性人，即使没有管理层的监督，也会先努力实现公司目标，个人 KPI 则会放在最后。

要注意，有一些企业在 KPI 设定的道路上越走越远，考核指标越来越多，考核间隔时间越来越短，过度考核已经产生副作用了。还有一些企业过度强调绩效工资，对不适合采用绩效工资的部门，也滥用了绩效工资制度。比如很难去量化考核财务部门的人员，如果每个月对财务团队进行绩效考核，财务人员工资中有 50% 来自绩效，就会浪费很多时间在各种有争议的

统计与考核上。过度考核让部门之间或员工之间，产生难以调和的矛盾，撕裂了团队意识，最终损害的是公司的整体利益。

而有些国际企业简化了绩效考核，除了业务部门，其他部门员工的奖金仅仅与公司级别的 KPI 挂钩。而个人的绩效与每年工资的升幅和升职机会挂钩，通过加薪与升职来认可优秀员工的贡献。这样可以简化绩效考核，减少部门之间的矛盾。

举个例子，A 和 B 两位应届大学毕业生同时加入公司，起薪一样，都是5000 元。A 工作主动积极又勤奋，和同事相处融洽，工作交付经常超越预期。一年后加工资的时候，上司将 A 的个人绩效评为"极其优秀，超越期望值"，争取到公司当年最高加薪幅度（20%）。而 B 则表现平平，加薪幅度为普通级别（5%）。下一个年度，A 每个月的收入将比 B 多 15%，相当于在一年时间里 A 比 B 多约两个月工资的收入。假设 A 与 B 两人在公司持续工作了 5 年，则意味着在 5 年时间里，A 会比 B 多约 10 个月的工资收入。同理，如果次年及其后的表现，A 总是超越期望值，年年加薪都比 B 多 15%，甚至中间被提拔为主管，又大幅加薪，那 5 年之后两者的差距更大了，A 的工资收入可能会是 B 的两三倍。通过及时加薪与升职对有突出贡献者进行认可与嘉奖，可以让优秀的员工的敬业度与忠诚度更高。

4. 预算能激励员工完成个人绩效目标

通过预算，管理层、部门经理以及员工，都清楚了公司级别与个人级别的绩效目标，每个季度、每个月甚至每周，都会关心预算目标的进展。如果某一季度没有实现预算目标，下一季度会更加努力，以弥补不足。预算提供了一个机会，让员工调整自己的节奏，以达成个人绩效目标，最终帮助达成公司的绩效目标。

如果员工对预算有承诺，关注预算成为习惯，贯穿于其日常工作中，每周或每月有持续的进展报告，并对实际与预算的偏差，做出恰当的分析，找出原因并实施改进计划。这样,企业的预算文化会逐渐形成,企业的经营管理也会更加高效,事半功倍。

5. 预算能够预见公司未来的现金流量

完整的预算不仅要对利润表进行预测,还要对现金流量表进行预测。财务的基本常识是,现金流量是企业之血液,重要性大于利润。现金流量的重要性毋庸置疑,如果预算编制只是考虑了利润表,没有考虑现金流量表,显然是不够的。在财务管理中,越来越多的企业已经将现金流量的重要性置于利润之上。

2023 年第 1 季度,中国国资委将中央企业的主要经营指标由原来的"两利四率"调整为"一利五率",最大的变化是,用净资产收益率替换净利润指标,并用营业现金比率替换了原来的营业收入利润率指标。营业现金比率的计算公式中,分母为营业收入,分子为经营活动产生的现金流量净额。考核营业现金比率主要是为了体现国资委"要有利润的收入和要有现金的利润"的监管要求,有利于落实国有资产保值增值责任,推动中央企业在关注账面利润基础上,更加关注现金流的安全与可持续投资能力的提升,从而全面提高企业经营业绩的"含金量",真正实现高质量的发展。⊖

如果要编制预算的现金流量表,就要有利润表与资产负债表。然后,通过财务模型,让三大报表互相勾稽与关联,实现资产负债表的自动平衡与现金流量表的自动更新。

对于财务经理或 FP&A 来说,如果能够设计与编制完整的包含三大报表的预算模型,就可以轻松预测未来的现金流量,依照经营活动与投资活动的现金流量的预算,判断是否需要提前做好融资计划,避免公司出现现金流问

⊖ 来源:新浪网,国务院国资委权威解读中央企业"一利五率"经营指标体系,2023 年 1 月 31 日。

题。关于三个报表预算模型的互相勾稽与关联，会在后面的章节详细阐述。

3.2　预算编制的五种方法：没有一种方法可以通用

预算编制的方法有多种，不可一概而论，各个企业应该依照自己的业务模式与发展阶段，针对不同的预算内容，选择合适的预算编制方法。

常见的预算编制方法，有下面几种。

3.2.1　固定预算法

固定预算法，又称底线预算法，是以预算期内正常的、可实现的某一业务量水平为基础来编制预算的方法。用固定预算法编制的预算，通常与当年的实际或预估的金额保持一致。

固定预算法的特点是：简单、约束性强、容易理解，但适应性差，难以削减或调整。固定预算法只适用于业务量水平比较稳定的组织，尤其是数额比较稳定的预算项目，比如，非业务部门的差旅费、业务招待费，以及会议费用、办公费用、财产保险、办公室租金、外部采购服务等。

3.2.2　增量预算法

增量预算法，是指在历史数据的基础上，根据预计的业务情况，再结合管理需求与价格水平，调整有关项目的预算编制方法。

增量预算法的优点是操作简单、容易理解，因此颇受欢迎。但是使用增量预算法时要慎重，增量预算法不是简单的增加，要注意基准与增量是否合理，并防止只增不减。还要警惕的是，不是所有的费用预算都需要根据收入增长而增长，还要对通货膨胀因素予以慎重考量。

比如，某部门的差旅费用，今年预计花 100 万元，明年预算需要 110 万元。财务可以质疑，明年没有业务的变化，为何要多花 10 万元，可否提供有说服力的理由。

增量预算法适用于工资与福利、行政开支、折旧摊销，按照增量相关的依据，比如员工人数的增加、工资增幅、价格水平与新增固定资产等，进行增量调整。例如人力资源部门编制工资与福利的预算，要考虑到员工人数的变化、工资的涨幅与福利政策的调整。

3.2.3　弹性预算法

弹性预算法，是指在区分成本与费用的性质的基础上，依照预算期间业务量的变动，编制一套适应多种业务量的预算编制方法。弹性预算法更加客观地反映了不同业务量下的成本与费用水平，一定程度上弥补了固定预算法的缺陷。

通常来说，弹性预算法适用于直接变动成本与费用，比如原材料、能源、包装材料、运输费用、销售提成、促销费用等，这些预算项目可以依照生产量、销售量或营业收入的变化而变化。

要注意，有些成本属于混合成本，但在会计上习惯将其列为变动成本，实质上该成本更接近于固定成本。比如，直接人工成本，虽然在会计上被视为变动成本，但实际上，除了绩效工资部分是变动的，其他部分属于固定工资，而固定工资的占比可能更大。

对于适用弹性预算法的成本与费用项目，未来的执行与控制不能以绝对值衡量，而应以每单元产品的成本或费用，或费用率⊖来进行判断，这样更符合实际业务，更有说服力。

⊖ 这里的费用率指成本或费用除以销售收入的比率，将实际比率与预算比率进行比较，来判断其合理性。

3.2.4　零基预算法

零基预算法，简单理解，就是不考虑以前发生的收入与成本费用，一切由零开始，从业务需要出发，考虑预算期[⊖]内各项费用的内容及开支标准，在综合平衡的基础上编制预算。

零基预算法要求相关部门在编制预算时，充分考虑预算期的业务目标与投入产出，估计需要匹配的资源，制定预算支出。

零基预算法的优点是：①可以更为合理、有效地分配资源；②有助于企业内部的沟通、协调，激励各基层单位积极参与预算；③目标明确，可区分方案的轻重缓急；④有助于提高管理人员的投入产出意识。

特别适合零基预算法的预算内容有资本支出、广告费用、营销方案、咨询费用、展览费用等，这些预算内容通常不是经常出现，但金额较大，过去的数据的参考意义有限，需要相关部门依照预算期的经营计划与资源配置来编制预算。

但是，零基预算法的缺点也很明显：①有些部门负责人会认为零基预算法是对他的一种控制，因此难以接受；②实施难度很大，需要投入更多的时间且工作量大；③评价和资源配置具有主观性，容易引起部门之间的矛盾；④容易让员工注重短期利益而忽视企业长期利益。

零基预算法是财务学术界极力推崇的做法，但是实际执行难度很大，基于其缺点，我们要谨慎用之，千万不可滥用零基预算法。

3.2.5　滚动预算法

滚动预算法，是指在编制预算时，将预算期与会计期间脱离，随着预算

⊖　这里的"预算期"是指编制预算的财务年度，比如编制 2023 财务年度预算，其预算期为 2023 财务年度。而财务年度的开始与终止的时间，依照企业的会计政策而定。

的执行不断更新预算，逐期向后滚动，使预算期间始终保持在一个固定的长度，通常为 4 个季度，每个季度更新一次。

滚动预算的优点是，能使企业对未来若干季度的经营活动进行持续的更新，让预算及时反映市场的变化与业务的进展。滚动预算法适用于业务快速变化与难以长期预测的行业，比如互联网行业。

滚动预算法的缺点是：①需要预算专职人员，花费时间长；②滚动预算法让团队更加关注短期目标，对下一个季度的预算会斤斤计较，容易引发内部矛盾；③每个季度更新一次，给绩效考核带来困难，也让各责任中心难以制定一个稳定的预算目标。

与滚动预算法相对应的是定期预算法。定期预算法是以一个会计期间作为预算期，通常指下一个财务年度。要注意，滚动预算不是滚动预测，滚动预测是在预算目标不变的前提下，持续地预测未来一段时间的经营业绩，以帮助实现预算目标。关于滚动预测的方案与模型，在第 9 章有详细介绍。

最后要强调的是，没有一个预算方法可以通用，千万不可一刀切，应该按照不同的预算内容选择适当的预算方法。

3.3 预算的流程与要点：预算编制用 Excel 还是系统

预算，作为贯彻执行企业战略规划的管理工具，从最初的计划与协调，发展到兼具控制、激励、考核等功能，在企业内部管理与控制中发挥着核心作用。⊖自 20 世纪 20 年代，预算在通用电气、通用汽车、杜邦等公司被应用后，很快成为大型企业的标准操作程序与管理流程。

⊖ 来源：《管理会计实务》，经济科学出版社，《管理会计实务》编写组编著，2020 年 5 月出版。

3.3.1 预算管理的流程

企业开展预算管理，主要的流程包括下面几点。

1. 预算目标确定

预算目标的确定通常来自总部与管理层。总部与管理层依照战略规划与市场环境做出预判，给各预算单位制定预算目标。比如，总部对中国区下一年的预算目标是，作为集团主要的业务增长引擎，中国区销售收入增长20%，EBIT 增长 25%。

2. 预算编制审批

各预算单位，在总部和管理层下达的预算目标的基础上，开始编制经营预算与财务预算，以及专门决策预算。然后，预算委员会和管理层进行多轮讨论与博弈，修改并完成编制预算，得到总部审批通过后，再下达给各责任中心。

3. 预算执行监控

实际进入预算期后，要通过一系列定期的进展报告，比如每周报告、月度报告，定期检查与监督预算的实际执行情况。

4. 预算分析预测

每个月财务部门要持续进行财务分析，主要是对实际与预算产生的各种差异进行分析，从生产、销售、成本与费用、利润、流动资金等角度进行比较与分析，分析导致差异形成的各个因素及其背后原因。

此外，每个月或每个季度要进行滚动预测，持续对未来的经营情况进行预测。本财务年度已过月份的实际数据，加上本财务年度余下月份的预测，就是本年度的预测结果，然后将其与整个财务年度的预算目标进行比较，判断是否能够实现预算目标？如果不能，则要报告管理层，召集各部门一起制订行动计划，弥补差距。

财务分析与滚动预测工作，是由 FP&A 或财务分析团队负责的。FP&A 必须能胜任财务分析与滚动预测工作，做出判断，并提出有建设性的建议。

5. 预算考核评估

依照公司的绩效考核机制，要定期对预算的进展进行考核评估。对于生产与销售部门，通常是每个月进行绩效考核，并及时发放绩效工资或奖金。

对于预算的考核评估，至少每个季度进行一次。很多集团公司或跨国企业会设定严格的时间表，比如在 4 月、7 月、10 月的中旬召开季度经营分析会议，各地区或业务集团的管理层齐聚一堂，讨论与评价上一个季度的经营成果，并展望本财务年度的经营结果。

○ 知识点

预算管理的内容，一般分为经营预算、财务预算和专门决策预算三个部分。

经营预算，是企业预算期日常发生的基本业务活动的预算，主要包括销售预算、生产预算、采购预算、研发预算、人力资源预算、费用预算等。

财务预算，是反映企业预算期经营成果、财务状况与现金流量的预算，主要包括预算利润表、资产负债表与现金流量表。

专门决策预算，是企业为不经常发生的非基本业务活动所编制的预算、如资本支出预算、融资预算等。这些专门决策预算，主要涉及投融资行为，涉及金额巨大，对现金流量影响巨大，是构成财务预算的重要内容。[○]

3.3.2   预算管理的要点

对于预算管理，有哪些要点需要特别注意？以下为参考普华永道的预算

○ 来源：东奥会计在线，《预算管理的内容包括哪些》。

管理要点，包括预算组织结构、预算 KPI 体系、预算管理流程与规范以及预算模型与系统工具。

1. 预算组织结构

首先要定义预算组织与责任中心。预算组织不一定是法律实体，比如某跨国企业的预算组织包括了中国区、工厂、销售公司，中国区不是法律实体，而是依照组织架构设定的会计主体与责任中心。责任中心可以区分为成本中心、利润中心与投资中心。每个责任中心在制定重点预算指标的时候，要特别注意相匹配。

2. 预算 KPI 体系

预算目标，上要承接战略规划，下要关联各责任中心的绩效考核。为了实现预算目标，需要建立恰当的预算 KPI 体系，包括战略目标和绩效指标的匹配、各业务单元的绩效指标的选择、各责任中心 KPI 的设定。如果预算 KPI 设定得不恰当或者出现错误，会给预算目标的实现带来非常负面的影响。

3. 预算管理流程与规范

在推行预算管理的前期，需要建立预算管理的流程与规范，编写预算管理的制度手册，创建预算管理的程序文档。尤其是上市公司，都会被要求提供预算管理的制度文件，作为内部控制的制度文件的一部分。

但是，如果一家企业已经实施预算管理很多年，就会很难看到上述的制度文件。当预算管理与财务分析、滚动预测一起，已经成为整个企业日常的工作内容与惯例，预算管理的制度文件反而会淡出视野。

4. 预算模型与系统工具

预算编制与实际执行过程中，需要用到大量的数据、报表与模型，比如销售预算数据库、三大财务报表模型、利润差异分析模型、滚动预测模型等。

还有一些公司开发或采购预算管理软件来做预算，或在批准后把预算数据上传到 ERP 系统，以输出各种财务报表与分析报告。

总结起来，目前各个公司编制预算的方式，主要是下面几种。

（1）采用 Excel 编制预算。这是目前大部分企业的选择，优势是低成本、灵活、适应性强，劣势是数据汇总、文件合并、数据同步工作量大，不同版本之间容易出现错误。

（2）启用 ERP 系统的预算模块编制预算。这种方式要求财务部门与 IT 部门参与，在现有 ERP 系统里启用预算模块。这个做法的优势是可以和目前 ERP 系统无缝连接，比较容易实现预算的流程控制；劣势是需要采购预算模块软件，加上服务费，成本非常高。

（3）利用 OA 进行预算管理[⊖]。完成预算编制后，把预算的内容放入 OA 系统中，进行管理与控制，偏向于过程管控，可以实现费用的填报、审批流程等功能，但预算管理过程中数据之间相互孤立，难以与 ERP 系统或报表系统关联，也很难进行有效的分析。

（4）采用自己研发的预算管理软件。企业根据自身对预算管理的需求开发预算管理软件，或向第三方软件供应商定制预算管理软件。这个方式的优势是客制化，可以满足企业对预算管理的各种要求，但是开发成本高，软件的扩展性和持续服务难有保障。而且，预算管理软件的底层技术架构普遍采用关系型数据库，没有多维数据库的计算引擎，系统也不具备真正意义上的计算分析能力。

企业应按照企业的现状，采取适合企业的预算编制与管理方式。如果要

　　⊖　此处的 OA 是 Office Automation 的缩写，意为办公自动化。

启用 ERP 系统的预算模块或定制预算管理软件，需要大量的投入，必须得到管理层的支持。鉴于项目金额巨大，属于资本支出项目，通常需要很长时间才能争取到相关预算。

在企业还没有实施 ERP 预算模块或定制预算管理软件之前，财务部门不能干等，以为没有系统就无法推进预算管理。实际上大部分的企业还在用 Excel 编制预算，效果也是非常不错的。一个企业如果没有能力通过 Excel 进行预算编制与管理，却企图通过实施预算模块或定制软件来一步登天，无疑是不切实际的。

如果企业决定实施 ERP 预算模块或定制软件，对于负责推动这个项目的 FP&A 或其他财务管理人员来说，要做好心理准备：这是一个非常有挑战的项目。特别是在开始使用前期（至少两年时间里），工作量可能更大。笔者服务过的一家跨国企业，用的是 Oracle 的 ERP 系统。我们曾就启动预算模块的可行性进行讨论，发现不仅需要昂贵的投入，而且在编制与管理预算过程中，还需要更多的人员配置，完全违背公司的精益管理理念。经过谨慎考虑，最终放弃了这个方案，还是利用 Excel 开发预算报表与模型，来满足预算的编制与管理要求。

最后要提醒的是，采用 ERP 预算模块或定制软件进行预算管理，要谨防过度依赖软件与系统，不可迷信"只要系统能通过就可以了"，这样会导致预算非常死板，各个预算单位与责任中心的负责人，也会逐渐失去对预算的判断力与决策力。

3.4　实施预算管理的原则

中国财政部为了引导广大的财务工作者，积极实现从财务会计向管理会计的转型，在 2017 年 9 月发布了关于印发《管理会计应用指引第 100

号——战略管理》等22项管理会计应用指引的通知，总结提炼了目前在企业得到普遍应用且较为成熟的管理会计工具，以指导企业的管理会计实践。

　　为促进企业加强预算管理，发挥预算在规划、决策、控制、评价活动中的作用，财政部颁布了《管理会计应用指引第200号——预算管理》，强调了预算管理旨在优化资源配置、提高营运绩效、强化风险控制，并推动企业战略规划落实。

　　财政部的管理会计应用指引强调，企业实施预算管理应遵循以下原则。[⊖]

1. 战略导向原则

　　预算管理应围绕企业的战略目标和业务计划有序开展，引导各预算责任主体聚焦战略、专注执行、达成绩效。

2. 过程控制原则

　　预算管理应通过及时监控、分析等把握预算目标的实现进度并实施有效评价，对企业经营决策提供有效支撑。

3. 融合性原则

　　预算管理应以业务为先导、以财务为协同，将预算管理嵌入企业经营管理活动的各个领域、层次、环节。

4. 平衡管理原则

　　预算管理应平衡长期目标与短期目标、整体利益与局部利益、收入与支出、结果与动因等关系，促进企业可持续发展。

5. 权变性原则

　　预算管理应刚性与柔性相结合，强调预算对经营管理的刚性约束，又可

⊖　来源:《管理会计应用指引第200号——预算管理》。

根据内外环境的重大变化调整预算，并针对例外事项进行特殊处理。

　　企业的战略规划与年度经营计划，需要靠预算来落实与执行。财务分析、成本管理、绩效管理也需要以预算为基础。设想一下，财务分析的内容，如果没有实际与预算的差异分析，而只有当年实际与上年同期的比较分析，财务分析就会失去大部分的意义与价值。

　　在成本管理过程中，目标成本、标准成本与作业成本通常都需要以预算的关键假设作为目标值或标准值，比如标准成本的 BOM（bill of materials，原材料清单），需要用关键假设的原材料价格、正品率与配方，更新标准原材料成本。而绩效考核用到的 KPI 与平衡计分卡，也要通过预算来制定与落实。

　　预算管理在管理会计中起到了承前启后的作用，成为不可或缺的部分。没有预算管理，管理会计将成为空中楼阁。

3.5　不同企业生命周期的预算重点

　　每个企业都无法逃离企业生命周期这双无形的手，企业的发展轨迹经常受其影响。

　　所谓"企业生命周期"，是指企业初创、增长、成熟与衰退的过程。各个企业在生命周期的不同阶段，所表现出来的特征具有共性。在预算编制过程中，FP&A 或其他财务管理人员要认识到企业生命周期的影响力，制定适合的预算内容，并控制好相应的预算重点。

3.5.1　初创期的预算管理重点

　　初创期企业的主要经营活动聚焦于投资活动，需要大量的资本支出，并可能投入重金到研发与团队招募中，此时现金流量为净流出，投资风险大，市场与技术的不确定性也很大。

这个阶段，企业的预算管理重点为资本支出预算，预算编制的主要内容包括以下几个方面。

1. 投资项目的总投资预算

总投资预算包括资本支出、开办费用、资本化利息与流动资金。资本支出最为关键，需要有详细的清单，以项目区分，定义好项目代码，对于重大的资本支出项目，还要进一步区分为土地、建筑物、设备购建等。

2. 项目的可行性分析与决策过程

重大的项目投资需要严谨的可行性分析与决策过程，此时 FP&A 需要帮助管理层做出决策。项目的可行性分析通过预测未来项目投资预算与投产后创造的现金流量净流入，计算项目的内部回报率（IRR）、净现值（NPV）或投资回收期，从而确定项目是否有投资可行性。

3. 资本支出有关的现金流量规划

假设投资项目得到批准，下一步的重点就是投资项目有关的现金流量规划。按照项目的资本支出、开办费用与流动资金等进行规划，制订在下一个预算年度里的每个季度或每个月的现金流量支出计划。

4. 项目投入的筹资预算

初创期的投资项目需要大量的资金投入，此时相对应的筹资计划，也是预算的重要内容。比如明年的预算里面，项目总投资需要 6 000 万美元的现金，这笔资金的筹资来源在哪里？

笔者以前服务过的一家跨国企业，对于重大的固定资产投资，通常采用固定又非常简单的融资计划：1∶1∶1，即 1/3 来自注册资本，1/3 为银行贷款，余下 1/3 为自有资金或关联公司借款。这样，企业非常容易决定融资计划，与银行机构谈判的时候也容易很多。

初创期的预算得到批准后，在执行过程中，其管理重点在于项目资本支出的管理，跟踪实际与预算的偏差，解决筹资与资金使用问题，避免出现现金枯竭，从而影响项目的进度。

3.5.2 增长期的预算管理重点

经过初创期后，企业开始生产经营，产品需求增长很快，进入增长期。此时，企业面对产品与价格竞争，往往需要投入很多资源到市场营销活动中，经营风险比较高。而且，新增的客户需要企业提供信用条件，使得企业的流动资金压力比较大，现金流量紧张，财务风险也比较高。这段时间，预算管理的重点是围绕着销售收入开展的。

企业处于快速发展的增长期，历史数据往往不具有参考意义。这个阶段，机器设备的产能还有潜力与空间，而销售预算是这个阶段的重中之重。

此时编制销售预算，应该以市场需求为依托，结合企业的产品开发能力与生产能力，确定预算年度的销售计划。在以销定产的基础上，编制生产与采购预算、成本与费用预算，财务部据此编制三大财务报表。

增长期的预算管理重点在于销售管理，通过适当且有效的绩效考核机制，鼓励销售与营销团队开发市场机会，最大化地利用机器设备的生产能力。FP&A 或其他财务管理人员，要帮助销售与营销团队确立价格策略与报价机制，管理好信用条件的审批，防止应收账款与存货管理出现问题，并谨防由过于激进的增长而带来的现金流量危机。

3.5.3 成熟期的预算管理重点

企业进入成熟期后，产品与价格已经相对稳定，机器设备的产能也已经得到完全的利用，企业的潜力得到了充分的挖掘，资本支出维持在低水平，银行贷款已经清偿，现金流量呈现净流入，企业成为现金牛。

在成熟期，产能与销售收入已经没有太多的增长空间，为了维持财务表现，预算的重点要转向成本与费用。

首先是成本预算，主要涉及制造环节的成本，比如直接材料、直接人工与制造费用。原材料成本的降低方式，包括招投标、收缩或增加供应商或改变不同供应商的供货数量、改善产品的正品率、改进产品的原材料配方等。

对于直接人工，面对劳动力供需矛盾，企业几乎每年都要给工人加薪，加薪的幅度还不小，直接人工成本上涨的压力无法躲避。在这种情况下，编制直接人工预算尤其困难。生产运营团队要推行持续改善与精益生产项目，改善工作流程，做好分工合作，通过提高效率来减轻直接人工成本的压力。换言之，虽然直接人工成本上涨了，但是每单元产品的直接人工成本，或直接人工成本占销售收入的比率极有可能维持不变或下降，以化解直接人工成本上涨的压力。

对于制造费用，应该区分为变动制造费用与固定制造费用。变动制造费用主要包括能源、水气、包装材料、维修保养、外协加工等。固定制造费用主要包括固定资产折旧、生产管理人员的工资与福利、财产保险、厂房租金等。

除了上面的生产成本项目，还有销售费用、管理费用与研发费用，在后面的章节里会详细介绍，这里不再赘述。

当企业进入成熟期，可能不得不面对产品竞争力下降与通货膨胀等不利因素的威胁，企业应要求各部门与成本中心精益求精，对成本与费用严加把控。在这一阶段企业应立足主业，随着市场变化采取不同的价格策略，并厉行节约，推进精益生产与持续改善项目。

3.5.4　衰退期的预算管理重点

企业所在产业一旦进入衰退期，其产品的市场需求停止增长了，销售量与销售价格甚至出现下降，企业业务开始被动地收缩，自由现金流大量产生并闲置，企业不得不谋求转型与二次创业。

这个时期，预算的重点内容在于现金流量的预算，包括了经营预算、资本预算与流动资金预算。管理的重点在于，必须围绕现金的收回与合理支出，防止现金流被滥用，为下一轮的产品开发和二次创业做好准备。

当企业找到了二次创业的项目与机会时，会重新进入初创期，企业的生命周期又开始了新的轮回，这个时候预算的重点会转回到初创期的资本支出预算与筹资预算，或者处于过渡期，出现混合的状态，一边要维持存量衰退产品的经营，一边要聚焦于新项目的资本支出与融资。

要注意，对于一个具有一定规模的企业，旗下往往有不同的分公司或二级企业，各自处于不同生命周期阶段，这需要 FP&A 有更高明的预算管理意识与预算编制技巧，去确定预算编制的内容与预算管理的重点。

第 4 章

预算编制的准备工作

前面的章节介绍与探讨了预算管理的概念与作用、方法与误区、流程与要点，让读者对预算管理有了更全面的理解。下面要进入预算编制的阶段。在编制预算之前，需要做好各种准备工作，比如准备预算启动会议、确定预算编制时间计划表、成立预算管理的组织机构、理顺预算基础体系、确定关键假设、展望经营环境以及选定绩效考核的 KPI。

4.1 预算启动会议：要准备什么内容

预算编制开始的标志是召开预算启动会议。为了预算编制能够顺利开始与推进，也为了显示公司管理层的高度重视，需要有一个正式的预算启动会议。

预算启动会议由负责预算编制的部门（一般为财务部门）召开，公司管理层、部门负责人与其他经理级别员工应该列席参加。在启动会议上，总经理宣布年度预算启动，并强调预算的重要性与重要事项。财务总监或 FP&A

负责人宣布预算编制的时间计划表、预算组织机构、关键假设、编制要求等事项。

为了筹备好预算启动会议，要注意下列事项。

1. 年度预算编制需要结合公司的战略规划以及年度经营计划

公司管理层与各部门负责人，在制订战略规划时往往野心勃勃，目的在于争夺内部的资源与机会。而在编制预算时，却变得小心谨慎，以确保实现绩效目标。此时，两者的制衡作用变得非常重要。预算编制要考虑已经确立的战略规划与年度经营计划，而年度经营计划的目标值也是部分预算关键假设的来源。

2. 预算启动会议召开前的准备

预算启动会议需要各个部门负责人参与，他们应该在预算启动会议召开前的半个月到一个月时间里完成准备事项。

（1）在预算启动会议召开前，财务部门或 FP&A 要遵照往年的工作流程，结合总部已经下达的注意事项与时间要求，收集预算启动会议需要的材料，比如预算时间计划表、预算委员会或小组成员名单、展望经营环境、来自总部或管理层的期望值 / 目标值 / 关键假设、预算编制的框架与注意事项等。

（2）生产运营部门在预算启动会议召开前，应该组织本部门的关键员工对本年度的生产运营进行总结与回顾，并确定明年生产预算的重要假设，比如设备运转率、正品率、产能、设备改造计划、持续改善与精益生产项目等。

（3）市场与销售部门应该在预算启动会议召开前，组织销售、市场营销、客户服务、产品开发等团队，对明年开发新产品、开拓新市场和新客户、达成下一年度的业务增长目标与策略，进行讨论与准备，并放入下一年度的销售预算。

（4）人力资源与行政部门主要考虑人员的工资与福利，在预算启动会议召开之前，研究人力资源市场的变化与福利政策的变化，与总部人力资源部门领导及本地管理层确定明年的工资调整幅度，以及重大福利政策的调整。此外，还需要检查行政开支的项目，合同到期时间与服务供应商的价格是否有调整计划等。

3. 年度预算启动会议的时间

预算启动会议安排在什么时间更为合适呢？首先，要按照总部与管理层要求，确定不可修改的重要事项，比如提交预算报表与 PPT 文件的时间、总部召集的预算评论大会的时间、董事会开会讨论与批准年度预算的时间等。另外，还要考虑到财务团队的人员设置与工作安排，尽量避免预算编制与日常工作冲突，减少加班。

笔者的经验是，预算启动会议应该尽量提前。尽早启动预算编制，可以缓解各部门的工作压力，有效提高预算编制的质量。

一般来说，德国与日本的跨国企业的预算启动时间较早，经常在每年的 7 月或 8 月就开始了（这里是指自然年度）。美国公司预算的启动时间以 8 月或 9 月居多。国内不同背景的企业差异会很大，央企因为规模巨大、业务复杂，通常在 7 月或 8 月开始编制预算，民营企业往往在 9 月或 10 月开始编制预算。

4. 年度预算启动会议的沟通内容

预算启动会议通常由财务总监或 FP&A 负责人主持，主要沟通内容包括：

- 宣布预算时间计划表。
- 组建预算委员会或预算小组。

- 展望经营环境。
- 公布总部与管理层的期望值 / 目标值 / 关键假设。
- 阐述下一年度业务的增长举措与策略。
- 阐述下一年度成本的改善举措。
- 宣讲预算编制的基础体系、主要指标与注意事项。

5. 如果有必要，财务部与人力资源部可商议安排预算管理知识的培训

培训的形式可以为外派关键员工参加培训，或邀请培训师进行内训，内训可以让内部参与预算编制的成员达成共识、消除误会，让预算编制的进展更加顺利。

4.2　预算编制时间计划表：保证预算编制按时完成

凡事预则立，每个项目的管理都应有计划，要明确事项与责任人，并约定完成时间，有条不紊地进行项目管理。对于 FP&A 来说，预算编制是一个非常重要的项目，预算编制的时间计划表，是非常有助于预算编制的管理工具。

对于预算编制的时间计划表，首先要明确四个要素：工作事项、负责部门或责任人、完成后的受众、完成时间。

凡是与预算编制有关的工作事项，要先定义开始的事项与结束的事项。我们可以设定预算编制开始的事项为年度预算启动会议，结束的事项为董事会决议批准预算。然后，确定中间的一些重大事项，比如：

- 集团总部批准资本支出预算。
- 提交预算文件给地区管理层。

- 地区管理层组织的预算审查会议。
- 提交预算文件给集团总部。
- 总部管理层组织的预算审议大会。

这些事项往往是由总部或者本地管理层决定的，FP&A 难以改变。FP&A 要让各个部门负责人了解这些重大事项的完成时间，并理解预算编制时间的严谨与紧迫性。

确定了重大事项后，FP&A 再细化并明确预算编制的其他事项，比如确定各种关键假设，包括生产与产能的假设、原材料价格的假设、工资升幅的假设、汇率 / 税率 / 通货膨胀率的假设等，还有销售预算、各部门的费用预算。这些事项的完成时间有适当弹性空间，FP&A 可以征询相关部门的意见，做适当的调整。

召开预算启动会议时，FP&A 要详细介绍预算编制的计划时间表，征集大家的意见后确定下来。然后，FP&A 负责督促各部门执行预算计划时间表，并在执行过程中做出适当的提醒，比如在每个周五，预览下周需要完成的事项，并提醒相关的负责人，这样既可以保证预算的进度，又可以减少部门之间的矛盾。

确保各部门能够在规定时间里，按照要求的质量完成预算的编制，极其考验 FP&A 的组织能力与沟通能力。得到大家认可的预算计划时间表，可以起到很大的帮助。

表 4-1 以及案例 4-1 可供学习与参考。

表 4-1　ABC 公司亚洲区预算计划时间表

编号	事项	负责人或部门	受众	完成时间
1	2022 年预算启动会议	总经理、财务总监	亚洲管理团队	2021-08-01
2	业务部门讨论 2022 年销售预算	销售总监	亚洲管理团队	2021-08-05

（续）

编号	事项	负责人或部门	受众	完成时间
3	关键假设——营运部门（生产率与产能）	营运总监	亚洲管理层，销售团队	2021-08-15
4	原材料价格预测（不考虑数量）	全球采购	总经理，财务总监，采购总监	2021-09-04
5	来自亚洲采购的假设（数量与供应商）	亚洲采购	全球采购	2021-09-07
6	地区工程部门递交资本投资计划	营运总监	全球工程	2021-09-07
7	销售预算（详细与合计）	销售总监	亚洲管理层	2021-09-07
8	来自总部的关键假设（工资升幅，福利等）	总部 HR	总经理，财务总监，HR 总监	2021-09-14
9	来自总部的关键假设（汇率）	总部财务	总经理，财务总监	2021-09-14
10	来自地区的关键假设（通货膨胀）	财务总监	总部财务	2021-09-14
11	收集亚洲销售与管理费用的沟通过程	财务总监	亚洲管理层	2021-09-14
12	总部提供给地区的要求的预算报表	总部 FP&A	总经理，财务总监	2021-09-14
13	总部提供给地区的要求的预算演示文件	总部 FP&A	亚洲管理层	2021-09-14
14	最后批准的 2022 年资本预算	总部营运副总裁	总经理，亚洲财务团队	2021-09-20
15	部门的费用预算——交职能总监检查	部门经理	各职能总监	2021-09-20
16	部门的费用预算——正式交给财务	各职能总监	财务总监，FP&A	2021-09-25
17	亚洲销售费用与管理费用预算	财务总监	总经理	2021-09-27
18	第四季度的销售与 EBITDA 的预测	财务总监	总经理，总部管理层	2021-10-10
19	要求的预算财务报表——用于讨论的初稿	工厂财务总监	财务总监，FP&A，亚洲管理层	2021-10-11
20	要求的财务报表——可以递交给总部	工厂财务总监	财务总监，FP&A，亚洲管理层	2021-10-15

（续）

编号	事项	负责人或部门	受众	完成时间
21	所有摊派费用的沟通	总部财务与IT	财务总监	2021-10-15
22	第三季度经营分析会议（电话会议）	总经理、财务总监	总部管理层	2021-10-16
23	递交要求的预算演示文件（初稿）	亚洲管理层，FP&A	总经理	2021-10-19
24	递交地区的预算报表给总部	财务总监	总部财务	2021-11-12
25	预算审查大会——总部	总经理、财务总监	总部管理层，总部财务	2021-11-15
26	预算与演示文件的更新	财务总监，FP&A	总部财务	2021-11-27
27	董事会演示预演	总部财务，总部管理层	总部管理层	2021-12-06
28	董事会会议——批准2022年预算	总部管理层	董事会	2021-12-13

○ 案例 4-1

企业预算编制工作计划

1. 7月，企业管理部门统筹各部门，利用 PEST、PORTER、SWOT 工具对公司内外部环境进行分析，并在7月30日前编制经营分析及下一年度预测报告，上报预算管理委员会。

2. 8月1～15日，预算管理委员会根据公司中长期发展战略和企业下一年度预测报告，提出年度经营目标，包括平衡计分卡的关键绩效指标，并确定财务预算编制的政策，下达各部门。

3. 8月16～31日，各职能部门按照预算管理委员会下达的年度经营目标，结合实际情况及预测，编制部门行动计划和预算方案，经部门负责人审核后，8月31日前报企管部和财务部。

4. 9月1～30日，各部门负责人组织编制预算，包括销售、生产、采

购、研发、人力资源、财务等部门预算，于 9 月 30 日前报给负责预算编制的 FP&A 团队。[⊖]

5. 10 月 1～20 日，FP&A 对各部门上报的预算进行审查与汇总，编制公司财务预算，包括资产负债表、利润表、现金流量表及其他报表。财务部在审查与汇总过程中，对发现的问题提出初步调整意见，各部门在收到调整意见后应在 2 个工作日内做出反馈。10 月 20 日前，FP&A 将经过财务总监审核的财务预算草案上报给预算管理委员会。

6. 10 月 21～25 日，预算管理委员会组织召开全面预算质询会，审议各部门及公司整体预算草案，提出修正意见，形成书面记录。

7. 各部门在全面预算质询会结束后的 3 个工作日内修改各自的预算并报企管部和财务部。

8. 企管部在全面预算质询会结束后的 5 个工作日内完成公司行动计划的修改并报财务部。

9. FP&A 在收到修改后的年度经营计划和各部门预算后的 5 个工作日内修改财务预算草案，并在 11 月 15 日前将预算文件与报告上报给集团总部财务部。

10. 11 月 20～25 日，集团总部召开年度预算审查会议，对预算文件与报告提出问题与改进指示。

11. FP&A 在 12 月 10 日前确定最终的年度预算报告（包括年度经营计划、财务预算表、年度绩效考核方案），然后报预算管理委员会审定，最后报董事会审批。

12. 12 月 15 日，董事会审议批准年度预算报告。12 月 20 日，下达各企业各部门执行。企管部根据审批的年度预算报告拟定经营绩效目标，在 12 月 25 日前由总裁（或总经理）与各部门负责人签订执行。

　　⊖ 假设本案例的 FP&A 属于财务部，直接汇报给财务总监。

4.3   预算管理的组织机构：预算组织、责任人与职责范围

预算编制涉及的部门与人员很多，而预算管理的组织机构，要从责任中心与组织架构的角度去区分。责任中心是指承担一定经济责任，并享有一定权利的企业内部的责任单位。责任中心可划分为成本中心、利润中心和投资中心。

1. 成本中心

成本中心是指只对成本或费用负责的责任中心。成本中心的范围最广，只要有成本或费用发生的单位，都可以建立成本中心，从而在企业形成逐级负责的成本中心体系。

2. 利润中心

利润中心是指既对成本负责，又对收入和利润负责的责任中心，具有独立或相对独立的收入和经营决策权。利润中心没有投资决策权，而且在考核利润时也不考虑所占用的资产。

3. 投资中心

投资中心是指既对成本、收入和利润负责，又对投资效果负责的责任中心。投资中心是最高层次的责任中心，它拥有投资决策权，也承担更多的责任。投资中心必然是利润中心，但利润中心不一定是投资中心。

区分好了责任中心，才能够确定适当的绩效考核指标，使得各责任中心在其规定的责任范围内权责分明，保证各责任中心预算目标的实现。

责任中心的区分要符合实际情况，否则会产生意想不到的后果。比如，一个成本中心如果被错误地当作利润中心来考核，就会让该中心的团队感到无所适从，然后对预算产生怀疑与抵触。

另外关于公司组织架构的划分，作为负责预算的 FP&A，要清楚自己负

责的预算单位在整个组织架构里的位置，预算的编制内容与范围随之而定。

如果你是集团总部的 FP&A，则负责的是整个集团的预算，主要工作是提供重要假设、时间计划、维护预算的制度文件、提供标准的预算报表模板与 PPT 文件模板等。

如果你是一个二级企业或工厂的 FP&A，就需要协调预算的具体工作，最终将预算报表与 PPT 文件交付给管理层与总部。

为有效推进预算管理工作，应建立相应的预算管理组织机构。预算管理组织机构既要适应企业的业务特点和管理模式，又必须保持一定的独立性。

一个公司的预算管理组织机构包括了股东会、董事会、预算管理委员会及其预算常务工作小组。根据公司法的规定，股东会是预算的权力机构，负责审议批准公司的年度财务预算方案、决算方案；为提高决策效率，股东会可授权董事会行使预算的决策权。

董事会是预算管理的决策机构，在预算管理组织机构中居于核心位置，负责批准预算管理的制度文件和流程指引，确定年度预算目标和企业管理层的业绩合同，审议和批准全面预算方案、预算调整方案、预算考核方案及其相关重大事项。

不同规模的企业，需要设定相宜的预算管理组织机构，比如一个集团公司的预算管理组织机构通常包括预算决策与管理机构、预算常设管理机构与预算执行机构，具体分工如下。

4.3.1　预算决策与管理机构

集团公司的预算决策与管理机构为"预算管理委员会"，由集团公司董事长、总裁、财务总监和各子公司总经理组成，负责集团全面预算的决策。

预算管理委员会是董事会预算管理工作的执行机构，负责预算管理工作的规划、标准化与管理。

预算管理委员会的具体职责包括：

- 按集团战略目标、中长期规划，确定子公司年度经营目标。
- 审核、修订集团全面预算管理办法。
- 审核、批准集团总部和子公司的预算编制及预算执行情况报告。
- 确定预算绩效考评系统和激励政策，兑现集团总部和子公司的奖惩措施。
- 根据一定时期的执行情况或内外部重大形势变化的需要，对预算做出适当的调整。

4.3.2   预算常设管理机构

预算管理委员会在财务部门设立"预算常务工作小组"，负责日常预算管理工作。预算常务工作小组成为预算常设管理机构，由总部及各子公司财务负责人与 FP&A 负责人组成，由财务总监领导，负责集团及各子公司全面预算的编制、审查、平衡和内部协调工作。

预算常务工作小组的职责包括：

- 拟订全面预算管理办法、预算编制说明等文件，设计预算表格体系。
- 编制集团及各子公司财务预算；协助集团总部各部门、各子公司编制业务预算。
- 汇总、审查、平衡集团总部各部门、各子公司的初步预算，协调处理预算编制过程中出现的矛盾和分歧。
- 负责预算管理的执行监控，分析实际与预算差异的原因，定期报告预算执行情况。
- 如遇涉及预算调整的重大事项，向预算管理委员会报告并提出调整预案。

- 负责提供预算进展报告与绩效数据，以及集团总部各部门、各子公司初步绩效评估报告。
- 负责集团总部各部门、各子公司预算管理的指导、监督和服务工作。

4.3.3　预算执行机构

预算经批准后，由各预算责任中心进行分解与下达，总部各部门及子公司为预算的责任单位，同时也是预算执行机构。各责任单位按照相应的预算责任分别承担业务预算、费用预算等各类预算的执行职能。

预算执行机构的具体职责包括：

- 按照预算文件的要求，根据年度经营计划与部门目标进行指标分解。
- 初步编制与重新修订业务预算，协调处理部门内部的预算矛盾和分歧。
- 根据经过批准的预算的权利和责任，执行业务、费用及资金等各类预算。
- 负责本部门预算的执行与控制，并定期与财务部门进行信息核对。

预算执行机构的成员一般为部门负责人，因为他们最了解公司的业务与部门的运作。如果公司的规模大，部门也可以分设一名兼职预算管理员。但预算管理员必须是部门的资深人员，熟悉公司的业务与部门的运作，并直接向部门负责人报告。

上文介绍的预算管理组织架构颇为复杂，适合集团公司。如果预算单位只是一家子公司，或者一个责任中心，则要按照实际情况组建"预算小组"。预算小组由总经理作为发起人，财务总监担任组长，FP&A 经理担任常务副组长，各部门负责人自然为预算小组的成员。

规模较小的预算单位通常不设专职人员负责预算编制，预算小组的成员由各部门的负责人担任。因为预算编制对业务知识与决策能力的要求非常高，为了保证预算编制的质量与效率，必须由部门"一把手"亲自操刀。部门负责人可以让适合的人做助手，但其本人必须亲自参与并出席各种预算小组的会议。

4.4 预算基础体系：销售价格与材料价格如何联动

在编制预算前，我们必须理顺预算的基础体系，这是改善预算编制的重要环节，也是提升企业的财务管理水平的绝好机会。

预算的基础体系包括会计科目、数据规则、编制逻辑、责任中心、预算模板、预算绩效指标等。

4.4.1 会计科目

成本与费用的预算以及三大报表的预算模型，都要用到会计科目。如果在本年的会计核算与财务分析过程中，发现某个或某些会计科目设置不合理，在编制预算时，刚好可借机调整与规范，然后在下一年执行新的会计科目。

预算用到的会计科目，需要与管理报表的科目一致，并根据预算编制的需要进行调整，比如：

- 集团总部财务为了方便合并报表，要求"应收关联公司"与"应付关联公司"作为独立科目，从应收账款与应付账款等科目中单列出来。
- 应交企业所得税金额重大，数字变化也大，可将"应交企业所得税"作为单列科目。

- 在编制资产负债表时，为了简化，把固定资产原值、累计折旧与在建工程合并成"净固定资产"。
- 费用的科目，比如工厂的电费，可以区分为两个科目，分为固定电费与变动电费，便于电费效用分析。

4.4.2　数据规则

预算要搜集与使用大量的数据，并可能会涉及外币、汇率与增值税，要定好规则，比如：

- **统一货币单位**：如果是国内企业，就用人民币作为记账本位币，预算报表也以人民币编制，进出口交易会涉及外币，需以预算的汇率将外币折算成人民币。如果是外资企业，预算编制要使用管理报表的货币单位，一般为外币，比如美国公司用美元，德国公司用欧元，在编制销售与采购预算时，都应该使用外币作为货币单位；外资企业也会有大量以人民币结算的收入与成本费用项目，都要以预算的汇率折算成外币。注意，预算编制要避免出现双币模式，此模式会把预算的模型与报表复杂化，让大家苦不堪言。
- **统一汇率**：作为一般企业，是没有能力预测汇率的，通常用最近的平均汇率，或购买金融机构的汇率预测报告，作为公司明年预算的汇率。预算的汇率通常在预算启动时被确定，销售与采购部门编制预算可以直接使用。在编制预算时，通常在一个预算期，使用同一个汇率，不考虑月度与季度的变化。
- **增值税**：增值税属于利润表的表外项目，收入与成本费用都不包含增值税。在编制预算时，明智的做法是，约定销售收入与成本费用项目均不考虑增值税。国内销售的人民币价格约定为不含税价,而出口销售的价格没有增值税。除此之外,原材料的价格、运费、电费等,都约定为不含税价。各部门提供的预算数字均不考虑增值税,这样可以避免很多不必要的错误。

4.4.3　编制逻辑

在编制现金流量表或确定销售价格时,需要确定编制逻辑,以提高工作效率,或避免不必要的冲突。比如:

现金流量表采用间接法编制。这样我们可以避免增值税的干扰,而且容易创建模型,现金流量表中每个科目的变化,都可以与利润表和资产负债表关联起来,自动更新与平衡。如果我们采用直接法,就必须考虑增值税,这样会使现金流量表变得更复杂,难以开发预算报表模型。

销售价格与材料价格假设要匹配。对于多数制造业企业,原材料成本占销售收入的比率高,为最重要的生产成本,主要原材料价格的波动会严重影响利润。如何确定销售价格与材料价格,对预算利润表至关重要。我们应该定好规则,销售部在编制销售预算时,销售价格的变动幅度要和材料价格的变动匹配。如果原材料的预算价格上涨,而销售价格无法匹配时,预算利润表的质量可能会严重降低。

4.4.4　责任中心

在编制预算时,要区分好业务单元、定义好责任中心,比如:

业务单元的划分:一般企业已经有成熟的业务单元划分规则,如果当年发现有哪些地方需要改进,可以利用编制预算的时机,向管理层提出建议,进行修正。

责任中心的划分：责任中心分为成本中心、利润中心与投资中心，预算的内容要与之匹配。要制定收入与成本费用在不同责任中心的分摊规则，避免绩效考核时出现矛盾。

4.4.5　预算模板

编制预算会使用到各种预算的报表，我们应该提供各式的预算报表模板给各业务单元、各部门与成本中心，要求其使用统一的模板，以方便汇总与分析。预算的模板包括以下几种。

销售预算的内容与格式：如果采取数据库的方式，要确定销售数据的字段。详细内容请参考 5.1 节。

各个部门与成本中心的费用预算模板：费用预算模板的费用科目覆盖各成本中心的需求，方便汇总与分析。详细内容请参考 5.3 节。

预算财务报表：比如关键假设、利润表、资产负债表、现金流量表、流动资金表、经营费用表等。预算财务报表之间要建立勾稽与关联，搭建严谨可靠的财务模型，实现完美的关联，让现金流量表自动更新，资产负债表自动平衡。具体内容可以参考 5.5 节。

预算审查会议上，为了方便管理层的阅读与判断，必须使用 PPT 文件，里面包含统一格式的图表。有些 PPT 文件中的图表需要用到 Excel 支持文件，就要在 Excel 中做好图表再复制到 PPT 页面。PPT 文件与 Excel 支持文件应该由总部的预算团队提供，以确保整个公司内容与格式的统一。

4.4.6　预算绩效指标

预算管理的重要目的之一，是帮助企业有效提升经营绩效。由此我们在编制预算的时候，要先确定 KPI，包括：

- 企业的 KPI 有哪些？ KPI 的预算目标值是多少？
- 要区分公司级别与部门级别的 KPI，不可混淆。
- 选定适当的 KPI 至关重要。具体内容可参考 4.7 节。

4.5 关键假设：如何假设汇率与通货膨胀

预算是运用一系列关键假设，对公司未来做出的总体预测。预算编制用到的关键假设，有广义与狭义之分。

广义的关键假设包括了销售收入、成本与费用、资本支出、融资计划、人员架构、工资与福利、税率、汇率、利率、通货膨胀、流动资金周转率等，以及一些通过文字描述的假设条件。

狭义的关键假设是指在预算的模型文件中，被使用的可以量化的变量与参数，比如汇率、利率、税率、原材料价格、工资调整幅度、流动资金周转率等。

下面对部分常见的关键假设进行探讨，以便于归纳与参考。

4.5.1 员工

员工主要是各部门的人员架构的配置。预算需要总的员工人数配置，并将其区分为直接工人、生产管理人员、经营管理人员、销售人员等。员工人数包括了当年的实际与下一年的预算。

人力资源部门在编制预算的时候，要提供员工人数，并据此分类编制工资与福利的预算，相应区分为直接人工、制造费用、管理费用与销售费用。具体的区分方式要按照企业的实际情况来确定，由财务部与人力资源部商定。

通常来说，工资、福利与行政费用开支的预算，是由人力资源与行政管理部门编制。我们可以利用员工人数来验证与检查这些预算的合理性，比如人均工资与福利、人均食堂开支、人均交通补贴等。

4.5.2　薪资与福利

关于薪资的关键假设，主要是年度工资的调整时间、调整的幅度，以员工的分类区分为相应的类别。

薪资要依据基本工资、13 薪、年度奖金、绩效奖金等区分为不同的会计科目。

关于员工福利，主要考虑下一年的福利政策有没有改变。员工福利包括住宿、交通、食堂、住房公积金、公司承担的社保金以及企业年金等。

4.5.3　税率

税率因行业不同，会有很大差异，但我们要熟悉本企业涉及的各种税种与税率。常用的税种包括关税、增值税、消费税、企业所得税。

关税主要是在进口环节征收，出口商品通常免关税。进口商品作为主要材料在监管之下经过加工后再出口的，可以申请进口环节免关税。

增值税有非常复杂的税率体系，各行各业相差甚远。而且，增值税是利润表的表外项目，增值税销项税额不能作为销售收入，增值税进项税额不能作为成本进入利润表。在编制预算的时候，要多加注意。

在出口业务中，一般会有出口不可抵扣增值税。在预算中要考虑不可抵扣增值税，并在利润表作为成本项目列支。

所得税税率是比较确定的。一般企业适合 25% 的所得税税率，高新技术企业适合 15% 的所得税税率，小微企业或享受其他特殊政策的企业另当别论。预算利润表的所得税科目，依照当期的税前利润乘以所得税税率计算而得。现金流量表的"现金支付所得税",则是在每一个季度的首月支付的上一季度计提的所得税,除非公司有可用以抵扣的累计亏损。

4.5.4 利率

利率的假设会比较纯粹,与企业现存的贷款明细挂钩即可。如果企业的贷款数量与合作金融机构很多,难以预测,可以用平均的利率作为预算的假设。如果利息费用的预算要区分到每一笔的借款,就要编制一张专门的借款预算工作表,以贷款协议区分,适用不同的利率。通过借款预算工作表,可以将借款区分为长期借款与短期借款,并计算利息费用的预算金额,分别计入资产负债表与利润表。

长期借款的到期日在一年以上,第 2 年可能还没到期,不用考虑偿还问题。短期借款在 1 年以内到期,下一年需要偿还。对于短期借款,我们要先假设按期还款,最后才决定是否需要续贷,续贷则形成新增贷款。

4.5.5 汇率

如果公司有外币业务,包括进口或出口业务,就需要考虑汇率因素。但要特别注意,我们是没有能力准确预测汇率变化的。以人民币对美元汇率为例,2000 年约为 8.28,这个汇率维持了好几年,等同于固定汇率。2005 年 7 月,中国人民银行(简称央行)改革人民币汇率形成机制,对美元汇率从 2005 年的 8.10 到 2014 年初的 6.05,呈现出坚定的单方升值趋势。之后,人民币对美元汇率于 2020 年达到 7.17,2020 年下半年又进入升值通道,2021 年 12 月回到了 6.38。进入 2022 年,人民币对美元又开始贬值,6 月中旬,汇率达到 6.7 的水平,9 月,汇率已经突破了 7.2。2023 年的第 1 季度,汇率在 6.7 到 7.0 之间徘徊,平均约为 6.84。

在编制预算的时候,我们可以将金融机构的预测值作为预算的汇率。另外，不要以为汇率的风险可以通过外汇期货轻松化解。外汇期货不是企业财务人员可以驾驭的，如果与供应商或客户没有约定交易的汇率，就去做外汇期货，实际上是进行了一场鲁莽的赌博，这个风险有时足以把企业推向深渊。

4.5.6　通货膨胀

在编制预算的时候，是否需要考虑通货膨胀率，这是让我们颇为苦恼的事情。

所谓通货膨胀，是指在纸币流通条件下，因货币供给大于货币实际需求，即现实购买力大于产出供给，导致货币贬值，而引起的一段时间内物价持续且普遍的上涨现象。政府会定期公布 CPI 指数来反映通货膨胀率，CPI 指数来自取样的一篮子商品的价格的变化，并以取样商品的构成与比例加以计算。此外，CPI 指数把投资品的价格剔除在外。中国视房地产为投资品，没有将房地产放在一篮子商品里面，所以 CPI 变化比较小，一般在 1% ～ 3%。

当然我们无法避免通货膨胀，但不等于每一个成本与费用项目的价格都必须考虑通货膨胀。比如，最近几年的平均 CPI 大约为 2%，如果所有成本与费用项目的预算都要考虑 2% 的价格上涨，那么销售价格也能上涨 2% 吗？如果不能，则利润表会不断恶化。

在编制预算的时候，我们应该按照科目来判断，是否需要考虑通货膨胀因素。比如员工工资，因为要考虑 CPI、房价上涨与劳动力供求关系，可能需要增加 7% ～ 8%，才能维持企业在中国人才市场的竞争力。工资的上涨是无法避免的，但可以通过改进流程提高工作效率，或提高产出，以抵消部分人工成本的上升，这才是正确的财务思维与预算逻辑。

水电价格，则可以维持目前水平，因为中国的公共产品或服务的价格还是比较稳定的。而充分竞争的辅助材料与包装材料价格也可以保持不变，因为企业一般会占据更大的议价优势。

4.5.7　成本与费用的分摊

在编制预算的时候，我们要确定成本与费用的分摊规则，以减少冲突，提高效率。在实际执行过程中，成本与费用的分摊规则应与预算保持一致，以减少不必要的争议与冲突。比如，地区总部的管理费用，以约定的比例分摊到各个分公司；生产车间的共同费用，依照产量分摊到各条生产线。

4.6　经营环境展望：让管理层刮目相看的财务视角

在召开预算启动会议时，我们有必要给管理层与预算工作小组分享并展望经营环境。

经营环境是企业生产经营活动的外部条件，是制约企业生存和发展的重要因素。为了辅助预算编制，我们将经营环境区分为宏观的经济环境和微观的市场与竞争环境。

宏观的经济环境包括 GDP、人口、汇率、税率、利率、CPI 等因素。在召开预算启动会议时，我们将宏观的经济环境通过图文的形式分享给管理层与预算工作小组成员，这样不但会令人刮目相看，还会提升财务部门的影响力。

关于宏观的经济环境的各种因素，可以通过相关网站取得数据，再制成图表，这样的呈现效果会更好。

另外，需要展望微观的市场与竞争环境，主要是行业与公司信息的收集与分析。比如，目标市场的容量、公司所占市场份额、主要竞争对手的情况、公司产品的销售价格趋势、主要原材料的采购价格趋势等。FP&A 可以邀请有关部门来准备这些内容，并在预算启动会议上进行分享，效果尤佳。

4.7　绩效考核与 KPI：如何选择 KPI

预算管理的作用之一，是帮助企业制定 KPI，为绩效考核提供标准与依据。绩效考核是现代组织不可或缺的管理工具，是周期性评估员工绩效的管理系统。

KPI（Key Performance Indicator），即关键绩效指标，是把企业的战略目标分解为可操作的工作目标，成为企业绩效考核的标准与依据。在预算管理中，企业确定适当的 KPI，可以帮助实现预算目标。

可以这么说，KPI 是预算的导航仪，决定了员工的行为方向与工作绩效。案例 4-2 是关于神州专车的例子，正好说明了 KPI 如何影响员工的行为。

○ **案例 4-2**

2015 年 1 月，作为互联网出行品牌的神州专车在全国 60 个城市同步上线，利用移动互联网及大数据技术为客户提供"随时随地，专人专车"的全新专车体验。[⊖]

神州专车推出专人专车服务，很有创意，专车为中高级轿车或商务车，为神州专车所有或租用，专人是专车司机，为公司聘请的员工，有基本工资与绩效奖金，并缴纳各种社会保险，这使得专车司机的归属感更强，服务意识更高。神州专车依靠这个创新的业务模式与营销方式，迅速赢得了商务人士与高端消费群体的欢迎。

　　⊖　来源：百度百科。

　　神州专车采用专人专车服务，但如何为专车司机设立合理的KPI，没有先例，只能慢慢探索。因为工作的关系，我经常到各地出差，需要神州专车的服务，并经常与司机交流，内容会涉及神州专车司机的KPI与绩效考核方法。在2016年左右的时候，我在广州出差，有位司机告诉我，他的KPI主要包括服务的次数、服务的有效里程、油补与客户评价，前面两个指标最为关键，也在不断调整。司机说，为了鼓励司机们多接单，对每次服务的奖励标准很高，大约15元/次，而服务的有效里程的奖励比较低。司机最了解业务，对KPI的变化也特别敏感，他们发现通过提高服务的次数来提高收入，更为容易。这样，司机们为了提高每天服务的次数，扎堆到繁华区域，希望接到更多的短途客户。

　　大约一年后，我在苏州出差，司机告诉我，每次服务的奖励只有2元，但提高了每公里有效里程的奖励。这样的调整，等于告诉司机，不要只想着增加服务次数，要提高有效里程，这样才能够有更多的收入。

　　后来，神州专车为了提升客户的满意度、增加业务竞争力并平衡公司与司机的利益，对业务模式与绩效考核模式不断进行调整，这里不做详细探讨。

　　首先确定公司级别的KPI，然后分拆到部门级别。公司级别与部门级别的KPI不可混淆，否则在预算执行过程中会出现混乱的现象。案例4-3是一个非常有意思的例子。

○ 案例4-3

　　有一家法资企业B公司，其中国总部设立于上海，长期以来无法实现应收账款管理的KPI目标。

　　2015年B公司中国区总部邀请笔者去做应收账款管理的诊断咨询。到了该企业的上海办公室后，笔者对人力资源部、财务部与销售部这几个部门的总监，以及财务部的信用管理团队进行调查与询问，发现最关键的问题，在于应收账款管理的 KPI，放在了公司级别，而不是部门级别。

该企业的应收账款管理的 KPI 为 DSO（应收账款周转天数），本应该作为销售部门的考核指标，却被错误地作为公司级别的 KPI。这样，销售团队不再关注应收账款，而更关心销售订单与销售收入。每个月催收货款的重任，落在了财务部信用管理团队的三位女生身上，但她们力量薄弱，根本不可能胜任上千位客户的应收账款催收工作。结果可想而知，DSO 成为永远无法达成的 KPI。

经过沟通，人力资源总监与财务总监知道了问题的症结，也说服了销售总监，同意在下一年度，销售团队必须考核 DSO 指标。作为妥协，下一个预算年度每个季度考核销售团队一次。但我建议，在下一年，应该每个月考核销售团队一次，这样每一位销售经理都会重视应收账款，DSO 问题自然会得到改善。

考核预算的 KPI，一般要体现企业的盈利能力与管理效率。推行预算管理的企业（预算单位为成本中心的除外），都会期待通过预算管理实现企业盈利能力的提升与管理效率的改善，预算的 KPI 也要有相应体现。

反映企业盈利能力的利润指标很多，选择适当的利润指标非常重要。毛利润、营业利润、利润总额、净利润，是大家普遍熟悉的利润指标，也存在 EBIT、EBITDA、EVA、ROIC、ROE 等意义非凡但不一定广泛使用的利润指标。此外，还有独具创意且能收到奇效的利润指标，比如材料价差与直接利润贡献。每一个利润指标都不是完美的，有优点，也有局限性。下面逐一介绍这些利润指标。

4.7.1　毛利润

毛利润是指营业收入扣除营业成本与营业税金及附加后的利润部分。经常用以下公式表示：

$$毛利润 = 营业收入（= 主营业务收入 + 其他业务收入） -$$
$$营业成本（= 主营业务成本 + 其他业务成本） -$$
$$营业税金及附加$$

在制造业中，营业成本 = 直接材料 + 直接人工 + 变动制造费用 + 固定制造费用。

由于不同行业的营业成本存在差异，制造业与贸易流通行业的毛利润通常较低，而服务业毛利润则相对较高。一般来说，毛利润越高，企业的盈利能力越强，控制成本的能力越强。但是，不同规模与不同行业的企业之间，毛利润的可比性并不强。从案例 4-4 中可以了解到不同行业的毛利润差异巨大。

○ 案例 4-4[○]

数据宝发布的 2019 年 A 股 "上市公司毛利率百强榜" 显示，销售毛利率排名前三的依次是恒生电子、宝兰德、我武生物。恒生电子 2019 年的销售毛利率为 96.78%，排名第一。恒生电子 2019 年实现盈利 14.16 亿元，盈利金额创历史新高，公司销售毛利率已连续 6 年保持 90% 以上。

A 股上市公司 2019 年整体销售毛利率小幅提升至 33.08%。从行业角度看，剔除金融类行业，食品饮料、休闲服务、医药生物三大行业的销售毛利率排名前三。食品饮料行业销售毛利率最高，达到 47.81%，再度蝉联行业榜首。食品饮料行业有如此高的毛利，是因为包含了白酒企业。贵州茅台是白酒企业的龙头，毛利率为 91.3%，在食品饮料行业中排名第一。

销售毛利率排名靠后的行业依然是有色金属、交通运输、钢铁、汽车等

○ 案例 4-4 内容来自腾讯网《三大行业霸屏百强榜，毛利率超茅台公司曝光，净资产收益率最高超过 60%》。

重资产行业，平均销售毛利率不足 15%。

4.7.2　营业利润

营业利润的完整公式如下：

营业利润 = 营业收入 − 营业成本 − 营业税金及附加 −

销售费用 − 管理费用 − 财务费用 − 研发费用 −

资产减值损失 +/− 公允价值变动损益 +/−

投资收益或损失

对于一般企业，公式可以简化为：营业利润 = 毛利润 − 销售费用 − 管理费用 − 财务费用 − 研发费用。在外资企业，财务费用会放在营业利润的后面，这样营业利润相当于 EBIT。

利用营业利润可计算出营业利润率（= 营业利润 / 营业收入 ×100%）。营业利润率代表了企业通过生产经营获取利润的能力，营业利润率越高，说明企业的盈利能力越强。

4.7.3　利润总额

利润总额是企业在一定时期内通过生产经营活动所实现的最终财务成果，可以简单理解为税前利润，它是不考虑企业所得税的利润指标。利润总额的计算公式为：

利润总额 = 营业利润 + 营业外收入 − 营业外支出

营业外收入主要包括非流动资产处置利得、非货币性资产交换利得、出售无形资产收益、债务重组利得、企业合并损益、盘盈利得、因债权人原因确实无法支付的应付款项、政府补助、教育费附加返还款、罚款收入、捐赠利得等。营业外支出是指企业发生的与企业日常生产经营活动无直接关系的各项支出。

4.7.4 净利润

净利润是指按规定缴纳了所得税之后公司的利润留存，一般也称为税后利润或净收入。股东可以分配净利润，也可以将其继续投入以扩大再生产。

净利润具有迷惑性，从财务专业角度看，是最没有判断意义的财务数据。首先，净利润受到企业资本结构的影响，如果企业的负债多，财务费用高，净利润就会比较低。其次，净利润受到所得税税率的影响，不同国家或地区的所得税税率相差很大，比如中国内地的企业所得税税率一般是25%，中国香港是16.5%。此外，净利润受企业的非核心、非主营业务的影响很大，比如售卖资产与政府补贴。所以，有经验的投资人在分析上市公司的利润表时，会把扣除非经常性损益后的净利润作为企业的实际利润。非经常性损益应包括以下项目：

- 处置长期股权投资、固定资产、在建工程、无形资产、其他长期资产产生的损益。
- 越权审批或无正式批准文件的税收返还、减免。
- 各种形式的政府补贴。
- 计入当期损益的对非金融企业收取的资金占用费。
- 短期投资损益，但经国家有关部门批准设立的有经营资格的金融机构获得的短期投资损益除外。
- 委托投资损益。
- 扣除公司日常根据企业会计制度规定计提的资产减值准备后的其他各项营业外收入、支出。
- 因不可抗力因素，如遭受自然灾害而计提的各项资产减值准备。
- 以前年度已经计提各项减值准备的转回。
- 债务重组损益。

- 资产置换损益。
- 交易价格显失公允的交易产生的超过公允价值部分的损益。
- 比较财务报表中会计政策变更对以前期间净利润的追溯调整数。
- 中国证监会认定的符合定义规定的其他非经常性损益项目。

4.7.5 EBIT

EBIT，英文全称为 Earnings Before Interest and Tax，即息税前利润，公式为：

$$EBIT= 净利润 + 利息 + 所得税$$

EBIT 是债权人、政府和股东三方利益的分配来源。EBIT 是企业创造的价值，相当于企业制作了一个蛋糕，债权人先切走一块（利息），政府再切走一块（所得税），剩余部分留给了股东（净利润）。

EBIT 和净利润的主要区别在于剔除了资本结构和所得税政策的影响。这样，同一行业里的不同企业之间，无论资本结构，或所在地的所得税税率有多大差异，都可以使用 EBIT 这个指标来比较盈利能力。而同一个企业在分析不同时期盈利能力的变化时，使用 EBIT 也比净利润更具可比性。

4.7.6 EBITDA

EBITDA，英文全称为 Earnings Before Interest, Taxes, Depreciation and Amortization，即息税折旧及摊销前利润。在 EBIT 的基础上，更进一步，加回折旧与摊销，就是 EBITDA。

EBITDA 是一个非常国际化的利润指标，被跨国企业广泛使用，美国的上市公司必须披露 EBITDA。阅读美国上市公司的年报时，打开封面后，会看到一封来自 CEO 的信，首先介绍最重要的两个财务数据：销售收入与

EBITDA。

EBITDA又是一个非常有财务管理意义的利润指标，其优势在于以下几点。

第一，把目前管理层难以控制的因素进行剥离，让管理层专注于可控因素的管理。

假设一家跨国企业的成都工厂的总经理刚刚履任，无法改变目前存在的贷款利息、所得税、固定资产折旧与无形资产的摊销，而集团总部也不需要工厂总经理关心贷款利息与所得税（银行贷款与纳税申报通常由集团财务部直接负责）。这样，把利息、所得税、折旧与摊销加回去，采用EBITDA考核，让工厂总经理专注于企业的经营活动，对生产、销售、采购、研发等环节进行管理与控制，显然更为合理。

第二，有助于组织内部对业绩进行公平的比较。

EBITDA克服了不同国家或地区，因为不同的所得税税率、汇率、利率导致的不利影响，使得不同国家或地区的业绩具有可比性。尤其是汇率因素，很多国家的汇率变化莫测，根本不是管理团队能够预测与改变的，而汇率的变化会直接影响利润表，导致净利润大起大落。如果采用EBITDA考核盈利能力，就不会被汇率影响。

EBITDA也让新工厂与旧工厂之间的业绩具有可比性。新工厂有大量贷款且其生产设备正处于折旧期，自然会承担更多的折旧费用与利息费用；而旧工厂的主要设备可能已经完成了折旧，银行贷款也清偿完毕，其毛利润与净利润都会比新工厂高。如果用净利润来考核，就无法判断两者真实的经营水平，用EBITDA指标则可解决这个争议。

第三，EBITDA是华尔街金融人士经常用来做投资判断与定价的指标。

EBITDA特别有利于投资人对目标公司与竞争对手进行比较，从而让投资人得出更为恰当的判断。如果目标公司的净利润为负数，就无法用净利润进行估值，而 EBITDA 可取而代之。EBITDA 非常适合用来评价一些前期资本支出巨大，财务费用负担重，而且需要在很长的时间内对前期投入进行摊销的行业，比如能源行业、酒店业、物业出租等。

如今，越来越多的投资分析师推荐投资人使用 EBITDA 进行分析与估值。私募股权公司在资本市场选择投资目标公司的时候，更加青睐净利润为负数但 EBITDA 表现不错的目标公司。这是因为，净利润为负数，股价通常比较低；EBITDA 表现不错，说明这个目标公司的经营水平不错，但财务费用可能比较高，或者还承担更多的折旧与摊销费用。私募股权公司以便宜的价格购入目标公司之后，通过注入资金或置换债务，降低财务费用，即可扭亏为盈，使股价得到修复，投资回报自然不菲。

4.7.7　ROE

ROE（Return on Equity），即净资产收益率，又称股东权益报酬率或权益报酬率，等于净利润除以净资产或股东权益。ROE 是衡量公司盈利能力的重要指标，上市公司的市值与 ROE 息息相关。

ROE 指标体现了企业自有资本的获利能力，该指标越高，说明股东的投入带来的收益越高；净资产收益率越低，说明股东投资的获利能力越弱。

有一个很有意思的问题：一家零售企业净利润率为 2%，一家电厂净利润率为 15%，哪家企业更有投资价值？如果用净利润率来判断盈利能力，当然是电厂，但是有经验的投资人不会轻易下结论，而是会使用 ROE 来加以判断。

一般来说，企业适当运用财务杠杆可以使 ROE 上升。企业总资产来自两部分，一部分是股东的投资与积累，即账面上的净资产或所有者权益，另一部分是企业借入和暂时占用的资金，即账面上的负债。企业通过负债可以增加占用资产的总额，如果企业运用负债增加资产的收益大于借款的利息费用，就可以提高利润，从而提高 ROE。企业通过负债，使用了财务杠杆这个工具，财务杠杆用"权益乘数"这个指标来衡量。

有三个指标会影响 ROE 的值，除了净利润率（或销售利润率）与权益乘数外，还有总资产周转率。著名的杜邦分析公式就是利用这三个指标，让分析 ROE 变得简单，公式如下：

ROE＝净利润 / 净资产＝净利润率 × 总资产周转率 × 权益乘数

其中，净利润率＝净利润 / 销售收入，反映了企业的盈利能力。

总资产周转率＝销售收入 / 总资产，反映了企业资产的营运效率。

权益乘数＝总资产 / 净资产，反映了企业财务杠杆的大小。

需要注意的是，在实际计算上述指标的时候，净利润与销售收入的时间跨度要一致，一般是季度或年度，总资产与净资产是平均数。

对于上市公司，ROE 与股价息息相关，股票市场投资的决策主要依靠 ROE，而不是净利润率。

○ 案例 4-5

如前述某发电厂的净利润率为 15%，发电厂是典型的重资产企业，假设其总资产周转率只有 0.3，权益乘数为 2，那么 ROE＝15%×0.3×2，只有 9%。

而某零售企业的净利润率只有 2%，但是该零售企业的总资产周转率很高，假设为 3，而且零售企业占用供应商的大量货款，大胆使用财务杠杆。假设其资产负债率为 80%，则权益乘数为 5，那么零售企业的 ROE 可以高达 30%（＝2%×3×5）。

发电厂与零售企业的 ROE 对比如表 4-2 所示。

经过对比可知，零售企业的 ROE 有明显优势，更有投资的价值。当然零售企业的经营风险比较高，如果净利润率出现下行，加上总资产周转率与权益乘数的杠杆效应，会对 ROE 产生非常大的影响。收益与风险总是结伴而行，最终投资人在进行投资决策时要考虑自己的风险偏好。

表 4-2　ROE 杜邦分析

杜邦分析法	发电厂	零售企业
净利润率	15.0%	2.0%
总资产周转率	0.30	3.00
权益乘数	2.00	5.00
ROE（净资产收益率）	9.0%	30.0%

很多人会觉得房地产企业属于高利润行业，那么房地产企业的 ROE 与净利润率是不是非常高呢？万科是中国房地产企业中的翘楚，2019 年的销售收入为 3 679 亿元，净利润为 551 亿元，总资产与净资产分别为 16 292 亿元与 2 531 亿元（均为年初与年末数字的平均数），则 ROE 为 21.8%$^{\ominus}$，净利润率为 15%，总资产周转率为 0.23，权益乘数为 6.4。从数字上来看，ROE 与净利润率都是非常出色的，但是否属于高利润，不能轻易下结论。

ROE 是企业盈利能力的真实体现，它能够衡量一个公司对股东权益资本的使用效率，反映了权益资本中每一块钱产生的盈利，或股东从他们的投资中得到的收益。著名投资家沃伦·巴菲特曾经给 ROE 背书，他说："如果不得不放弃所有其他指标，只保留一个的话，就保留 ROE。"

如果要快速评价一家上市企业的财务表现，笔者会第一时间看 ROE，然后再看净利润率、总资产周转率与权益乘数，并通过分析绝对值与比率的变化，快速判断企业的成长性、盈利能力、运营效率与负债能力。为了更好地分析与判断，笔者会看该企业过去 3～5 年的关键财务数据，包括净利润、销售收入、总资产与净资产等。

不同行业、不同公司之间，净利润率可能相差甚远，但 ROE 的差异相对较小。要是一个行业获得了令人瞩目的 ROE，就会像一块磁铁，吸引行业外的竞争者进来追逐超额利润。随着竞争者不断进入该市场，竞争加剧，成功者的 ROE 便会被迫逐步降低到平均水平。最后，当行业的 ROE 降低到

　　$\ominus$　因四舍五入，本书正文中计算结果与实际值略有出入，余同，不再一一标注。

不合理的低水平的时候，有些资本会选择离开这个行业，去追逐有更高回报的投资机会。资本市场在不断地调整与平衡各个行业的 ROE 水平。

在比较 ROE 时，在同行业中进行比较，然后再判断，会更加客观、理性。我们把眼光放到上市公司，从 2009 年到 2018 年这 10 年中，选取典型行业的市值最高的 10 家企业，通过计算它们的平均 ROE，可以获得更多信息，详见案例 4-6。

○ 案例 4-6[○]

银行业中市值最高的十家银行的 10 年平均 ROE 为 16.2%，这是非常高的，因为银行业资金的取得成本远远低于 ROE，而且资金流量惊人。从利润总量看，上市的银行机构占了 A 股上市公司的一半。

非银行的金融行业中市值最高的十家公司的 10 年平均 ROE 为 11.0%。保险业的中国平安表现相对出色，其 ROE 为 15.9%，其他保险公司表现平平，其中中国人寿与中国太保均为 10%。证券行业是一个强周期行业，证券行业中市值最高的十家公司的 10 年平均 ROE 并不出众，即使是中信证券、国泰君安，也只是大约 10% 的水平。

房地产行业中市值最高的十家公司的 10 年平均 ROE 为 15.9%，该行业市值分散度较高，前十大房企的平均市值也只有 1 000 亿元。这个行业中有不少 ROE 表现出色的企业，比如万科（18.6%）、保利（17.1%）、招商蛇口（18.1%）、华侨城（17.6%），华夏幸福与新城控股的 ROE 分别高达 28.2% 与 22.5%。

交通运输行业中市值最高的十家公司的 10 年平均 ROE 约为 10%，这个行业涉及物流、机场、港口、铁路、民航等领域。在行业市值前十的公司里面，顺丰的市值已经排在榜首（2018 年底为 1 724 亿元，到 2020 年底，市

○ 来源：雪球，《ROE，好行业到好公司》。

值已经超过 4 000 亿元）。中国三大航空公司国航、南方航空、东方航空的 ROE 分别为 12.7%、9.8%、15.2%。

石油化工行业中市值前十的企业的 10 年平均 ROE 只有 4.7%，这个行业的财务表现非常惨淡。以石化双雄为代表，它们的盈利能力并不稳定，中石油与中石化的平均 ROE 分别只有 8.2% 与 10.7%。

煤炭行业属于周期性行业，该行业中市值前十的企业的 10 年平均 ROE 为 10.2%，中国神华、陕西煤业和露天煤业的 ROE 相对较高，接近或超过 15%，属于本行业中的佼佼者。

有色金属行业中市值前十的企业的 10 年平均 ROE 为 8.8%，该行业也是一个周期性行业，ROE 水平长期较低。黄金龙头山东黄金与稀土龙头北方稀土表现出相对不错的盈利能力。

钢铁行业中市值前十的企业，在过去 10 年平均 ROE 为 0.4%，这个行业不具备长期配置价值。

从高 ROE 公司的行业分布来看，从 2009 年到 2018 年，上游的资源初级加工行业的 ROE 水平相对较低，下游面向终端销售的工业制造和消费品制造行业的 ROE 最高，而服务整个产业链的金融、地产、科技网络行业的 ROE 也处于较高水平。之所以形成这样的行业分布，一个较为重要的原因是，越是上游，计划性和调控性越强，而越是下游市场化越强，束缚越少的地方，越能发挥企业家的智慧和主动性。但是，如果上游资源集中到极少数的公司手中，或者被控制在特定背景的集团公司中，则会导致上游资源产品价格上涨，而产生超额利润。

ROE 在绩效考核中的重要性，也得到了中国国有资产监督管理委员会（简称国资委）的重视。2023 年 1 月 31 日，国资委的官方网站发布了《优化中央企业经营指标体系 推动加快实现高质量发展》，对中央企业经营指标体

系进行了调整，将"两利四率"调整为"一利五率"，其中包括了净资产收益率，具体可参考案例 4-7。○

○ 案例 4-7

近年来，为推动央企加快实现高质量发展，国资委不断加强经营指标引领，探索完善央企经营指标体系，而且连续几年动态调整，屡屡引发关注与讨论。

2019 年，国资委提出"两利一率"的考核指标，包括了净利润、利润总额、资产负债率。

2020 年，在"两利一率"的基础上，增加了营业收入利润率和研发经费投入强度两个指标，形成"两利三率"指标体系，引导央企关注经营效率，加大研发与科技创新的投入力度。

2021 年，又增加了全员劳动生产率指标，成了"两利四率"，旨在引导央企改善劳动力配置效率，提高人力资本水平。

2022 年，还是沿用"两利四率"。

2023 年，国资委将央企的经营指标体系改为"一利五率"，分别为利润总额、净资产收益率、营业现金比率、资产负债率、研发经费投入强度、全员劳动生产率，共六个指标。从"两利四率"到"一利五率"，对比如图 4-1 所示。

从财务专业角度观察，2023 年央企的经营指标体系更加合理与完善了。

首先，既然已经考核了利润总额，就没有必要再考核净利润了。利润总额减去企业所得税，得到净利润，不考核净利润显然有助于提升企业缴纳企业所得税的积极性。

○ 来源：国资委网站，http://www.sasac.gov.cn/，袁野：优化中央企业经营指标体系 推动加快实现高质量发展。

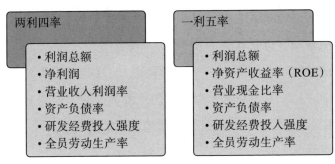

图 4-1　两利四率与一利五率的对比

其次，营业收入利润率，即净利润率，在不同行业与不同发展阶段差异很大，难以用来评价经营业绩，而且无法体现真实的盈利能力。现在用ROE 替代，更为高明，不但让央企更加重视国有资产的投资回报率，强调了国有资产保值与增值的要求，还可能鼓励央企进行分红，以减少净资产（提升 ROE），并剥离低 ROE 或亏损经营的资产。

最后，新增加的营业现金比率，等于经营活动产生的净现金流量除以营业收入，显然国资委对央企的现金流量管理提出了要求，鼓励央企重视流动资金的管理。

4.7.8　EVA

EVA 是 Economic Value Added 的缩写，意为"经济附加值"，又称经济利润、经济增加值。EVA 是由美国思腾思特咨询公司注册并实施，以经济增加值为理念基础的财务管理系统、决策机制及激励报酬制度。

公司每年创造的 EVA，等于税后净营业利润与投资资本成本之间的差额。其中投资资本包括债务资本和净资产，投资资本的成本用 WACC[⊖]计算，公式如下：

⊖ WACC（Weighted Average Cost of Capital），即加权平均资金成本率。

$$EVA=NOPAT^{\ominus}-（投资资本总额 \times WACC）$$

其中，NOPAT= 营业利润 ×（1- 所得税税率）。

或者，NOPAT=EBIT×（1- 所得税税率）+ 递延税款的增加。

或者，NOPAT= 营业利润 + 财务费用 + 投资收益 － EVA 税收调整。

其中，EVA 税收调整 = 利润表上所得税 + 税率 ×（财务费用 + 营业外支出 － 营业外收入）。

EVA 是对真正 "经济利润" 的评价。对于公司来说，所有资本投入是有成本的，企业的盈利只有高于其占用资本的成本时，才会为股东创造价值。

4.7.9　ROIC

ROIC（Return on Invested Capital），即投入资本回报率，或投资资本回报率。ROIC 是指投资回报与投资或使用资金的比例，用于衡量投资资金的使用效果，公式如下：

$$ROIC= EBIT \times（1- 所得税税率）/ 投入资本$$

其中，EBIT 为息税前利润；投入资本 = 有息负债 + 股东权益 － 现金及其等价物，投入资本不包括无须支付利息成本的信用负债。

在上述 ROIC 的计算公式中，分子是指扣除了所得税的 EBIT，分母是指需要支付成本的经营性资产，包括股东权益加上有息负债，减去非经营性资产。$^{\ominus}$

ROIC 可以用来评估公司经营绩效和价值创造能力，较高的 ROIC 被视为企业经营成功的有力证明。相比 ROE，ROIC 剔除了非经常损益以避免其影响，并还原了杠杆前经营性资产的获利水平，更能反映真实的盈利能力。

　$\ominus$　NOPAT，Net Operating Profit After Tax，即税后净营业利润。

　$\ominus$　这里的非经营性资产，通常是现金及其等价物。尽管应付账款也是公司的资产来源，但因其没有确定的成本，并非有息负债，而被排除在外。

前文已经详细介绍了毛利润、营业利润、净利润、EBIT、EBITDA、ROE、EVA 与 ROIC，比较了它们的定义、公式、优点与局限性。为了更有利于预算管理，我们还可以跳出教科书的内容，基于公司的业务与营运，制定有创意又有出奇效果的 KPI，比如材料价差和直接利润贡献。

4.7.10　材料价差

材料价差是销售收入与原材料成本之间的差异。当笔者给企业提供培训或咨询服务时，发现有些企业将材料价差称为"材料毛利"或"毛利 1"，通常的毛利润被命名为"毛利 2"。企业内部管理报表的科目名称是可以自由定义的，也可以增加有创意的指标，指标只要能够帮助企业管理者更好地了解与判断业务，都是值得推广的。

材料价差的计算公式如下：

$$材料价差 = 销售收入 - 原材料成本$$

对于大多数制造业企业来说，原材料成本一般是最重要的成本，而且，主要材料的价格通常波动很大，销售价格与原材料价格的波动会有联动，但存在时间性差异。在这个情形下，如何管理与实现材料价差，成为能否实现预算利润目标的关键。

对于制造业企业来说，在材料价差的后面，还需要扣除直接人工、制造费用以及经营费用等成本与费用项目。一般来说，相对于原材料成本，直接人工、制造费用与经营费用是比较容易控制的，而原材料价格与销售价格的波动却是难以控制的。为了便于理解，请参考案例 4-8。

○ 案例 4-8

某企业 1 月预算的销售数量为 100 万件，收入为 5 000 万元，单价为 50 元，原材料成本为 2 500 万元，单位材料成本为 25 元 / 件。

　　该企业当月实际销售数量为 110 万件，收入为 6 050 万元，单价为 55 元，销售数量增加了 10%，价格也比预算增加了 10%，从销售团队到管理层，理所当然地期待当月会有一个非常出色的财务表现。

　　但是，当月每单元产品的原材料成本大幅上涨，比预算增加了 10 元，升至 35 元 / 件，原材料价格的上涨无法及时转移给销售价格，当月即使在销售数量与销售价格分别增加 10% 的前提下，当月的实际材料价差比预算少了 300 万元，当月的业绩比预期困难很多。表 4-3 是材料价差的差异分析。

表 4-3　材料价差的差异分析

材料价差的计算	单位	预算	实际	差异
销售数量	万件	100	110	10
销售收入	万元	5 000	6 050	1 050
平均价格	元 / 件	50	55	5
原材料成本	万元	2 500	3 850	1 350
单位原材料成本	元 / 件	25	35	10
材料价差	万元	2 500	2 200	−300
单位材料价差	元 / 件	25	20	−5

　　显然，如果一家企业的材料成本高，而且价格变化大，能否管理好材料价差，就成为能否实现预算目标的关键。如果你所在的企业刚好是这样的业务模式，你可以将材料价差作为单独的利润指标，放在原材料成本之后。这样，每个月的利润表可以显示实际与预算的材料价差的差异与变化。

　　请注意，实行标准成本系统的企业，其利润表的原材料成本主要由三部分组成：直接材料的标准成本、采购价格差异（Purchasing Price Variance，PPV）与材料消耗差异（Material Usage Variance，MUV）。如果企业以"材料价差"作为利润贡献指标来考核销售部门，可以考虑 PPV（要求销售部门将 PPV 转移到销售价格），但不考虑 MUV（这部分由生产管理部门负责，销售无法干预）。这样，可以采用商务材料价差来考核销售部门，公式如下：

商务材料价差 = 销售收入 - 直接材料标准成本 -PPV

采用商务材料价差考核销售部门，有助于销售团队始终关注销售价格与原材料价格的联动，鼓励他们与客户进行商务谈判的时候，约定建立销售价格与原材料价格的联动调整机制。这样，公司可以避免原材料价格波动带来的风险与不确定性，还可以和客户建立更加公平与可持续发展的商业关系。

作为制造业企业，如果原材料采购价格出现剧烈波动，又无法转移给客户，就会面临巨大的经营风险。材料成本上涨，会吞噬掉大部分的利润，甚至导致亏损。假如原材料价格上涨 20%，又无法转移给客户，企业的净利润可能会消失殆尽，很快步入亏损困境。而对于客户来说，供应商提供的原材料，只构成其产品的部分成本，而且客户更接近终端消费者，具有更强的成本承受能力与转移能力。

假设企业没有建立销售价格与原材料价格的联动机制，如果下游客户的议价能力不强，原材料价格的波动可以适当转移到销售价格；如果下游客户的议价能力很强，则原材料价格上涨的时候，企业无法调整销售价格，但原材料价格下跌的时候，客户又会提出降价的要求，企业会特别被动。

假设企业仅仅使用材料价差或商务材料价差指标来考核销售部门的利润贡献，显然也是不够的，因为没有考虑到制造环节的成本费用，以及销售环节的费用（比如市场与销售费用、运输费用）。为了更加合理地反映销售部门的利润贡献，可以引入直接利润贡献这个非常有创意的利润指标。

4.7.11　直接利润贡献

直接利润贡献（Direct Profit Contribution，DPC），特别适用于考核销售部门。顾名思义，DPC 是用来考核销售部门直接创造的利润贡献的。

采用哪个利润指标来考核销售部门的利润贡献？这是一个非常棘手的问题。很多企业在考核销售部门的利润贡献时，采用了不恰当的利润指标，制造了很多争端。

比如，用净利润来考核销售部门的利润贡献。这个方法非常简单，因为净利润可以从利润表中获取。但是，净利润包括了很多销售部门无法控制的因素，比如生产环节的质量问题与效率问题，还有管理费用与研发费用超支，都会反映到净利润上。如果用净利润来考核销售部门，就会制造很多不必要的争议与矛盾。在月度或季度的经营分析会议上，评价销售部门的利润贡献的时候，卷入销售部门以外的各个部门，易使部门之间矛盾重重，管理层左右为难。

如果用毛利润来考核销售部门的利润贡献呢？毛利润考虑了制造环节的所有成本，包括材料费用、人工费用与制造费用，但是其中一些因素（比如MUV、制造费用差异、生产数量差异）的责任在于生产管理部门，也会造成争议。而且，这种方法没有考虑到销售部门费用的影响。当然，相比于净利润，用毛利润来考核销售部门，可以避免很多争端，也更广为接受。

如果我们要开发一个更适合考核销售部门的利润指标，就要总结一下，销售部门可以控制的因素有哪些？

首先，销售部门负责销售收入的实现，涉及销售数量与销售价格两个因素。按照材料价差的思考角度，销售价格的波动，还要考虑到原材料价格变化的转移能力。接着，要考虑到标准直接人工与标准变动制造费用。除此之外，销售部门还要负责销售团队相关的费用。

假设在企业实施了标准成本的前提下，DPC 的计算公式可以确定为：

$$DPC= 净销售收入 - 标准直接材料 -PPV- 标准直接人工 -$$
$$标准变动制造费用 - 销售相关的费用$$

其中，销售相关的费用包括市场与销售费用，以及销售环节的运费。

请注意，上面的公式里，不考虑 MUV、固定制造费用以及各种制造费用差异，也不考虑管理费用与研发费用。但是，如果研发部门在组织架构中属于销售职能的一部分，就将研发费用视为销售相关的费用。

通过 DPC 来考核销售部门的利润贡献彰显了公平性与合理性，避免了部门之间的矛盾。销售团队应尽力做好自己能够控制的工作，比如增加销售量，努力提升价格，鼓励销售人员将主要原材料的价格变化定期转移给客户，并管理好自己能控制的费用，协助物流部门改进运输的效率以减少运输费用。

前文详细介绍与研究了各种利润指标，可以帮助我们诊断与选择适用于考核盈利能力的利润指标。除了利润指标，还要考虑管理效率的考核指标。管理效率的主要考核指标是存货周转率、流动资金周转效率以及总资产周转率。

4.7.12　存货周转率

存货周转率是企业一定时期销售成本（或营业成本）与平均存货余额的比率。存货周转率可以衡量存货周转效率，是分析企业营运能力的重要指标之一，被广泛使用。

存货周转率的计算公式如下：

$$存货周转率 = 销售成本（营业成本）/ 平均存货$$
$$平均存货 = （年初存货 + 年末存货）/ 2$$

除了存货周转率，也可以用存货周转天数来考核存货的周转效率，计算公式如下：

$$存货周转天数 = 360（或 365）/ 存货周转率$$

○ **案例 4-9**

A 公司当年营业成本为 3 600 万元，当年年初存货余额为 800 万元，年末存货余额为 1 200 万元，则其存货周转率及存货周转天数为：

$$存货周转率 =3\ 600/[(800+1\ 200)/2]=3.6（次）$$
$$存货周转天数 =360/3.6=100（天）$$

上面的公式是基于年度的财务指标计算，使用年初存货与年末存货的平均值作为计算依据。在实际执行过程中，每个月都要计算与分析，计算时可以不考虑期初和期末的平均值，而是直接用月末的存货金额。

还有一个重要问题：年度销售成本如何确定？通常来说，在计算月度的财务指标时，我们可以使用最近 3 个月的销售成本，加总后乘以 4 得到 12 个月的销售成本，即年度化销售成本。这样，公式可以转化为：

$$存货周转率 =（最近 3 个月的销售成本 ×4）/ 期末存货$$
$$存货周转天数 =360（或 365）/ 存货周转率$$

存货周转率越高，或存货周转天数越小，表明存货周转速度越快，存货的资金占用水平越低，流动性越强；反之，则表明存货周转速度越慢，存货占用资金多，流动性变弱。判断企业存货周转率的高低时应结合同行业的平均水平和企业过去的表现。

4.7.13　流动资金周转效率

对多数企业来说，存货周转率还不足以全面反映流动资金管理效率，需要一个更为全面的 KPI，来考核流动资金的周转效率。考核流动资金的周转效率的指标，可以为"现金营运周期"或"流动资金占销售比率"。

流动资金，也称为营运资金，或营运资本。什么是流动资金？一般的教科书大都使用了简单的定义，即流动资产减去流动负债，并认为，流动资金的多寡代表企业流动性的强弱，流动资金越多，证明其短期偿债能力越强，信用地位越高，在资金市场中较容易筹资，筹资成本也较低。但是，这个观点是站在债权人的立场，没有考虑到企业的业务模式与商业利益，值得商榷。比如零售业企业的应收账款非常少，应付账款余额大，只要存货管理到位，流动资产远小于流动负债。对于零售业来说，流动资金为负数是正常的，而且是合理的。这样的流动资金管理模式可以支持零售企业快速扩张，企业的销售收入越高，占用供应商货款就越多，并会对经营活动产生的现金流产生积极的影响。

在计算"现金营运周期"与"流动资金占销售比率"时，我们可以使用更加简单的定义。一个企业的经营活动，从材料采购到产品生产，最后实现销售，收回货款，相应产生资金的流动，在资产负债表中对应有应收账款、存货与应付账款等科目。在实际工作中，计算流动资金，我们只需要考虑应收账款、存货与应付账款 3 个科目。相应地，现金营运周期的计算公式为：

$$现金营运周期 = DSO + DIO - DPO$$

其中，

$$DSO^{\ominus}（应收账款周转天数）= 期末净应收账款 / 年度化销售收入 \times 365$$

$$DIO^{\ominus}（存货周转天数）= 期末净存货 / 年度化销售成本 \times 365$$

$$DPO^{\ominus}（应付账款周转天数）= 期末应付账款 / 年度化销售成本 \times 365$$

请注意，企业可以依照自己的业务模式来确定年度化的销售收入与销售成本，通常通过用最近 3 个月的数字乘以 4 得到。一年用中国常用的 360 天还是国际通用的 365 天均可，只要采用一贯性原则计算即可。

有些企业经常不合理占用供应商的货款，应付账款的变化尺度比较大，内部的考核可以把应付账款排除，更加重视 DSO 与 DIO，使用"营运周期"考核更为适合，公式如下：

$$营运周期 = DSO + DIO$$

㊀　DSO，Days of Sales Outstanding，即应收账款周转天数。

㊁　DIO，Days of Inventory Outstanding，即存货周转天数。

㊂　DPO，Days of Payable Outstanding，即应付账款周转天数。

为了更简单地评价流动资金周转效率，还可以使用"流动资金占销售比率"这个指标，作为预算考核的 KPI，公式如下：

$$流动资金占销售比率 = 流动资金 / 年度化销售收入 \times 100\%$$

其中，

$$流动资金 = 净应收账款 + 净存货 - 应付账款$$

"流动资金占销售比率"这个指标适合流动资金为正数的企业。在预算实际执行的过程中，每个月考核一次，然后计算年度累计的平均值，作为考核流动资金周转效率的 KPI 指标。请参考案例 4-10。

○ 案例 4-10

B 公司 2021 年 1 月的销售收入为 1 000 万元，销售成本为 600 万元，期末应收账款为 4 500 万元，存货为 2 000 万元，应付账款为 3 000 万元。B 公司制定的 2021 年绩效考核的现金营运周期与流动资金占销售比率的目标值分别为 60 天与 20%。分别计算 1 月的现金营运周期与流动资金占销售比率。

如何计算年度化的销售收入与销售成本成为关键。有些企业使用 1 月的数据，将其乘以 12 得到年度化销售收入，为 12 000 万元，年度化销售成本为 7 200 万元，进一步计算如下：

$$DSO = 4\ 500/12\ 000 \times 360 = 135（天）$$

$$DIO = 2\ 000/7\ 200 \times 360 = 100（天）$$

$$DPO = 3\ 000/7\ 200 \times 360 = 150（天）$$

$$现金营运周期 = 135 + 100 - 150 = 85（天）$$

$$流动资金 = 4\ 500 + 2\ 000 - 3\ 000 = 3\ 500（万元）$$

$$流动资金占销售比率 = 3\ 500/12\ 000 \times 100\% = 29.2\%$$

上面的结果与现金营运周期为 60 天和流动资金占销售比率为 20% 的目标值差距很大，管理层非常不满意，要求财务部门分析与报告出现偏差的原因。

财务部门经过调查发现，用最近一个月的数据计算出来的年度化数据无法真实反映流动资金周转效率。应收账款、存货与应付账款的数据截止到 2021 年 1 月底，这些数据不仅仅受到当月业务的影响，也受到以前月份的影响。对于很多企业来说，每年的第 4 季度处于销售的旺季，而每年的 1 月与 2 月，因为旺季后的疲态与接连而来的假期，通常是销售的淡季。1 月销售收入锐减，但是应收账款、存货与应付账款处于正常水平，如果用 1 月进行年度化，计算流动资金的周转效率指标，就会出现严重偏差。

而用最近 3 个月的数据进行年度化计算，则可以避免这种偏差。假如上一年 11 月与 12 月以及当年 1 月的销售收入与销售成本如表 4-4 所示。

表 4-4 最近 3 个月的业务数字 （单位：万元）

	2020 年 11 月	2020 年 12 月	2021 年 1 月
销售收入	1 500	2 000	1 000
销售成本	900	1 200	600

以最近 3 个月的数值进行年度化计算，年度化的销售收入为（1 500+2 000+1 000）×4=18 000 万元，年度化的销售成本为（900+1 200+600）× 4 = 10 800 万元，再重新计算一些指标：

$$DSO=4\ 500/18\ 000×360=90（天）$$

$$DIO=2\ 000/10\ 800×360=66.7（天）$$

$$DPO=3\ 000/10\ 800×360=100（天）$$

$$现金营运周期 =90+66.7–100=56.7（天）$$

$$流动资金 =4\ 500+2\ 000–3\ 000=3\ 500（万元）$$

$$流动资金占销售比例 =3\ 500/18\ 000×100\%=19.4\%$$

经过重新计算，结果均优于目标值。两次的计算结果大相径庭，重新计算的结果更加真实地反映了企业的流动资金周转效率，反映了真实的管理效率，用来考核绩效会更加公平合理。

如果你能够熟练掌握上面有关流动资金的考核指标的计算，确定适合企业业务的年度化销售收入与年度化销售成本的计算公式，就可以为开发财务报表预算模型做好准备。首先确定 DSO、DIO 与 DPO 的预算目标值，再通过公式的关联，可以轻松计算出应收账款、存货与应付账款的预算金额，为实现预算报表模型的关联，创造重要基础。

4.7.14　总资产周转率

总资产周转率是指企业在一定时期内销售收入（或营业收入）与平均资产总额的比值。总资产周转率是综合评价企业全部资产的经营质量和利用效率的重要指标。总资产周转率的公式如下：

$$总资产周转率 = 营业收入净额 / 平均资产总额$$

营业收入净额是营业收入减去销售折扣及折让等后的净额。平均资产总额是指企业资产总额年初数与年末数的平均值，其计算公式为：

$$平均资产总额 = （资产总额年初数 + 资产总额年末数）/2$$

如果企业每个月都需要计算与考核总资产周转率，对于存货周转率与流动资金周转效率，需要建立更适当的公式。对于营业收入净额，可以用最近 3 个月的营业收入净额乘以 4 得到 12 个月的年度化营业收入。对于资产总额，可以简单用当月期末的数据。由此，总资产周转率的公式可以确定为：

$$总资产周转率 = 最近 3 个月的营业收入净额 \times 4/ 当月资产总额$$

总资产周转率综合反映了企业整体资产的营运能力。一般来说，总资产周转率越高，表明其周转速度越快，营运能力也越强。在此基础上，应进一步从各个构成要素进行分析，以查明总资产周转率升降的原因。通过考核总资产周转率，可以让管理层更加重视营业收入的提升，并采取措施提高各项资产的利用效率，处置闲置的资产。

要注意，总资产周转率指标也是有缺陷的。它的计算公式中的分子是指营业收入净额，而分母是指企业各项资产的总和，包括流动资产、长期股权投资、固定资产与无形资产等。总资产中的长期股权投资，给企业带来的是投资损益，不是销售收入。这样公式中的分子和分母口径不一致。

总资产周转率在不同行业之间差异巨大。比如中国的房地产开发企业的总资产周转率很低，通常只有 0.2 ~ 0.3，因为要囤积大量的资金在土地与在建项目上，万科作为房地产开发企业的佼佼者，2020 年与 2021 年的总资产周转率也只有 0.23 与 0.24。而零售行业的沃尔玛，2020 与 2021 财务年度的总资产周转率分别为 2.27 与 2.28。两个行业在总资产周转率上差距很大。

4.7.15　SMART 原则

企业将预算考核 KPI 用作绩效考核之后，会直接影响到管理人员的行为，KPI 也就真正成为企业管理的工具。

但是，没有一个 KPI 是完美的，我们应该依照企业的业务模式与发展阶段选择合适的 KPI。另外，不宜设立太多的 KPI 指标。如果 KPI 指标过多，就会过犹不及，让公司员工无所适从，无法找到工作的重点。还要特别注意的是，公司级别的 KPI 与部门级别的 KPI 不可混淆，否则会导致人浮于事或权责不当，让 KPI 的实现变得困难。

如何选择适当的 KPI 指标？可以参考著名的 SMART 原则，判断企业的 KPI 指标是否适当，如图 4-2 所示。

1. 明确性，S（Specific）

所谓"明确性"，是指要用具体的语言清楚地解释 KPI，包括其定义、分子和分母代表什么以及要达到的标准。比如解释前述的总资产周转率，其中的年度化的销售收入如何定义、总资产的数字如何确定。

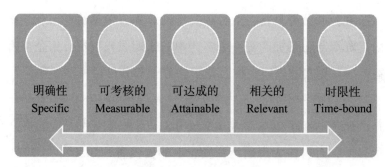

图 4-2   SMART 原则

2. 可考核的，M（Measurable）

所谓"可考核的"，是指目标应该是可以量化的，而不是定性的。绩效考核的 KPI 应该有明确的量化数据，作为衡量是否达成目标的依据。如果没有办法衡量制定的目标，就无法判断这个目标是否实现。比如，某个企业将团队建设作为 KPI，那如何判断团队建设做得好？企业想找到一个可以量化团队建设的考核指标是非常困难的，且该指标会充满争议。

3. 可达成的，A（Attainable）

所谓"可达成的"，是指 KPI 的执行人觉得有希望达到。如果上司利用职位的权威，简单粗暴地把不合理的目标强压给下属企业或员工，而下属企业或员工觉得目标是不可能完成的任务，即使无奈接受了，在实际执行时，也只能走一步算一步，消极应对。最好的预算 KPI 目标是有挑战性的，但团队觉得有希望达成，然后全力以赴去完成目标，最后得到合理的奖励。

4. 相关的，R（Relevant）

所谓"相关的"，是指设定的 KPI 指标与考核的团队是有关联的，该团队可以干预该指标。如果给一个团队制定了 KPI，但是团队对该 KPI 没有任何干预能力，就会失去考核的意义。比如，某工厂接受集团的内部订单进行生产，然后交付给关联企业，用转移定价结算。显然，这家工厂不是一个利润中心，而是一个成本中心。如果把利润指标作为关键指标来考核这家工厂，就不恰当了，更明智的做法是，对工厂的单位生产成本、运营效率与费用进行考核。

5. 时限性，T（Time-bound）

所谓"时限性"，是指 KPI 是有时间限制的。没有时间限制的 KPI，没有办法用以考核，或者会带来考核的不公平。KPI 的考核需要时限性，考核的频率与时效性颇为重要。有些 KPI 适合月度考核，有些 KPI 适合季度考核，有些 KPI 考核整个会计年度的合计数。比如，考核流动资金周转效率时，应每月考核一次，再计算平均数，以此作为 KPI；对于某些费用的控制（比如差旅费、业务招待费），为了避免第 4 季度大量增加开销的现象，可以设定费用考核以季度为单位，过了季度就作废；对于利润考核的 KPI，则适合以整个会计年度为单位，只要年度合计数能够达到预算目标，即为达标。

无论是制定公司级别还是部门级别的 KPI，我们都可以遵循上述 SMART 原则，让 KPI 有执行力，帮助实现预算。

最后需要提醒的是，关于 KPI 的选择，我们要知道成本中心与利润中心应该适用不同的 KPI。有些企业的性质属于利润中心，但是无法控制销售价格，对利润总额没有干预能力。如果上级部门使用利润总额来考核该企业，就会出现严重的后果。案例 4-11 是一个很有启发性的例子。

○ 案例 4-11

某采矿企业的主营业务是开采铅锌矿。因为利润业绩关系到上级集团管理层的绩效，所以集团用净利润作为最重要的 KPI 来考核该企业。但是，依照行业的业务模式，铅与锌的销售价格是与金属交易所的价格联动的，采矿企业无法控制，每个月的净利润会随着市场价格的变动而变得不可预测。

对于采矿企业的管理层与员工来说，对不可控的价格感到无可奈何，业绩怎么样，基本看上天的安排。如果市场价格低迷，净利润目标是不可能达成的，大家心灰意冷。如果市场价格暴涨，净利润目标就可以轻松实现，甚至能大幅超过预算。

显然，对于这样的业务模式，上级集团不应该将净利润作为主要的KPI来考核，而应该考核其他的指标。比如开采量、单位作业成本、经营费用以及安全指标。净利润也可以作为考核指标之一，但是占比很低，比如10%。假设该企业对KPI进行了调整，如表4-5所示。

表4-5 铅锌矿企业的KPI

铅锌矿企业的KPI	所占比重	铅锌矿企业的KPI	所占比重
开采量	40%	净利润	10%
单位作业成本	20%	安全指标	10%
经营费用	20%		

显然，这样做更加合理，让管理层与员工众志成城，首先力争保证开采量，然后控制住单位作业成本与经营费用，净利润成为一个不重要的KPI，但员工觉得这样更为合理，并努力去做得更好。

4.8 预算编制的运作模式：上下结合式的博弈与平衡

预算编制的运作模式，可以归纳为三种：自上而下式、自下而上式和上下结合式。三种模式各有优缺点，每个企业应该依照自己的业务模式、企业规模与管理架构，选择适合的运作模式。

4.8.1 自上而下式

自上而下式是一种高度集权的预算编制模式。在这种模式下，由企业高层管理者根据企业战略目标制定预算目标，预算管理委员会编制预算，经过批准后将预算目标分解下达到各级预算单位，再由各预算单位逐级下达执行。

自上而下的模式下，企业高层管理者是预算的决定者，各级预算单位只是预算的执行者，不参与预算编制，没有独立的决策权。

这种模式的优点是：自上而下式的预算目标是高层管理者根据企业的战略规划制定的，从整个公司的角度来制定预算，考虑了整体战略目标；预算参与人员少，减少了因企业内部交流预算目标引起的麻烦，还减少了编制预算所需要的时间，提高了效率。

这种模式的缺点是：企业对员工缺乏信任，把预算的编制限定在高层管理者，从而使得最了解企业实际情况的基层员工没有参与感，员工也把预算的实施看作上级下达的命令，认为这是管理层的职责，与己无关，甚至会产生抵触情绪。这样的预算缺乏全员参与，往往不是非常合理，进而易导致预算执行的失败。

4.8.2　自下而上式

自下而上式是一种高度分权的模式，各预算执行单位自行编制各自的预算，然后报预算管理委员会审批。在这种编制模式下，总部只设定预算总体目标，不介入预算过程的控制，而由预算执行单位去决定如何实现预算目标，并负责编制预算。

虽然自下而上式预算编制是由预算执行单位完成，但是仍然需要管理预算编制过程。为了编制出有效合理的预算，管理层必须与预算工作小组成员，对公司的战略规划和经营计划进行交流，而且高层管理者必须明确各个部门预算编制的目标。

这种模式的优点是：自下而上式鼓励员工参与，更有激励作用；可以获得更为准确的信息，预算编制更为可靠；可以促进高层管理者与部门之间的交流。

这种模式的缺点是：预算执行单位凭借自己的信息优势，可能会建立较为松弛的预算，这是预算管理中由于信息不对称产生的道德风险和逆向选择问题。

自下而上的预算编制模式适用于下列情况：预算执行单位的部门经理非常熟悉本部门的营运状况，并且有能力编制符合要求的预算，以及公司组织结构支持不同业务部门之间的交流。

4.8.3 上下结合式

上下结合式，是指将以上两种方法进行综合和平衡，是总部及高层管理者与预算执行单位不断博弈与平衡的预算编制过程。通常的做法是，先由总部与高层管理者提出年度预算目标，再由各地区或各工厂总经理／财务总监带领预算工作小组编制预算，提交预算方案，中间不断与总部和高层管理者保持沟通，修改预算方案，将最终预算方案提交给总部与高层管理者审阅与批准。

上下结合式是比较务实可行的方式，预算编制的效率比较高，也平衡了上下级的关系，强调了员工的参与，让预算目标的实现更为容易。上下结合式适合大多数企业。

预算编制的过程就是上下级博弈与平衡的过程。如果上级习惯层层加码，下级便会在上报预算时给自己留余地，有更多的操作空间，以达成妥协，并降低未来的考核压力。上下级需要尊重业务、通力合作，才能让预算有效落地，为企业创造价值。

4.9 预算管理的六个误区

在预算编制与管理的过程中，会经常出现一些认识上的误区，从而制造了很多矛盾与冲突。下面是六个很常见的误区，可以作为参考，引以为鉴。

1. 预算是财务部的事情，编制预算是由总经理与财务部说了算

有些企业选择简单粗暴地执行"从上至下"的方案，下级部门没有谈判余地，也没有了参与预算的积极性，索性由总经理与财务部闭门造车了。

预算只是财务部的工作吗？当然不是。预算管理是一个管理工具，能够帮助各部门，部门负责人也可以通过预算，分配部门的预算目标与管理团队绩效。比如，一位销售总监利用预算这个机会，发动所有的销售经理，积极参与编制预算，确定每位销售经理的预算目标，每位销售经理有了目标与主动性，销售总监明年的销售管理工作也会容易很多。

2. 预算只要保持增长就好

这个观点看似很有道理，预算当然要增长，业务若不增长，公司则难以生存与发展。但这个问题要从两个方面去看。

第一，增长够不够？整个行业都在增长，如果 A 公司的主要竞争对手 B 公司增长了 30%，而 A 公司的预算目标只增长 10%，虽然 A 公司也在增长，但增长率只有 B 公司的 1/3，A 公司的市场占有率面临挑战。编制预算尤其在制定销售目标的时候，有时"市场占有率"这种相对指标比"销售额"这种绝对指标更为恰当。

第二，该不该增长？如果企业的战略规划已经决定某业务单元的销售要收缩，这个业务单元的预算就不需要增长。华为有一个说法：不在非战略机会点上消耗战略竞争力量。这是可以理解的，如果这个业务单元已经不是公司未来主要的战略机会，那就不要在这个业务单元上投入资源，要收缩，甚至出售该业务单元的资产。

编制预算的时候，要对业务的走向做出判断，比如业务为什么下滑了？这个项目是不是到了衰退期了？如果到了衰退期，又没有竞争力，那么收缩

或退出是更明智的选择。

3. 过度追求预算编报的准确度

无论是管理层，还是各部门负责人，都存在对于预算编报的准确度要求过高的情况，认为预算越准确，就是预算做得越好，并在预算执行过程中，对预算的准确度进行考核。

但是，过度追求准确，预算会容易被抵触，财务部门推进预算管理可能会受阻。如果考核预算的准确度，就会有很多人为的干预，鼓励大家刚好达成预算目标即可，而不去追求更好的绩效。

4. 预算可以随时进行调整

预算一旦编制完成且经批准下达，并与公司的绩效考核关联起来，是不可随意修改的。对于一般的市场波动，若在编制预算时缺乏周全考虑，应该由预算单位设法消化与应对。有些部门与个人，不是先想着如何克服与消化出现的不利因素，而是一门心思去游说上级领导，对预算进行调整。经常调整的预算，得不到团队的尊重，企业也难以建设预算文化。

5. 预算目标没有用于绩效考核

预算存在的意义是为企业经营提供目标与标杆，为企业的绩效考核提供标准与依据，从而激励部门经理与员工为企业的预算目标而努力，实现设定的预算目标，取得相应的奖励。如果预算目标没有和绩效考核挂钩，那就只能沦为没有影响力的数字。

如果预算目标与绩效考核有关联，部门经理与员工就要对自己承担的预算负责，企业的预算文化也会逐渐形成，关注预算的执行成为习惯，贯穿于每周、每月的工作中，加上持续的经营分析与滚动预测，预算管理会变得越来越好。

6. 财务分析与滚动预测对企业经营没有作用

财务分析与滚动预测是控制与管理预算的重要手段。在预算执行过程中，需要持续的财务分析与滚动预测来支持预算目标的实现。

财务分析是对过去与现在的经营状况进行分析与判断。通过财务分析，可以发现实际与预算的差异，发现有利的差异，应该发扬；发现不利的差异，应该予以调整与纠正。FP&A 或其他财务管理人员要向预算工作小组汇报，小组成员包括公司管理层与各部门负责人。

滚动预测则是对未来的业务与经营状况进行预测与调整。做滚动预测时，如果发现预测的结果不乐观，要立即禀报总经理，召开特别会议并要求各部门采取行动进行补救。

财务分析与滚动预测的结果不是财务人员的数字游戏，而应该能对企业的经营产生作用。通过财务分析，知道哪里做得好，哪里有待改善，通过滚动预测知道未来会怎么样，整个财务年度又会是什么样的结果，需要采取什么样的行动。这样，财务分析与滚动预测产生了作用，财务管理工作的效果与影响力也体现出来了。

第5章

预算编制的主要模块

前面的章节详细介绍了预算编制的概述与准备工作，下面要进入预算编制的实战模块。预算编制的模块主要包括了销售预算、生产与采购预算、部门费用预算、资本支出预算、预算财务报表体系以及预算报告PPT，如图 5-1 所示。

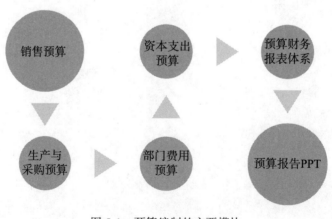

图 5-1　预算编制的主要模块

5.1　销售预算：业财融合的典型例子

销售预算是预算编制的重中之重，也是业财融合的典型例子。

销售预算一般是预算编制的起点，生产、采购、存货、费用等方面的预算，要以销售预算为基础。

简单而言，销售预算就是对预算期业务的销售数量与销售价格做出预测。销售预算的预测依据主要包括以下三点。

第一，公司的战略规划与经营计划。

公司一旦制订了战略规划，则确定了未来 3 ～ 5 年的业务战略与增长目标。而在预算编制启动之前，总部与管理层通常会展望下一年度的经营计划与目标。比如，某个公司在当年第 2 季度制订了战略规划，确定未来 5 年公司的销售收入计划增长 100%，明年的销售增长目标为 20%。在编制销售预算之前，销售负责人已经非常理解这个增长目标，并在编制销售预算时，给予充分的考虑。如果销售负责人发现市场环境出现剧烈变化，明年的销售情况会有重大变化，无法完成 20% 的增长目标，就要及时禀报上级主管，商量对策。

第二，各种产品历史销售数据的分析。

在编制销售预算时，销售团队要对公司以前存在的业务进行分析，业务的分析需要详细的销售数据库。销售数据应该以业务单元、产品代码、客户代码、销售经理等维度区分。

销售团队经过分析，判断哪些产品的销售数量在持续上涨或者下降，哪些产品是公司的关键产品（销售收入占比高），哪些产品是公司的价值贡献者（销售量大而且利润率高）。在编制销售预算的时候，应该尽量增加有价值贡献的产品的数量，以提升产品的平均价格与利润贡献。相反，有些产品的销售量小而且利润微薄甚至出现亏损，应该尽量减少这些产品的数量或者退出该产品市场。

除了对产品的分析，销售团队还要进行客户分析，通过分析销售数据判断哪些客户是关键客户，哪些客户是价值客户。

每一年的销售预算编制都是最好的契机，可以对目前存量的产品与客户的盈利能力进行分析与判断，对明年的业务进行取舍，以优化公司的产品结构与客户结构。

第三，预测各种产品的发展前景。

在编制销售预算时，销售团队要分析判断存量业务并进行取舍。此外，销售团队还要利用客户反馈的市场需求，或者依照研发团队的产品开发情况，对各种产品的发展前景进行预测，确定哪些产品要大力推进，哪些产品又应该加紧研发。

请注意，销售预算包括三类销售数据：当年已经实现的实际销售数据（比如 1～9 月的实际数据），当年余下月份的预测销售数据（比如 10～12 月的预测数据）以及明年的预算销售数据，所有销售数据均以月度区分。当年的实际加预测，构成了当年的预测销售数据。明年的预算销售数据，可以与当年的预测销售数据进行各种维度的比较分析。为了便于分析与判断，销售数据应该以数据库的方式提供，财务部门与销售部门一起商定需要保留哪些字段。

当年的预测销售数据应该采用哪个版本？有些企业每个月都会做滚动预测，从理论上来说，越接近年末的预测版本，会更接近实际结果，但是依然有偏差。为了提高效率，当年的预测销售数据要确定一个最终版本，之后不再修改。总部在发出编制预算通知的时候，通常会强调这个规则。参考案例 5-1。

○ 案例 5-1

A 公司要编制 2022 年的预算，依照预算的工作计划表，销售部门需要在 2021 年 10 月 15 日前提供销售预算的终稿。销售部门需要提供的销售数据包括：

1. 2021 年 1 ～ 9 月的实际销售数据。

2. 2021 年 10 ～ 12 月的预测销售数据。

3. 2022 年 1 ～ 12 月的预算销售数据。

2021 年的预测数据以 2021 年 10 月的滚动预测作为最终版本，即使 11 月有更新的滚动预测版本，也不予采用。这样，以 10 月的销售预测版本为基础，编制出全年的预测利润表，并编制第 4 季度的资产负债表与现金流量表，将当年的三大报表确定下来，后面的工作聚焦在 2022 年预算。

销售预算的编制，是由销售部门完成的。销售部门编制销售预算，一般会包括以下 6 个步骤。

1. 确定公司销售收入与利润目标

一般来说，公司的销售收入和利润目标是由总部和管理层决定的。总部和管理层依照公司的战略规划与经营计划，对下一年度的销售收入与利润总额提出目标值。

2. 商讨公司明年的业务策略

按照总部和管理层提出的销售收入与利润总额的增长目标，销售负责人在开始编制销售预算之前，组织市场营销与销售骨干召开会议，商讨公司明年的业务策略。

在会议上，首先，回顾与更新竞争环境的分析，包括 PEST 分析、PORTER 分析、SWOT 分析等；其次，对各种存量业务的历史销售数据，分别从产品与客户的角度进行深入分析，预测各种产品的发展前景；最后，结合公司的研发能力与生产能力，确定下一年销售团队的业务策略。

3. 整理当年实际与预测的销售数据

销售预算的数据必须包括当年实际与预测的数据，例如 2021 年 1 ～ 9 月的实际销售数据与 10 ～ 12 月的预测销售数据。1 ～ 9 月的实际销售数据很容易获得，销售部门应该准备好这些数据。如果每个季度或者每个月进行滚动预测，保持对销售数据的整理与预测，当销售预算开始启动的时候，就很容易拿到当年实际与预测的销售数据。

4. 编制预算的销售数据

在当年的实际与预测数据基础上，对明年预算期的销售数据进行编制。要鼓励每一个销售经理参与编制销售预算，销售经理需要设定自己明年的销售业绩，确定服务的目标市场包括哪些客户和产品，产品的销售数量与销售价格分别是多少。

销售预算数据最好以数据库的方式提供，与当年实际加预测的数据做对比，可以做各种维度的销售分析。销售预算数据库需要确定字段名字，采用统一的数据表格格式。如表 5-1 所示。

表 5-1　销售预算数据库的字段名字

英文字段名字	中文字段名字	英文字段名字	中文字段名字
Version	版本	Item category	产品类别
Year	年份	Product code	产品代码
Quarter	季度	Basic Weight（gsm）	克重（gsm）
Month	月份	Colour	颜色
Resp.	销售代表	Treatment	处理工艺
Customer code	客户代码	Quantity（Kgs）	数量（Kgs）
System customer full name	客户全称	Unit price（$/kg）	单价（$/kg）
Customer Name In Short	客户简称	Revenue（$）	收入（$）
Trading Method	贸易方式	Freight Rate（$/kg）	运费率（$/kg）
Market	应用市场	Freight（$）	运费（$）
Line	生产线		

在设定销售预算数据库的字段时，我们要考虑到公司的业务模式与实际现状，进行取舍。在刚刚推行预算的企业中，财务部门提出编制销售数据库，会遭遇很大的阻力，销售部门觉得这是不可能完成的任务。实际上，一旦销售部门建立了销售数据库。对于销售负责人来说，这个数据库是特别有价值的管理工具。

比如，在下一年预算执行过程中，每个月实际销售数据出来后，可以与预算数据进行对比，轻而易举地进行各种维度的分析。无论对于销售人员，还是财务人员，销售数据库都是很有价值的，也为实现产品与客户的盈利水平分析提供了可能性。

采用数据库的方式编制销售预算，是一个非常大的挑战。尤其是我们需要说服销售团队采用销售预算数据库方式，会遇到特别大的阻力。我们要如何说服销售团队接受呢？案例 5-2 是一个真实的例子。

○ 案例 5-2

笔者曾经为深圳一家 A 股上市公司提供咨询服务，该公司是一家生产和经营电子元件产品的民营企业，业务发展很快，年销售额超过 60 亿元。

因为交易所要求，公司每个季度需要预告经营业绩，由此迫切需要完善预算管理与滚动预测。该公司总部的财务经理在深圳参加了笔者的 FP&A 实战训练营的课程后，觉得可以落地应用，立即报告给了 CFO。很快，她们正式邀请我，给公司管理层与高管介绍预算管理的理念与方案。

经商议后，笔者安排了为期半天的分享会，出席的有 CEO、CFO、各职能部门总经理以及各工厂总经理等高管，总共有 40 人左右。当笔者介绍到销售预算的时候，建议采用销售数据库的方式，以利于做销售分析。在场的销售部总经理站起来，质疑笔者可能不了解他们公司的业务模式，他们没有办法预测明年每个月的销售情况，更没有办法将销售情况区分到客户与产品，还质疑笔者这么"编"预算有什么实际意义。销售总经理的现场反应，让笔者非常惊讶，为了避免产生难堪的局面，笔者只能表示："采用销售数据库，对于销售管理来说太重要了，具体有什么好处，因为时间关系我们不在这里展开，在会后我们与CFO坐下来一起探讨。"

会后，笔者和销售总经理以及CFO坐下来讨论。笔者先和他们交流了几个问题：

（1）目前没有做全年的销售预算，只是每3个月做一次销售预测，那么一年要做4次预测，那销售团队内部是否每年至少要吵四次架？销售总经理说是的。笔者说，如果预算覆盖了12个月，一年吵一次就可以了，可以减少很多矛盾。

（2）按照每3个月做一次销售预测的方式，如果今年第1季度，某些销售经理没有达到预测目标，那么他们在编制第2季度的销售预测的时候，会怎么做？应该会更加保守，以确保第2季度的销售预测不再失利。另外有些销售经理第1季度表现出色，显著超过预算，则销售总经理很可能会给他们加码。这样做显然不公平。但是，如果公司编制了12个月的销售预算，某些销售经理第1季度不达标，后面的季度还有机会补救，争取实现全年的销售目标。这样，销售经理有了一定程度的自主空间，也会对销售产生积极的影响。

（3）如果编制销售预算时，没有区分到客户与产品，后面怎样分析实际与预算之间的差异呢？如果销售预算以销售经理、客户与产品区分，并以数据库的方式编制，在实际执行的过程中，销售总经理可以轻松地拿到销售分析的数据，按销售经理区分，业绩好坏，一目了然；按客户与产品区分，可以看出数量与价格存在的问题，并发现改善的机会。

（4）如果编制的销售预算只覆盖3个月，而且只是简单编制，销售总经理如何去管理销售经理呢？编制12个月的销售预算，销售经理必须思考明年要实现多少销售额，要开拓什么市场，聚焦哪些客户，推销什么产品，制定什么样的价格，等等。这实际上就是对明年销售情况的演习，而销售总经理则是稳坐军中帐的指挥官。编制销售预算数据库的主要目的不是帮助财务人员，主要是帮助销售总经理。

（5）现在每 3 个月做一次销售预测，而销售费用的预算覆盖了 12 个月，这样销售预测与销售费用预算脱节了。销售部门的很多费用科目是和业务量挂钩的，如果没有做 12 个月的销售预算，则无法做好全年的费用预算。可以预料，在预算实际执行时，因为费用问题，销售团队与财务部门会产生很多不必要的冲突。

销售总经理是一个很聪明的人，一直跟着老板与企业共同发展，没有在其他企业工作过，认为销售预算不可能覆盖 12 个月，更不可能区分到客户与产品。经过笔者的引导，他很快就明白了，立即邀请笔者下一次来公司，为销售总监与销售经理组织一次工作坊，讨论如何做销售预算，以及销售预算的关键字段要包括哪些。

后来参加工作坊的销售团队有七八十人，工作坊由笔者主持，销售分析经理负责协助，笔者在会上带领大家讨论了销售预算编制的问题，最后确定了销售数据库字段。让人惊讶的是，结果比笔者想象的还要好。比如，按照其业务模式与产品特点，增加了产地与业绩归属，还保留了客户型号，方便未来与客户对账；还为出口业务保留了美元售价与汇率，具体如表 5-2 所示。

表 5-2　销售预算数据库字段

数据库字段	字段值	数据库字段	字段值
部门	某大区销售部	业绩归属	A 地工厂
销售经理	林 ×	销量（PCS）	20
客户简称	中兴通讯	汇率	1
客户代码	GN007	美元售价	
我司产地	A 地	RMB 售价 / 未税	25.21

(续)

数据库字段	字段值	数据库字段	字段值
销售额（元/未税）	504.27	年度&月份	2015年1月
内&外销	内销	客户类别	A
产品细类	Switch	产品大类	Switch
公司型号	TWF105	年度	2015
客户型号	ZXR1150	月度	1

5. 分析销售预算数据

如前述，已经编制好销售预算数据库，包括本年预测与明年预算的销售数据，并区分到客户与产品。这样，销售团队可以利用数据透视表进行各种角度的分析与判断。

每一位销售经理在提交自己的预算时，要以客户、产品等维度去分析与判断，比如以产品代码区分每一位客户，分析产品数量与产品价格的变化，判断价格的变化是否与原材料价格关联。这样的分析与判断，可以让每一位销售经理避免出现销售预算编制的错误。案例 5-3 是一个典型的应用实例。

○ 案例 5-3

销售经理 Brian Tang 编制了 2021 年销售预算，通过数据透视表可以轻松获取自己负责的所有客户的销售汇总表，然后逐个判断哪位客户存在状况，如有需要，可以做进一步的检查与改进。图 5-2 为以销售经理查询的数据透视表。

从图 5-2 可以看出，合计销售数量从 1 292 吨增加到 1 782 吨，增幅很大，平均价格从 3.25 美元/千克下降到 3.19 美元/千克，降幅较小，但要引起注意。继续按客户来看，除了排在第一位的 KC，其他客户的价格都没有问题。

确定性比率	100%	⊡
版本	（多项）	⊡
产品种类	Spunmelt	⊡
应用市场	GHC	⊡
销售经理	Brian Tang	⊡

| | 2020 预测 | | | 2021 预算 | | |
	数量 - 吨	销售收入 - 美元	单价 - 美元 / 千克	数量 - 吨	销售收入 - 美元	单价 - 美元 / 千克
KC	286	976 813	3.41	448	1 371 862	3.06
WCH	303	999 436	3.30	335	1 123 370	3.35
GRI	226	736 952	3.26	225	751 700	3.34
XINRUI	119	331 386	2.79	205	552 250	2.69
Dupont	-		0.00	130	448 390	3.45
Quest	90	271 202	3.01	120	363 864	3.03
Medline US	9	35 466	4.06	90	363 150	4.04
Grand Sun	29	93 806	3.18	60	196 860	3.28
YOUYI	52	168 278	3.26	50	159 100	3.18
ISO Medical	34	119 256	3.50	45	157 500	3.50
KUNSHAN JH	46	140 385	3.06	42	113 400	2.70
BDF	26	72 845	2.80	32	89 600	2.80
FUSHIDA	0	-	0.00	-	#DIV/0!	
Huayuan	9	34 595	3.71	-	#DIV/0!	
ALLSET	19	68 866	3.59	-	#DIV/0!	
ZHILIN	7	12 794	1.84	-	#DIV/0!	
Eco	1	3 668	3.39	-	#DIV/0!	
RONGTAI	0	278	3.61	-	#DIV/0!	
RUIJIE	5	17 045	3.29	-	#DIV/0!	
DUKANGNING	10	45 439	4.58	-	#DIV/0!	
Grandsun	2	7 781	3.16	-	#DIV/0!	
EU customer	9	33 619	3.80	-	#DIV/0!	
YUMIN	0	-	0.00	-	#DIV/0!	
ONE TIME CUSTOMER	0	-	0.00	-	#DIV/0!	
Holymed	9	35 479	4.09	-	#DIV/0!	
PGI US	0	-	0.00	-	#DIV/0!	
Total	1 292	4 205 390	3.25	1 782	5 691 046	3.19

图 5-2　以销售经理查询的数据透视表

KC 的销售数量从 286 吨增加到 448 吨，增幅很大，但是单价却从 3.41 美元 / 千克下降到 3.06 美元 / 千克，降幅也大。接着，要对 KC 做进一步的分析，判断是什么原因导致单价大幅下降。

利用数据库与数据透视表，对 KC 的销售数据，按产品代码区分，看每一个产品的价格的变化。图 5-3 是以客户与产品代码区分的销售透视表，多数产品价格几乎没有变化，其中有两个产品（4733F 与 5609F）2020 年预测销售数量分别为 16 吨与 79 吨，但是在 2021 年预算销售数量中已经不存在了。而这两个产品在 2020 年的单价远远高过平均价格，在预算年度不存在了，导致预算年度的平均价格大幅下降。

| 销售经理 | BrianTang ▾ |
| 客户简称 | KC　　▾ |

| | 2020 预测 | | | 2021 预算 | | |
	数量 - 吨	销售收入 - 美元	单价 - 美元 / 千克	数量 - 吨	销售收入 - 美元	单价 - 美元 / 千克
0032B	6	16 537	2.90	-		#DIV/O!
0058B	34	104 547	3.04	58	176 842	3.05
0059B	39	120 900	3.09	60	185 880	3.10
4733F	16	69 164	4.20	-		#DIV/O!
5115B	33	101 730	3.09	110	338 250	3.08
5130B	30	90 030	3.00	110	327 910	2.98
5131B	49	152 743	3.13	110	342 980	3.12
5609F	79	321 162	4.06	-		#DIV/O!
Total	286	976 813	3.41	448	1 371 862	3.06

图 5-3　以客户与产品代码区分的销售透视表

现在可以判断出，KC 单价的大幅下降，不是因为某个产品的单价下降，而是产品组合的变化。是什么原因导致两个高价产品没有了？是主动地还是被动地"淘汰"这两个产品？Brian Tang 需要做出解释。

这两个产品的代码均带后缀"F"，即"Finished"，表明这是需要送到协作厂做后加工的产品，需要负担高昂的外协加工费用，并承担更多的原料成本与质量风险。虽然 4.20 美元 / 千克与 4.06 美元 / 千克的单价比平均价格高很多，但其利润贡献不佳，质量风险又很高，所以 Brian Tang 决定说服客户减少或取消这两个产品，而他也成功做到了。

当所有的销售经理依照要求的格式，以数据库的方式提交销售数据以后，销售分析团队将销售数据整理完毕，利用数据透视表进行各种角度的分析，然后交给销售负责人审批。

还有一点要注意，销售预算的总数量是否超过了公司设备的产能？如果是，产能就无法满足，要对销售预算的数量进行取舍。在销售预算数据库里，可以增加一个字段，比如"可能性"，将决定放进预算的定义为"100%"，其他的可以为"90%"与"80%"，作为候补的销售机会，如果有增加的产能，就可以修改其"可能性"为"100%"。在销售预算的数据透视表中，通过这个过滤选项，过滤掉候选的销售数据。如何选择与过滤销售数据，颇为考验销售负责人。我建议以利润贡献值作为判断标准，比如毛利润率或者每单元产品的毛利润。

6. 提交销售预算给总经理与 FP&A

在销售负责人确认了销售预算后，将其提交给总经理与 FP&A 团队。总经理需要的是销售汇总表，以公司常用的业务类别区分，还需要以关键客户区分，对比当年预测与明年预算。FP&A 团队得到销售数据库之后，通过数据透视表，对销售预算数据进行检查与验证，确保数据没有错误，并提出有价值的发现与建议。

5.1.1 销售预算与 BU 的划分

在编制销售预算的时候，需要确定好 BU 的划分。BU（business unit 的缩写），指的是营业单位或业务单元。BU 的划分要考虑的因素通常包括事业部、应用市场、销售区域与产品类别等，并依照公司的业务模式与产品情况来划分。在编制销售预算的数据库时，可以将 BU 的划分因素，作为其中的字段。案例 5-4 可以作为参考。

○ 案例 5-4

B 公司编制的销售预算的汇总表如表 5-3 所示：首先是按照生产线区分，分别为 L1 与 L2 两条生产线，然后是应用市场，包括了医疗与卫生，并依照公司业务，区分成 6 个类别，将每一个类别的 2021 年预测与 2022 年预算进行比较，差异一目了然，可以看到数量与价格的变化，最后判断 BU 的结构有没有问题。

表 5-3　销售预算汇总表

	2021 年预测			2022 年预算			差异		
	数量（吨）	收入（千元）	单价（元/千克）	数量（吨）	收入（千元）	单价（元/千克）	数量（吨）	收入（千元）	单价（元/千克）
L1									
医疗 -SS	1 090	2 212	2.03	768	2 017	2.63	−322	−195	0.60
卫生 -SS	5 906	13 752	2.33	5 964	14 695	2.46	58	943	0.14
小计	6 996	15 964	2.28	6 732	16 712	2.48	−264	748	0.20
L2									
医疗 -SS	4 308	11 151	2.59	3 498	10 525	3.01	−810	−626	0.42
医疗 -SMMS	4 187	16 838	4.02	5 043	20 634	4.09	856	3 796	0.07
卫生 -SS	338	755	2.23	660	1 724	2.61	322	969	0.38
卫生 -SMMS	1 523	3 153	2.07	926	2 459	2.66	−597	−694	0.59
小计	10 356	31 897	3.08	10 127	35 342	3.49	−229	3 445	0.41
合计	17 352	47 861	2.76	16 859	52 054	3.09	−493	4 193	0.33
其中：									
医疗	9 585	30 201	3.15	9 309	33 176	3.56	−276	2 975	0.41
卫生	7 767	17 660	2.27	7 550	18 878	2.50	−217	1 218	0.23

表 5-3 销售预算汇总表经管理层审阅之后，可能会提出下面的问题：

为什么 L1 与 L2 的销售数量都下降了？是产能问题，还是需求的问题？

L2 的医疗 -SS 产品销量减少，而更高端的医疗 -SMMS 产品的销售数量增加了，减少与增加的销量分别来自哪些客户？

L2 的卫生 -SMMS 产品的销售数量为什么减少了那么多？来自哪些客户？

平均的销售价格提高了 0.33 元 / 千克，有多少是因为原材料价格的上升，有多少是因为产品组合的变化带来的影响？

如果制作了销售预算汇总表，就可以快速发现问题，及时分析与反馈。销售负责人在检查销售预算的时候，可以利用这种报表进行判断，会让工作容易很多。管理层也可以进行快速的评价。显然，这个销售预算汇总表会提高销售预算编制与审批的效率。

关于预算编制的各类专业书籍，一般倾向于工业企业的预算编制。这是因为工业企业在经济中曾经占据更大的产值，而且其生产流程与成本结构更加复杂，工业企业对预算的需求与迫切性更大，预算管理在工业企业的应用也比较普遍。

但是，随着中国经济的不断发展和产业结构的不断转型，第二产业在整个经济中的比重在下降，而第三产业的比重却在不断上升。依据国家统计局发布的数据，2022 年全年国内生产总值约为 121 万亿元，其中，第一产业占比约为 7.3%；第二产业占比约为 39.9%；第三产业占比约为 52.8%。[⊖]

根据《国民经济行业分类》，我国的三个产业划分是：第一产业是指农、林、牧、渔业，但不含其服务业；第二产业是指采矿业（不含开采辅助活动），制造业（不含修理业），电力、热力、燃气及水生产和供应业，建筑业；

⊖　来源：国家统计局。

第三产业为服务业，是指除第一产业、第二产业以外的其他行业。

第三产业包括交通运输、仓储和邮政业，信息传输、计算机服务和软件业，批发和零售业，住宿和餐饮业，金融业，房地产业，租赁和商务服务业，科学研究、技术服务和地质勘查业，水利、环境和公共设施管理业，居民服务和其他服务业，教育，卫生、社会保障和社会福利业，文化、体育和娱乐业，公共管理和社会组织，国际组织等。

第三产业包括的行业特别多，不同行业之间差异又大，对于预算编制来说，是巨大的挑战。为了探讨有关第三产业的预算编制，下面总结了几类行业销售预算的难点、痛点与思路，供参考与学习。

1. 项目型企业预算编制

在第三产业中，很多是提供劳务服务、房地产开发、技术服务等业务，具有明显的项目特点。这些业务的承接、管理、核算等通常以项目为单位。一个企业的业务由多个项目组成，项目管理是企业业务管理的核心。在此，我们称这类企业为项目型企业，如房地产开发公司、施工企业、设计院、监理公司、定制型软件公司、会计师事务所、咨询公司等。

项目型企业预算编制的特点和难点，主要有下面几点。

（1）管理者与业务层的信息不对称。

由于项目的管理重心在项目组或基层业务单位，容易造成企业的管理部门，特别是财务部门对企业的业务不了解，处于信息劣势与被动地位。主要体现在：一是市场容量的信息不对称；二是项目成本率的信息不对称；三是项目进度的信息不对称；四是项目现金流的信息不对称。

（2）客户的不稳定。

项目型企业的客户所对应的项目采购，往往具有一次性的特点。这个特点使得企业的客户不稳定，导致难以预测。有的企业甚至在编制预算时，还没有特定的客户基础，更谈不上项目，导致预算的编制更加困难。

（3）会计核算不规范。

根据企业会计准则，项目型企业要按照完工百分比法确认收入。但是，在实际操作中，一方面受行业会计制度的影响，另一方面受会计人员专业水平的限制，真正能够按照准则要求进行规范核算的企业很少。项目型企业的会计核算如果不规范，既不能满足对外披露会计信息的要求，也不能满足企业预算管理的需要。具体表现在：成本没有按照成本核算对象进行归集，缺乏历史成本数据；收入的确认没有坚持权责发生制原则，收入跨期严重；收入和成本不配比，难以进行项目盈利能力分析。

由于信息不对称、客户的不稳定性以及历史数据不够规范，项目型企业的预算编制更为困难。

项目型企业的预算编制，要以项目为基础，按照项目的销售预算、人工成本预算、资本支出预算、费用预算、现金流量预算的流程来编制。

项目型企业编制销售预算时，要对目标市场进行预测，这种预测主要包括项目的数量、项目的总体收入等；然后，设定企业的投标成功概率或市场占有率；最后，根据前两个步骤对市场和企业内部资源的预测和设定，编制企业的年度费用预算。

编制项目预算时，项目型企业可把项目分为以下几种情况，会让编制预算工作容易很多。

（1）上一年度已经开始但没有完工的项目。这类项目的合同金额、预计成本总额、已完工百分比等信息是已知的，编制收入、成本预算时，只需要确定预算年度项目的累计完工进度，并按照完工百分比法，确认预算的收入与成本。

（2）编制预算时，已经中标或签订了合同，或者在预算年度中肯定能够取得的项目。这类项目预算编制的重点是确定项目的预计总成本、预计总收入和预算年度预计完工百分比，确定预算年度的收入与成本。

（3）在编制预算时，虽然还不能确定具体项目，但根据企业的年度预算目标值、市场情况和企业内部资源情况，可以预估企业应该取得和能够取得的项目。对于这类项目，应该在测算的基础上，根据企业的预算目标，由销售部门进行估计并编制预算。

2. 零售业的销售预算

零售业的销售预算，要以公司战略规划与销售计划为基础，按照商品大类与子品类编制销售预算。因为行业的特点，零售业的 SKU（Stock Keeping Unit，即库存量单位）多而复杂，难以将销售预算做到 SKU 水平。零售业企业编制销售预算，要根据业态、地理区域、门店、商品品类、月份来区分，比如：

- 根据业态区分，比如大卖场、超市、便利店与百货商店。
- 根据地理区域区分，比如华东区、华南区、华北区。
- 根据门店区分，比如 1 号店、2 号店……100 号店。
- 根据商品品类区分，比如区分为大品类与中品类。
- 根据月份区分，并考虑到各类节假日、店庆日。

零售业的销售预算主要包括销售收入、毛利额的预算内容。请注意，以下提及的销售收入、销售价格、采购价格，都是指不含增值税的收入或价格。

（1）销售收入的预算。

零售企业编制销售收入的预算时，总部需要对不同"业态"及"店龄"的销售增长率进行预测，为零售门店的销售收入提供参考数据。各门店在编制销售预算时，要综合考虑当地的经济发展水平、同业竞争情况、消费者偏好等因素，结合总部下达的区分"业态"及"店龄"的销售增长率指导意见，编制商品大类与商品组的销售收入。零售企业的"业态"通常会有大卖场、超市、便利店与百货商店。"店龄"可以区分为 6 个月以下、6 个月到 1 年、1 年到 2 年、2 年到 3 年、3 年以上。

　　零售企业的采购中心除了要考虑当地的经济发展水平、同业竞争情况、消费者的偏好外，还要考虑商品的供应情况及市场的走向等因素，分别编制各业态、各商品大类等的销售收入。表 5-4 是某个超市商品大类区分，表 5-5 将该超市商品大类再细分到商品中类。

表 5-4　超市商品大类区分

大类代码	大类名称	汇总
100	烟酒饮料	20 020.59
101	休闲食品	37 419.61
102	干性食品	64 508.08
103	中西药品	331.70
200	熟食	110.30
201	水产	4 303.68
202	肉制品	8 533.14
203	禽蛋类	3 772.61
204	蔬果	19 182.96
205	冷冻冷藏	20 464.14
206	面复制品类	130.93
207	西点	110.20
208	面包糕点	1 335.35
209	散装食品	6 494.35
300	清洁用品	9 242.81
301	个人护理	45 236.57
302	五金配件	1 511.90
303	日用百货	12 622.39
304	文化用品	2 975.95
305	休闲百货	637.00
308	小家电	662.00
313	鞋类	883.20
314	非季节性服饰	3 228.59
316	家用纺织品	3 104.03
317	服饰配件	94.95
实际销售额总计		266 917.03

表 5-5 超市商品中类区分

大类名称	中类代码	中类名称	汇总
烟酒饮料	1000	软性饮料	5 790.88
	1001	啤酒	628.67
	1002	果酒	682.30
	1003	米酒	856.97
	1004	烈酒	1 814.40
	1005	香烟	1 613.70
	1006	乳饮品	8 633.67
休闲食品	1010	饼干及膨化食品	20 966.31
	1011	蜜饯糖果零食类	16 299.10
	1012	宠物食品	154.20
干性食品	1020	冲饮食品	6 878.57
	1021	速食米面	4 984.42
	1022	调味品	5 622.00
	1023	粮油杂粮	38 981.85
	1024	罐头食品	3 256.95
	1025	营养品	4 784.29

（2）毛利额的预算。

为明确责权，方便考核，从预算编制开始，要将零售业的毛利额分解为三部分：销售毛利额、进配毛利额和采购返利，具体如下。

销售毛利额：指各门店的售价与配价之间的差额，这部分毛利额预算由各门店进行编制。售价是指门店卖给顾客的价格，配价是采购中心提供给门店的内部配送价格。

总部根据对各商品大类毛利率的要求，下达区分"业态"及"商品大类"的销售毛利率指导意见，各门店据此编制销售毛利额预算。

进配毛利额：指销售商品的配价与进价之间的差额，这部分毛利额预算由采购中心编制。进价是采购中心从供应商进货的价格。

采购返利：指供应商给予的直接折扣形成的毛利，这部分毛利额预算由采购中心进行编制。

采购中心在编制进配毛利额的预算时，还要考虑销售收入、采购毛利率、销售毛利率这三个因素。其中，采购中心依据各商品大类的采购毛利率历史数据以及自身对于商品供应市场的预测，编制商品大类的采购毛利率，为进配毛利额的预算编制提供比例支持。

具体计算公式与逻辑如下：

进配毛利额 = 销售收入（不含税）×（采购毛利率 − 销售毛利率）

其中：

销售收入（不含税），指各门店汇总的不含税销售收入。

采购毛利率，指售价与进价之间的差额占售价的比率。

销售毛利率，指各门店汇总的，商品大类的销售毛利额（售价与配价的差额）占不含税销售收入的比率。

经过这样的定义，零售业的销售预算的责任分配，与执行过程的绩效考核，变得非常简单。营运中心与各门店负责销售收入与销售毛利，采购中心负责进配毛利额与采购返利。

3. 酒店业的销售预算编制

酒店业的收入，通常可以分为客房收入与非客房收入。非客房收入包括会议室收入、餐饮出租收入、商业出租收入与娱乐出租收入等。

一般来说，客房收入为酒店业的最大收入来源。客房收入可以简单区分为旺季与淡季的客房收入，淡旺季的开房率与平均房价都有差异，比如一家高端经济连锁酒店的门店客房收入预算为：

$$旺季客房收入 = 客房数量 × 经营旺季月份数 × 30 天 ×$$
$$旺季开房率 × 旺季平均房价$$
$$= 300 × 6 × 30 × 80\% × 400 = 17\,280\,000（元）$$

$$淡季客房收入 = 客房数量 \times 经营淡季月份数 \times 30 天$$
$$\times 淡季开房率 \times 淡季平均房价$$
$$= 300 \times 6 \times 30 \times 60\% \times 320 = 10\ 368\ 000（元）$$
$$合计客房收入 = 17\ 280\ 000 + 10\ 368\ 000 = 27\ 648\ 000（元）$$

为了更准确地预判酒店的客房收入，编制客房收入预算时，可以按照过往经验与历史数据细分到月份，每一个月对应的节假日不同，重要假期与节假日对客房收入影响大，应结合公司的年度营销计划进行编制。酒店的客房收入，还可以依照客户的来源与性质，分为公司客户、旅行社、App 平台与散客等类别，再依照负责的销售经理加以区分。最后，客房依照定位的不同区分为标准房、豪华房、行政套房等。

这样，酒店的客房收入预算可以做成数据库的形式。准备好当年的实际与预测的销售数据，明年的预算可以从各个维度进行比较。

除了客房收入，还有非客房收入。有时酒店经营者为了规避经营风险与法律风险，会尽量把非主营业务分包出租，租金的收入预算比较简单，按照合同进行预测即可。

另外要注意酒店业的一些费用项目具有明显的行业特点。比如，排污费、有线电视收视费、消防器材维保、温烟感探头、电梯维保费用、能源消耗、客房一次性用品、洗涤费用、清洁费用、公共区域大理石保养费用、公共区域地毯清洁保养费用等。

酒店业还有一个非常重要的分析指标，即每间夜的费用效率分析，包括了客用品、棉织品与洗涤费、水费、电费、燃气费等，要精益求精，细致考核。

5.1.2　销售预算的作用

销售预算是预算编制的重中之重。销售预算的作用，总结起来有如下几点。

（1）为销售目标分解与销售绩效考核提供了依据。比如，销售收入来自不同区域与销售经理，销售目标可以分解到区域经理与销售经理，并为未来的绩效考核提供了依据。

（2）为销售分析与诊断提供了数据基础。预算年度的销售收入有详细的数据，加上实际销售数据，可以搭建销售数据库。然后利用数据透视表，可以轻松实现各种角度的销售差异分析。

（3）让销售团队形成提前思考销售计划的习惯。如果销售经理都参与了销售预算的编制，他们就必须提前思考明年的销售计划，考虑明年要开拓哪些新客户，主推什么产品，销售数量会是多少与怎样制定价格等。销售预算与业绩考核是挂钩的，销售经理对销售预算有承诺，会尽其所能实现预算的目标。

（4）为财务分析与 BI 分析提供条件。有了销售预算的数据库，每一个月将实际的销售数据加进来，销售分析团队可以轻松地做各种维度的比较分析，FP&A 也可以用销售数据库做财务分析与 BI 分析，做区分到客户与产品的盈利能力分析。

（5）有助于未来滚动预测的编制。销售部门有了详细的销售预算数据，编制销售的滚动预测也就容易得多。我们甚至可以要求，销售的滚动预测的详细程度与预算一样，让销售团队持续地关注销售的实际进展与滚动预测。有些公司对滚动预测的要求很高，甚至做跨年度的滚动预测，持续预测 12个月或者 4 个季度，这样在启动下一年的预算时就轻松多了。

5.1.3　销售预算的实现与控制

销售预算的实现与控制，要贯穿在每周、每月的日常工作中，具体如下。

第一，销售进展报告要定期公布。

销售进展报告多长时间公布一次比较好呢？很多公司每个月公布一次，在每个月的月初报告上个月的实际销售情况，与预算对比，与去年同期对比。但是，每个月披露一次的报告，只是告知了上个月的实际销售情况，对上个月的销售没有警示与干预作用了。建议每周或每旬报告一次销售进展数据。

以周报为例，报告的内容包括了本月已经过去时间的实际销售情况，加上余下时间的预测销售情况，得到本月的预测销售数字，然后与当月预算对比，差异一目了然。如果本月的预测销售比预算少，管理层及时问责，销售团队还有机会采取行动，进行补救。请参考案例5-5。

○ **案例 5-5**

表5-6是销售周报，以应用市场区分，本月实际累计销售收入，加上本月余下时间可发货订单收入，得到本月预计销售收入，然后与本月预算销售收入对比，得到差异额与差异率：医疗市场的差异率为65%，卫生市场的差异率为16%，而工业市场的差异率为−39%，工业组的销售经理要对负偏差做出解释。不过，从数字上也可以看到，工业销售收入占比少，其偏差并不会造成重大影响。

表 5-6　销售周报

应用 市场	本月实际累计 销售收入 （千美元）	本月余下时间 可发货订单收入 （千美元）	本月预计 销售收入 （千美元）	本月预算销 售收入 （千美元）	差异额 （千美元）	差异率 （%）
医疗	2 192	768	2 960	1 796	1 164	65%
卫生	823	150	973	836	137	16%
工业	73	40	113	186	−73	−39%
其他	24	—	24	5	19	348%
合计	3 112	957	4 069	2 823	1 246	44%

注：因四舍五入，表中合计项会与分项之和略有出入，后同，不再一一标注。

注意，周报还可以披露库存情况与订单情况。产成品库存与未履行订单情况的披露，可以让我们预判销售的前景。如果管理层、销售团队与财务人员每周持续关注销售的进展，就有助于企业实现销售预算目标。

第二，销售与财务分析要及时反馈，销售绩效进展报告要及时公布。

在每个月结完账之后，财务人员要尽快完成销售与财务分析。在月度经营分析会议上，财务人员要给销售团队与管理层提供有价值的数据与分析，同时公布销售绩效进展报告，让每一位销售经理可以清楚知道自己与团队的销售业绩。

第三，要注意销售价格的管理，以及客户信用条件的审批。

销售价格会直接影响到销售利润，客户信用条件的审批会影响到应收账款的管理。销售价格与客户信用条件的管理，一般需要财务部参与，并由财务总监审批。

第四，每个月销售的滚动预测与行动计划。

通过销售与财务分析，了解了已经实现的业绩，也知道企业面临的机会与挑战，进一步再做滚动预测与行动计划。通过滚动预测，我们将今年剩下月份的销售预测，加上过去月份的实际销售，就可以知道本年预计的销售情况。然后与全年的预算对比，判断有没有差距，是否需要采取行动。

5.2　生产预算：生产成本与产成品存货预算

在制造业企业中，生产预算也是重要的预算内容，其覆盖的成本中心也很多。

制造业企业编制预算，是先编生产预算还是先编销售预算？要回答这个问题，需要考虑到公司设备的产能与产品的特点。

如果产能不成为障碍，就是销售预算优先，再配合生产预算。比如生产洗洁精的公司，产能很容易获取或增加，生产预算要配合销售预算。如果产品只能由公司生产，则要考虑产能的限制。生产与销售要协同合作，销售预算要考虑最大产能的限制。

如果产能受限制，生产运营部门就要判断现有设备产能是否能够满足销售预算的需求，若无法完成，需要考虑提高生产能力或修订销售预算。如果生产能力在一个预算年度里无法提高，或者客户无法接受 OEM 代工，就只能修订销售预算的数量。

生产预算是根据销售预算编制的，要满足预算期的销售量，还要考虑期初和期末存货的预计水平，以避免存货积压或存货短缺对销售的影响。生产预算的预计生产量的计算公式为：

预计生产量 = 预计销售量 + 预计期末存货 − 预计期初存货

对于产能的预算，还要关注与生产有关的关键指标，比如产品正品率、设备运转率、生产线的运行速度等。

编制生产预算时，可以做朴素的假设，即假设明年预算要比今年预测做得更好。如果明年预算的指标不及今年预测的表现，就需要生产运营部门做文字解释，解释其判断依据与理由。要求做文字解释，能让各部门负责人更加认真地对待预算。比如，关于 A 生产线的设备运转率，明年预算为 95%，而今年预测为 96%，则下降了 1%，需要生产部门负责人做出文字解释。

生产运营部门的预算内容有很多，主要包括下面几点。

5.2.1   组织机构与岗位配置

在制造业企业中，生产运营部门涉及的成本中心与岗位比较多，人数也多，其组织机构与岗位配置的计划，在编制预算时非常重要。生产部门要与人力资源部门保持紧密沟通，确定明年的人力资源计划，需要增加或调整哪些岗位，什么时候需要，并据此编制生产环节的人工成本。

5.2.2 产能与产量预算表

生产部门依照销售预算，判断每一条生产线或者每一台设备的产能，从运行速度、设备运转率、产品正品率、产量等关键指标进行判断。可参考案例 5-6。

○ **案例 5-6**

ABC 公司运营一条塑料薄膜生产线，影响产量的因素有很多，包括生产线的运行速度（米 / 分钟）、生产线幅宽（米）、产品的克重（克 / 平方米）、每年运行的总时间（分钟）、设备运转率（%）、产品正品率（%）等。

现假设该塑料薄膜生产线的运行速度为 200 米 / 分钟，生产线幅宽为 4 米，产品的克重为 100 克 / 平方米，则每分钟的最大产能为 $200 \times 4 \times 100 = 80\ 000$ 克，即 80 千克。每一年的总运行时间为 $365 \times 24 = 8\ 760$ 小时，等于 525 600 分钟，再乘以 80 千克 / 分钟，得到最大的产能为 42 048 000 千克，即 42 048 吨。再考虑 95% 的设备运转率与 96% 的产品正品率，那么理论上的最大产量为 $42\ 048 \times 95\% \times 96\% \approx 38\ 348$ 吨。

生产能力是由各种复杂的变量决定的，我们需要不断深入了解公司的产品与设备工艺，熟悉各种参数与变量，这样才能够做出恰当的分析与判断，这也是业务意识与业财融合的体现。

5.2.3 生产成本预算

制造业的生产成本预算，包括了直接材料、直接人工、制造费用的预算，以生产线或设备区分，并以成本中心与科目进行进一步区分。生产成本的预算编制，需要生产部门与财务部门通力合作，具体如下。

1. 直接材料预算

直接材料的预算包括主要材料价格、原材料运费与关税、BOM、材料消耗比率、材料回收比率等。我们要了解产品的 BOM，更新产品的材料配方、材料的标准价格与材料消耗比率。

每年伊始，采用标准成本系统的公司，需要调整每一个材料代码的标准价格与每一个产成品代码的标准成本，这会对 1 月的利润表产生巨大影响。假设一家公司的主要原材料的标准价格今年为 10 000 元 / 吨，明年预算提高到 10 500 元 / 吨，每吨增加了 500 元。假设年底的原材料与产成品库存为 10 000 吨，在明年 1 月初进行存货成本重置的时候，会增加 500 万元的存货价值，这将直接给明年 1 月的利润表带来额外 500 万元的利润。相反，如果原材料标准价格降低了，则会给 1 月的利润表带来额外的成本。

请注意，材料成本预算的关键是主要原材料标准价格的变动、材料消耗比率与 BOM 的更新，然后批量更新每个产品的标准材料成本。如果公司没有采用标准成本，可以用同类别平均的材料成本来进行预算编制，需要考虑到主要材料价格的变动、材料构成与材料消耗比率。

2. 直接人工预算

直接人工的预算包括人员编制、工资 / 奖金、加班费、临时用工、福利、培训、招聘费用等。

直接人工的预算要分配到各个产品，生产部门与人事部门要依照各个产品的标准工时、生产量与薪酬福利政策，合作编制预算。

编制直接人工的预算时，我们可以根据下面的公式来计算：

单位工时工资率 = 预计直接人工费用 / 预计全年可利用总工时

或者

　　　　单位产品的直接人工费率 = 预计直接人工费用 / 预计生产量

　　而预算利润表的直接人工等于单位产品的直接人工费率乘以销售数量。可参考案例 5-7。

○ 案例 5-7

　　KMG 公司 2022 年的直接人工预算为 900 000 美元，产量为 20 000 吨，则每单元产品的直接人工费率为 0.045 美元 / 千克。2022 年第 1 季度的销售量为 4 000 吨，则 2022 年第 1 季度的直接人工预算为 4 000×0.045×1000=180 000 美元。

3. 制造费用预算

　　为了便于判断与管理，制造费用可以区分为变动制造费用与固定制造费用。

　　变动制造费用通常包括水电气费用、环保处理费用、维修保养费、包装材料费用、外协加工费用等。固定制造费用通常包括厂房和机器设备的折旧、厂房租金、财产保险费、生产管理人员工资与福利等。固定制造费用支撑企业的生产能力，一旦形成，短期内不会改变。

　　制造费用预算的计算公式：

　　　　预计制造费用 = 预计变动制造费用 + 预计固定制造费用

　　　　　　　　　　 = 预计销售量 × 预计变动制造费用分配率 +

　　　　　　　　　　　 预计销售量 × 预计固定制造费用分配率

　　其中

　　　　预计变动制造费用分配率 = 预计变动制造费用 / 预计的产量

　　　　预计固定制造费用分配率 = 预计固定制造费用 / 预计的产量

　　编制制造费用的预算时，以生产设备或生产线区分更为可靠。另外，如果企业不同产品耗用的工时有很大的差别，则应该用单位工时来分配制造费用的预算。

5.2.4   标准成本更新

如果公司使用了标准成本系统，就需要依照预算的关键假设，更新标准成本。标准成本需要区分到每一个产品代码，假设销售预算也已经区分到产品代码，那么我们在建立销售预算数据库的时候，可以把直接材料、直接人工、变动制造费用与固定制造费用等成本信息整合到一起，成为更有价值的数据库，为明年的财务分析打下坚实的基础。

5.2.5   存货预算

存货的预算和控制，可以使企业以尽可能少的库存量来保证生产和销售的顺利进行。采用精益生产管理的企业，通常会要求尽量减少存货，以达到存货最小化甚至"零存货"的目标。

编制期末产成品存货预算的主要步骤为：首先，计算预计期末产成品存货的数量（预计期末产成品存货的数量＝期初存货＋预计生产数量－预计销售数量）；然后，根据直接材料、直接人工、变动制造费用和固定制造费用的预算，确定产成品单位成本，或更简单地以平均的单位销售成本计算；最后，计算预计期末产成品存货金额（预计期末产成品存货金额＝预计期末产成品存货的数量 × 单位销售成本）。

5.2.6   环境、健康与安全

生产运营部门的人员较多，也经常处于有安全隐患的工作环境下，EHS（Environment、Health & Safety）大概率与生产运营部门有关，把 EHS 指标交给生产运营部门负责更为恰当。

5.3　费用预算：巧用模板与编制方法

费用预算是预算编制里面比较简单的内容，但会占用我们大量时间，因为它关系到所有部门与成本中心，与每一个预算责任人的"切身利益"息息相关，让大家格外重视。

有些企业在刚开始推行预算的时候，只是停留在费用预算，还没有涉及编制利润表，更没有资产负债表与现金流量表。有些部门负责人还把预算误解为"老板批给部门的费用额度"。案例5-8是一个很有代表性的例子。

○ 案例 5-8

笔者曾经在深圳举办公开课，有位学员是负责预算与财务分析的。她服务于一家民营企业，企业下有两个工厂，员工总共为500人左右。在课程中，该女生说她公司的老板对月度财务分析提出越来越"细致"的要求，比如，要求将办公费用区分到部门，然后到人，看每个月的办公费用花在哪个部门、哪些人身上了，财务分析变得非常难，她问要怎么和老板沟通。

笔者对这个问题感到惊讶，问她公司编制预算的内容包括哪些？她的回答是，只有费用预算，老板的概念是，预算是给部门经理的费用支配额度。如果老板的关注点只是停留在费用上，会对费用的区分与管控提出越来越多的要求。但是，对于老板来说，不仅仅要关注费用，更需要关注生产、销售、利润、投资、融资等预算，财务部门应该将更多的预算内容编制出来。如果有了全面的预算内容，月度财务分析的内容更丰富了，老板的注意力就不会仅仅停留在费用分析上了。

其实，作为一家规模不大的公司，没有必要将办公费用区分到部门与个人，改由行政部门统一管理即可。比如办公文具，由行政部门集中采购，部门或者员工直接到行政部门签名领用，该费用的预算与管理由行政部门负责，采购回来立即费用化，没必要采用低值易耗品的管理模式，更没有必要区分到部门与个人，做到总体管控就可以了。

　　编制费用预算，首先要理清费用的概念。我国《企业会计准则》中对费用的定义为：费用是指企业在日常活动中发生的、会导致所有者权益减少的、与向所有者分配利润无关的经济利益的总流出。[⊖]

　　本书的费用预算，目的在于研究与探讨企业发生的各种费用的预算编制，包括了生产环节的制造费用以及期间费用（包括销售费用、管理费用、财务费用与研发费用）。

5.3.1　编制费用预算的原则

1. 尽量以成本中心作为单位

成本中心比部门要小，比如：

营运部门：可以拆分为安全、生产、技术、工程、质量、仓库、供应链等成本中心。

支持部门：可以区分为财务、人力资源、信息技术、采购等成本中心。

业务部门：可以分解为销售、市场营销、客户服务、产品开发、技术服务，也可以按照服务的应用市场进行再细分。

管理层：指集团总部或区域总部管理层，包括总经办、财务、人力、采购、法律等职能部门。

案例5-9是区分成本中心常见的例子。

○ 案例5-9

　　表5-7是一家制造业跨国企业的成本中心代码表，共划分为三十几个成本中心，代码000是Default（即默认值），适用于不需要进行成本中心划分

⊖　来源：https://www.casc.org.cn/2018/0815/202818.shtml，《企业会计准则——基本准则（2014）》。

表 5-7　成本中心代码表

代码	Description	描述	代码	Description	描述
000	Default	默认	470	HR	人力资源
191	Line 1	一线	471	Finance	财务
192	Line 2	二线	472	Business Information	信息技术
193	Line 3	三线	502	Marketing - Industrial	市场营销 - 工业
194	Line 4	四线	503	Marketing - Hygiene	市场营销 - 卫生
199	Outsourcing	外加工	504	Marketing - Healthcare	市场营销 - 医疗
405	QA	质量保证	505	Marketing - Management	市场营销 - 管理
410	Tech Services	技术服务	566	Sales - Industrial	销售 - 工业
415	GM office	总经理办公室	567	Sales - Hygiene	销售 - 卫生
418	Stockroom	仓库	568	Sales - Healthcare	销售 - 医疗
420	Continous Improvement	持续改进	569	Sales - Management	销售 - 管理
425	Manufacturing Mgmt.	生产管理	575	Customer Service	客户服务
430	Maintenance Engineering	工程维修与保养	735	R&D Center	研发中心
435	Purchasing	采购	805	Asia Finance	亚洲财务中心
440	Planning	计划	810	Asia IT	亚洲 IT
445	Supply Chain Mgmt.	物流	820	Transition/Restruct	过渡／重组
450	Process Engineering	技术工艺	826	Admin- Asia	亚洲行政中心
455	EHS	环境健康安全	827	Asia Purchasing	亚洲采购
461	Admn.	行政			

的费用项目，代码 1 开头的是生产环节的成本中心，以生产线区分，代码 4 开头的是工厂级别的生产管理与支持部门，包括了工厂级别的质量保证、技术服务、仓库、生产管理、工程维修与保养、采购、计划、物流、技术工艺、行政、人力资源、财务、信息技术等，代码 5 开头的是市场与营销职能，代码 7 开头的是研发中心，代码 8 开头的是亚洲区总部的职能部门，包括财务、IT、行政、采购等。

在这个例子里，工厂级别的管理与支持职能部门，比如行政、人力资源、财务与信息技术都是计入固定制造费用，而不是管理费用。管理费用只记录区域总部的管理部门的开支，即代码 8 开头的成本中心。

每一家公司都要按照自己的管理架构，在编制费用预算的时候，确定适当的成本中心。

区分了成本中心后，我们要统一费用预算的模板，以方便汇总与分析。负责编制预算的 FP&A 或其他财务管理人员，需要提供费用预算的模板。费用预算模板以科目区分，并满足各成本中心的需求。另外，财务部要提供 1 ~ 9 月的实际数给各成本中心参考，各成本中心需要加上第 4 季度的估计与明年的预算，并以月份区分。案例 5-10 可以作为参考。

○ 案例 5-10

图 5-4 为生产部门（成本中心代码 10001）的费用预算，以科目区分（因为篇幅限制，只显示部分内容），并以月份区分，包含了 1 ~ 9 月的实际数，10 ~ 12 月的估计，2021 年的预测，2022 年的预算（也以月份区分），然后将 2022 年的预算与 2021 年的预测对比，计算出预算变动金额（货币单位为千元）与预算变动率。

在费用预算模板的右边，FP&A 可以要求凡是预算变动超过 50 000 元而且预算变动率超过 5% 时，需要做出文字解释。要求进行文字解释，可以让

	A	B	C	1~9月实际数				10~12月估计			P	Q	R	S	T	U
	成本中心名称	成本中心代码	预算科目	1月 (D)	2月 (E)	...... (K)	9月 (L)	10月 (M)	11月 (N)	12月 (O)	预测 2021年 (a)	预算 2022年 (b)	预算变动 (c=b-a)	预算变动率 (%)	2022年预算说明（预算变动超过50000与5%）	提醒
6	生产部	10001	测试材料	8.13	8.13	8.13	8.13	8.13	8.13	8.13	97.50	100.00	2.50	2.6%		
7	生产部	10001	低值易耗品	48.75	48.75	48.75	48.75	48.75	48.75	48.75	585.00	600.00	15.00	2.6%		请做出文字解释
8	生产部	10001	电费	2 206.75	2 206.75	2 206.75	2 206.75	2 206.75	2 206.75	2 206.75	26 481.00	27 963.94	1 482.94	5.6%	产量增加了6%	请做出文字解释
9	生产部	10001	水费	162.50	162.50	162.50	162.50	162.50	162.50	162.50	1 950.00	2 059.20	109.20	5.6%	产量增加了6%	请做出文字解释
10	生产部	10001	燃气费	1 300.00	1 300.00	1 300.00	1 300.00	1 300.00	1 300.00	1 300.00	15 600.00	16 473.60	873.60	5.6%	产量增加了6%	请做出文字解释
11	生产部	10001	工具维修费	48.75	48.75	48.75	48.75	48.75	48.75	48.75	585.00	600.00	15.00	2.6%		
12	生产部	10001	化学用品	325.00	325.00	325.00	325.00	325.00	325.00	325.00	3 900.00	3 925.00	25.00	0.6%		
13	生产部	10001	试验用品	130.00	130.00	130.00	130.00	130.00	130.00	130.00	1 560.00	1 600.00	40.00	2.6%		
14	生产部	10001	体系认证费	-	-	-	48.75	-	39.00	-	112.13	112.00	-0.13	-0.1%		
15	生产部	10001	技术服务费	975.00	975.00	975.00	975.00	975.00	975.00	975.00	11 700.00	11 800.00	100.00	0.9%		

图 5-4　费用预算例子

预算部门或成本中心负责人更认真对待预算，从而提高预算的质量。为了更好地做出提醒，在模板上可以采用 IF 函数。

如图 5-4 所示，电费、水费与燃气费的预算变动超过了 50 000 元，而且变动比率超过了 5%，解释为"产量增加了 6%"，这是非常有说服力的理由。

2. 区分变动成本与固定成本

为了判断成本与费用的合理性，对于每一个费用科目，要尽量区分为变动成本与固定成本[⊖]。变动成本，通常跟业务量（生产量或销售量）成正比例关系。此时，变动成本项目的预算要密切关注数量，尽量采用弹性预算法。

不过，有些变动成本不一定完全与数量关联，可能是混合成本，但会计在实际工作中，习惯将它归为变动成本。比如工厂的电费，一部分是按照申请的容量收取的固定电费，另一部分是按照实际消耗的电量来计量的变动电费。在做费用预算的时候，如果我们将电费区分为两个科目——固定电费与变动电费，就更为直观了，也便于未来做电力效能分析。

有些变动成本越来越接近固定成本，比如直接工人的工资、机器设备的维修保养费用。随着时代的发展，经济发展模式的转型，直接工人的工资收入越来越固定了，盛行计件工资的行业逐渐衰落或迁移。机器设备的维修保养费用，与生产量没有直接关系，只要开机，就会产生维修保养的开支，也是相对固定的。

3. 区分各个费用科目的计算基础

在编制费用预算时，我们还要知道每一个费用科目背后的计算基础是什么，然后判断其编制逻辑。编制费用预算时，可能用到的计算基础包括以下几个。

生产量：与生产量直接有关的成本与费用，包含原材料、包装材料、能

⊖ 这里的变动成本与固定成本是广义的概念，除了生产环节的成本，还包括期间费用。例如，运输费用与销售量成正比例关系，就视为变动成本。

源、水气、外协加工等。编制这些费用预算时，我们要看每单元产品的成本与费用是多少，与本年的预测对比如何，然后再做判断。

销售量：与生产量相似，销售量也会直接影响某些成本与费用项目。比如在利润表中，一些销售成本的明细科目，包括直接材料、直接人工、变动制造费用等，多与销售量相关。比如运输与仓储费用就与销售量密切相关。

销售收入：有些费用与销售收入有关联，比如销售环节的税费、市场促销费用、销售提成与奖励等。

员工人数：工资与福利，以及一些行政开支、福利费、各种补助费用，与员工人数有关系。比如饭堂费用与交通补贴与员工人数有密切关系。

平均加薪比例：在编制工资与福利预算时，从公司管理层决定的平均加薪比例，可以判断公司的工资与福利的开支是否恰当。

各种福利与补贴标准：比如社保、公积金、出差、住宿、业务招待、通信、交通等，需要在编制预算的时候确定其标准，注意预算标准是否有变化。案例 5-11 是一个典型的例子。

○ 案例 5-11

某公司行政部编制 2022 年的预算，其中饭堂费用的预算比 2021 年增加了 15%。财务部需要行政部对这个变化做出文字解释。行政部应该如何解释？

从财务角度来看，饭堂餐饮是由外部的服务商提供的，饭堂费用最终是由员工的人数与餐费决定的，相当于数量与价格两个因素。然后，比较 2021 年实际与 2022 年预算的员工人数的变化。最后，检查 2022 年预算是否调整了餐费的标准。

如果行政部门能够这么解释，就有充分的理由：

1. 以每个月的平均人数计算，2022 年预算的员工人数比 2021 年增加10%。

2. 鉴于猪肉价格的上涨，供应商成本压力巨大，公司同意从 2022 年 1 月开始增加 5% 的餐费标准。

预算合计增加 15%。对于这样的解释，财务部会非常放心，也会认为行政部在编制预算的时候，很认真可靠。

请注意，很多的费用预算科目，都可以追踪到数量与价格的变化。费用的增减，通常都是数量与价格两个因素交互作用的结果。各成本中心编制费用预算时，可以采用这个角度来进行分析与解释。

5.3.2   编制费用预算的方法

编制费用预算时，我们可以依照不同的费用特点进行分类，比如区分为变动费用、标准费用、约束性费用、选择性费用与项目型费用，然后选择适当的预算编制方法（可以参考 3.2 节）。

1. 变动费用

变动费用是与当期生产量、销售量或销售收入成正比例关系的费用项目，如包装材料、能源、运费、保管费、促销费等。可以用弹性预算法判断单元产品的费用或者费用率是否合理。在明年实际执行时，通过观察单元产品的费用或者费用率，与预算对比，发现差异并调查原因。

举个例子，工厂的变动电费是和产量有直接关系的，要注意观察单元产品的变动电费有没有偏差。如果变动电费增加了 15%，而产量也增加了 15%，就可以判断电费没有问题。如果变动电费减少了 5%，但是产量减少了 10%，就需要进一步调查原因。

2. 标准费用

标准费用是根据公司制度规定了支出标准的费用，比如业务招待费、饭堂费用、通信补贴、交通补贴、员工福利等。这种费用通常与员工人数有关，可以依照增量预算法来编制。比如，编制通信补贴预算时，关注领取补贴的人数，以及当年的补贴标准的变化。

3. 约束性费用

约束性费用是由长期决策形成的固定费用项目，其特点是在短期内很难改变金额的大小，如固定工资、折旧费、厂房租金、办公室租金、财产保险等费用。

对于约束性费用，可以采用固定预算法，或者增量预算法。比如厂房租金，如果没有调整合同，就可以用固定预算法，采用当年的实际数字。对于折旧费用，要注意明年预算是否有新增的固定资产项目，以及明年到期的固定资产，可使用增量预算法。

4. 选择性费用

选择性费用是由短期决策形成的固定费用项目，如会议费、修理费、办公费等。如果公司的业务比较稳定，对这种费用的预算，可以采用固定预算法。比如对于办公费用，如果人员比较稳定，采取固定预算法更为合适。

5. 项目型费用

项目型费用是以项目形式存在的费用，通常与企业的长期销售业绩有关，如广告费、研发费、咨询费等。对于项目型费用，应该使用零基预算法。

采用零基预算法，不是以过去实际数字作为判断的关键依据，而是看公司想实现什么样的目标，需要投入多少资源。比如，明年采用全新的广告营销方案，广告费预算完全不是基于今年的数字。假如广告的形式从电视转向了社交平台，广告费可能节省很多，也可能大幅增加。对于财务人员来说，很难判断投入多少广告费才恰当。除非有非常充分的理由，否则我们不应该阻止采用新的广告营销方案，我们应该从财务角度提供必要的支持。

当然，这些项目型费用的金额巨大，一旦出了问题，会有重大影响。因此，在实际执行的时候，要特别关注，为每一个项目的开支编制定期进展报告，防止项目严重超支。

5.3.3　费用预算控制的要点

在预算得到董事会与总部批准之后，如何管理与控制费用预算，变得非常重要。下面是费用预算控制的要点总结。

1. 确定费用控制的范围

在预算的执行过程中，费用预算的管控，只是预算管理的一部分，但是会占用很多时间，也制造了很多冲突。确定费用控制的范围非常重要。

请注意，不是所有的费用都需要财务人员盯得紧紧的，而是要关注重点，要关注容易失控的，或者容易出现腐败的开支。比如，在制造业企业里，维修保养费用特别容易出问题，若难以控制外购的零备件与维修服务的成本费用，也容易滋生腐败。有些企业对外购零备件的会计处理是一次性费用化，将实物存放在仓库，账面上已经没有价值。这样的处理方式，让申请部门更为谨慎，一旦采购入库，就立即费用化，需要耗用其预算配额。但不好的是，容易被设备维护部门利用，比如今年业绩很好，就故意建立大量的零备件库存，留到下一年度使用。财务人员要特别关注，采取严苛的管理方法，将控制的节点放在采购申请上，然后从总量进行控制，保证全年的预算不会超标。

另外，财务部门不要太关注某些费用，比如电费，不需要进行事先控制。通常来说，生产管理部门会密切关注该费用，财务人员每个月检查与分析电费的消耗即可。

费用的管控过程，要花费人力成本，也会降低工作效率，因此我们需要平衡。有些企业对所有费用都进行严苛的管理，如果某个费用超标了，就要得到总经理的特批，或者采用专门的软件来控制费用。这样的控制方法，看似有效，但牺牲了效率，增加了成本，还会失去弹性，让各职能部门的负责人，过度依赖系统的控制，逐渐失去自己的判断力。

我相信，企业推行全面预算管理，要让每个管理者，都清晰了解自己的预算目标与责任，又要赋予其一定的灵活性，这样才能建立企业的信任文化与预算理念。

2. 确定费用控制的标准

预算费用的控制标准是，确定费用总额或者逐项进行控制的标准。对于一些发生频率较低，但是非常重要的费用，要逐项进行审批，相反，则应进行总额控制。比如对于项目型费用，要逐项审批，甚至需要预先提交可行性报告，得到审批之后项目才能启动。

确定控制的标准，包括对不同的费用确定不同的审批标准。比如，对于个人费用的报销，必须得到上司的批准。一个销售总监即使只报销 200 元的餐费，都要经过其直接上司的批准。

对于费用的审批，通常需要确定各级管理人员的审批权限。比如，对于购买零备件，需要设备工程师在系统里进行采购申请。金额在 2 000 元以下的，由工程部经理审批，2 000 ~ 10 000 元的，由生产总监审批，超过10 000 元的，需要得到总经理的审批。这些审批权限与标准可以在 ERP 系统中进行定义，并作为公司制度正式公示，相关部门与员工也不会有争议。

3. 使用不同的控制方法

对于不同的费用，应该采取不同的控制方法。依照控制的先后，费用控制的方法可以区分为事前控制与事后审批。

事前控制需要在费用发生之前做批准，比如上述的维修保养费用，需要先进行采购申请，获得批准后才可以做采购订单，这属于事前控制。再比如项目型费用，在启动该项目的时候，需要编制可行性分析报告，得到批准之后才能开始下订单执行。事前控制的方法，适合那些重要且容易失控的费用。

事前控制往往需要启动 ERP 系统的审批功能，或者开发与 ERP 系统进行对接的软件，每次申请的时候，可以与预算进行匹配。申请人填表格的时候，可以自行查询可用的预算额；递交时，系统会判断是否可以递交，是否需要特别的审批；审核时，审核人也可以了解费用预算的使用情况。但要注意，不是所有的费用都要用事前控制，也不要过度依赖系统的控制。

事后控制，是在费用发生之后，申请报销或付款时，财务人员利用报销或付款环节以及每个月的进展报告进行控制。这些费用通常经常发生，但不是非常重要，可以接受总量控制，在不同的会计月份里进行调整。比如，水电费、办公费用、差旅费、业务招待费等，可以考虑用事后控制。

5.3.4   费用预算控制的几点经验

第一，要控制员工人数。

很多的费用来自员工，员工的增加，会直接增加工资与福利费用，也会间接增加某些费用，比如办公室、交通、餐饮、通信费用等。不要轻易增员，即使是在公司扩大产能的情况下，也不是所有部门都需要增加人员。

比如，公司增加一条生产线，产能扩大了一倍，生产线的现场操作工人可能需要增加一倍，但是生产管理人员与销售人员不需要增加一倍，或许增加 30% 即可。而采购、人力资源、财务等支持部门，不增加人员，也可能可以满足企业的经营需要。

第二，通过不断改造流程，可以提高效率，减少成本与费用。

实行了精益生产的企业，流程改造无处不在，企业可以通过精益项目进行改善，提高效率，从而减少人员。笔者曾经服务的一家跨国企业的苏州工厂，其产能在 4 年时间里增加了两倍，但是笔者领导的财务部通过不断改造流程，在人员配置不变的情况下，也能够满足工作的要求。

第三，保持预算管理的灵活性，提倡信任文化。

费用管理应该保持一定的灵活性，不能一刀切。如果费用无论大小，都要经过总经理审批，或者管理过度细化，就会提高成本、降低效率，甚至阻碍企业的经营与发展。要注意保持一定的灵活性，提倡信任文化，让每一位管理者都有主动性与责任感，依靠自己的专业判断，进行预算的管控。

第四，要注意费用的投入与产出控制。

财务人员有个通病，会把自己当成企业的"管家婆"，把公司财务错误地视为家庭理财，对每一笔费用的支出都会"心如刀割"，以为节省的费用都会变成企业的利润，然后习惯性地质疑与为难花钱的部门，最后把自己逼成一个吝啬的财务管理者。

实际上，这是一个很大的误区。财务管理者不是"管家婆"，而是要给企业创造价值的。笔者在念大学的时候，有一门名为"西方财务管理"的课程，教科书里的一句话让笔者印象特别深刻：越吝啬的财务管理者，会给企业制造越困难的财务状况。我们要切记，财务管理的关键是给企业创造价值，如果费用的支出能够带来额外的产出，产出大于支出，财务要大力支持。

第五，及时公布费用进展报告，让部门或成本中心负责人清楚了解费用进展情况。

财务人员要铭记，我们一般需要主动给各部门或成本中心提供费用进展报告，报告包括了本月、本年累计数字，以及与预算的对比。部门或成本中心负责人了解费用进展，在审批的时候，他们可以进行必要的干预与控制。

第六，可以采用第三方的服务平台来提高管理效率。

有些费用涉及的人数很多，费用的性质又很复杂，可以采用第三方的服务平台进行管理。虽然第三方服务平台需要收费，但是这会减少企业的管理成本，提高效率。比如在一家企业中，每个月有超过 1 000 人次的差旅费用报销，如何处理这些费用的报销报告与原始票据，是财务人员特别头疼的工作，将这个工作交给差旅管理服务平台，可以事半功倍。

5.4　资本支出预算：投资活动现金流量的关键项目

资本支出，是指企业为取得长期资产而发生的支出，或为了取得为一个以上会计期间提供效益的财产或劳务所发生的支出。资本支出预算主要包括下面几种情形：

- 房屋、机器设备的购置费。
- 为延长设备使用年限或提高设备性能而支出的重要改造费用。
- 购建无形资产和其他长期资产所支出的费用。

前面两种属于在建工程或固定资产科目。最后一个为无形资产或其他长期资产，最常见的是作为无形资产的土地使用权。相应地，还有固定资产的累计折旧与无形资产摊销的预算。

资本支出预算非常重要，因为金额巨大，属于投资活动的关键项目，对企业未来一年的现金流量构成重大影响。在预算中，要对期初现金流量与未来的经营活动产生的现金流量进行预测，并判断现金流量能否满足投资活动的需求。如果无法满足投资活动的需求，则需要进行融资，以满足资本支出预算的需求。

比如，一家公司估计年底结存 1 亿元的现金流量，明年可以产生 5 亿元的经营活动现金流量净流入，并计划明年需要资本支出预算 8 亿元，现金流量的缺口为 2 亿元，假设需要保留 0.5 亿元作为安全现金余额，就需要融资 2.5 亿元（1+5-8-0.5 = -2.5 亿元）。这是一个汇总的数字，落实到季度甚至月份，需要更详细的预测，预测每一次融资的时间与金额。

编制资本支出预算时，首先要划分收益性支出与资本性支出。收益性支出是指受益期不超过 1 年或一个营业周期的支出，即发生该项支出仅仅是为了取得本期收益；资本性支出是指受益期超过 1 年或一个营业周期的支出，即发生该项支出不仅是为了取得本期收益，也是为了取得以后各期收益。收益性支出要费用化，属于利润表项目，资本性支出要资本化，记录在资产负债表。另外，为了简化，收益期超过 1 年的低额资本支出会直接费用化。

在资本支出的项目中，最为常见的是固定资产。确定固定资产的标准虽然非常简单，却一直在困扰着财务管理人员。

在《企业会计准则》中，固定资产是指同时具有下列特征的有形资产：

（一）为生产商品、提供劳务、出租或经营管理而持有的；

（二）使用寿命超过一个会计年度。使用寿命是指企业使用固定资产的预计期间，或者该固定资产所能生产产品或提供劳务的数量。

显然，《企业会计准则》对固定资产认定并没有制订金额标准。是否认定为固定资产，主要判断依据是使用周期与持有目的。使用周期需要超过一个会计年度，持有目的是生产经营。比如房屋，对于房地产开发企业来说，在建的或持有的目的是出售，就不属于固定资产，而是存货（包括二级科目"完工开发产品"与"在建开发产品"）。对于生产型企业，房屋则通常为生产场所，应视为"固定资产"或"在建工程"。同样的道理，对于持有的土地，房地产开发企业视为存货，记录在二级科目"拟开发土地"，而生产型企业的土地则为无形资产。

在实际工作中，很多公司采用 2 000 元或 5 000 元作为固定资产的认定标准，前者常出现在会计的教材里，很多企业会计依照执行了；后者是税法里规定的允许作为一次性计入费用的固定资产支出的金额标准。国家税务总局的文件规定，2014 年 1 月 1 日起，对所有行业企业持有的单位价值不超过 5 000 元的固定资产，允许一次性计入当期成本费用，在计算应纳税所得额时扣除，不再分年度计算折旧。[⊖]

没有具体金额的严格规定，企业可以依照自己的规模与行业的特点，结合企业的背景与规模，来制订适当的固定资产认定标准。

显然，2 000 元的标准实在是太低了。标准过低时，办公室常见的打印机、笔记本电脑，甚至一张桌子都会是固定资产，盘点固定资产的时候会很麻烦。笔者建议，一般企业可以考虑采用 5 000 元的金额标准，规模大的企业可以考虑采用 10 000 元的金额标准。提高了标准后，多数的小设备与工具被直接费用化，固定资产清单的数目将锐减，从而减少管理成本，符合会计的成本效益性原则。

案例 5-12 是笔者推动的一次变革，是将固定资产的认定标准大幅度提高的真实例子。

○ 案例 5-12

笔者曾经在广东佛山一家美资企业担任财务总监，原来的固定资产认定金额标准是 2 000 元人民币，但是美国总部的认定标准是 10 000 美元，差异太大了。然后，每个月交给美国总部的财务报表，需要在中国的报表上加调整分录，以满足总部的会计政策。固定资产清单的维护，由此变成两份。ERP 系统中的固定资产是符合中国报表的认定标准的，在系统外还要人工维护一份符合总部标准的固定资产清单，并据此分别计算累计折旧与编制调整分录，非常麻烦。

⊖ 来源：《国家税务总局　关于固定资产加速折旧税收政策有关问题的公告》。

　　为了尽量避免中美财务报表之间的差异，笔者开始大胆地推动变革。

　　首先，笔者征得了本地总经理的理解与总部财务部的支持，同意将中国报表的固定资产认定标准也定为 10 000 美元。

　　其次，与当地税务局沟通，表明为了提高管理效率，在该年 12 月底，依照 10 000 美元的固定资产认定标准，将现存的原值低于 10 000 美元的固定资产项目的余额，做固定资产清理，列入当年的成本与费用。然后，从次年 1 月开始启用 10 000 美元的固定资产认定标准。税务局的对口办税员对这个要求感到很新奇，但他们知道我们是一家依法纳税的企业，而且调整也不构成重大影响，没有提出异议。

　　次年 1 月，国际事务所的审计师在审计过程中，发现了固定资产认定标准的改变，对此提出了异议。笔者解释，这个改变并没有违反会计准则，内部得到了总经理与总部的书面同意，税务局也没有反对意见，程序上没有问题，而且上一年 12 月的固定资产清理并不构成重大影响，不需要进行纳税调整。经过沟通，审计也没有再提出异议。

　　顺利解决了这个问题之后，不再需要为固定资产与累计折旧维护两套报表了，固定资产的管理与盘点也变得轻松很多。

　　公司确定了固定资产的认定标准之后，各部门在编制预算的时候，就能判断某项支出属于资本性支出还是费用性支出。比如，IT 部门预计明年要购置 50 台笔记本电脑，单价约为 5 000 元，如果固定资产的认定标准刚好为 5 000 元，笔记本电脑刚好在边缘区域，就要特别注意。如果为了简化管理，尽量将笔记本电脑的成本费用化，就要采购单价低于 5 000 元的笔记本电脑。

　　资本支出预算的编制，要以项目的性质与金额大小区分为不同类别，以及定义好项目的地区、地点、项目描述、资本支出计划（金额）、类别、优先次序等。表 5-8 是一个实际应用例子。

表 5-8　资本支出预算汇总表

地区	地点	项目描述	2022 年资本支出计划	类别	优先次序
亚洲	山东	卫生产品生产线	60 000 000	战略项目	高
亚洲	广东	研发实验生产线	7 200 000	战略项目	高
		小计	67 200 000		
亚洲	广东	项目 A	1 800 000	可持续发展项目（金额大于或等于 30 万美元）	高
亚洲	广东	项目 B	350 000	可持续发展项目（金额大于或等于 30 万美元）	高
亚洲	江苏	项目 C	1 500 000	可持续发展项目（金额大于或等于 30 万美元）	中
		小计	3 650 000		
亚洲	广东	项目 1	60 000	可持续发展项目（金额小于 30 万美元）	高
亚洲	江苏	项目 2	250 000	可持续发展项目（金额小于 30 万美元）	高
亚洲	江苏	项目 3	150 000	可持续发展项目（金额小于 30 万美元）	中
亚洲	江苏	项目 4	75 000	可持续发展项目（金额小于 30 万美元）	高
亚洲	广东	项目 5	80 000	可持续发展项目（金额小于 30 万美元）	高
亚洲	广东	项目 6	65 000	可持续发展项目（金额小于 30 万美元）	高
亚洲	江苏	项目 7	20 000	可持续发展项目（金额小于 30 万美元）	中
亚洲	广东	项目 8	40 000	可持续发展项目（金额小于 30 万美元）	中
亚洲	江苏	项目 9	59 000	可持续发展项目（金额小于 30 万美元）	中
		小计	799 000		
		合计	71 649 000		

如表 5-8 所示，编制资本支出预算，要注意以下要点。

（1）将资本支出的项目进行分类。资本支出项目可以区分为战略项目与可持续发展项目，前者为重大项目，通常金额巨大，建设期长，跨年度是常见的，比如建设一个新的工厂。战略项目在启动的时候，需要编制严格的可行性分析报告，并得到董事会的批准。可持续发展项目则为购置小型设备，或技术改造项目，金额比较小，一般在预算年度里可以完工，并根据企业的规模，设定不同的金额标准。比如，可持续发展项目以 30 万美元区分，对于金额大于或等于 30 万美元的项目，在启动的时候需要编制可行性报告，并得到总部的批准；对于金额小于 30 万美元的项目，如果预算已经得到审批并被列入资本支出项目清单，项目启动时由地区的总经理直接审批即可，以提高效率。但如果没有在预算的资本支出项目清单里面，即使一个金额只有 1 万美元的项目（如案例 5-12，假设固定资产的认定标准为 1 万美元），都要经过总部的审批。经过这样的分类与严格要求，可以让各预算单位更加认真对待资本支出的预算，提高预算意识。

（2）依照预算报表的编制要求，将资本支出预算按季度或月度区分。如果预算的资产负债表与现金流量表按季度区分，则资本支出预算区分到季度即可。负责工程项目投资的团队，要做好项目预算支出的时间计划表，财务人员提供必要的支持，并做好相应的融资计划。

（3）当资本支出项目开始推进的时候，财务部至少每个月要更新项目进展报告，列明每个项目本月与累计的总支出与明细支出。如果战略项目的实际支出超出预算的金额达到设定的比例，就要求项目经理或项目总监进行文字解释，并进行特殊审批申请，特殊审批通常需要得到总部管理层的同意。

5.5　财务报表预算：搭建模型以实现三大报表的美妙关联

编制预算的三大财务报表，对于 FP&A 来说，是一个非常大的挑战。如果企业使用 ERP 系统或预算软件编制预算，财务报表可以自动生成。但是，大部分的企业还必须依靠 Excel 来开发预算财务报表。

编制预算财务报表，要确定总部与管理层要求编制哪些财务报表。最为简单的预算财务报表，可能只有利润表，那么只需要聚焦于营业收入、成本与费用的预算。对财务管理要求比较高的企业，除了利润表，还有资产负债表与现金流量表，三大报表缺一不可。

如果总部需要三大报表预算，会提供报表的模板，但并不是一个完整的财务模型。这需要我们将三大财务报表开发成财务模型，让关键假设与三大报表的科目之间建立美妙的关联，实现资产负债表的自动平衡与现金流量表的自动更新。

这个财务模型非常有代表性。如果你有能力顺利搭建这个模型，则足以证明你对会计报表的理解很透彻，达到融会贯通的程度。编制三大财务报表预算，需要注意下面几个问题：

（1）管理层团队最关心哪个报表？多数管理层最关心的是利润表，因为利润表体现了经营绩效，比如营业收入与利润，也反映了成本与费用的预算目标。

（2）最为重要的是哪个财务报表？显然是现金流量表。现金流量是企业的血液，重要性大于利润，这是财务管理的基本常识。预算现金流量表的编制自然是不可或缺的。但现状是，很少有财务人员能够编制出完整的预算现金流量表。

（3）财务负责人应该对哪个报表负责？是资产负债表。这似乎是一个有争议的问题。对于利润表，财务负责人的影响力是有限的，业务收入来自销售部门，业务成本与经营费用则来自各职能部门，这些都需要总经理来协调与控制。实际上，资产负债表是三大财务报表的主表，综合反映了企业的财务状况，利润表与现金流量表只是它的明细报表，前者是本年利润的明细，后者是货币资金的明细。总经理与管理层主要关注利润表，只有财务负责人，才有意识也有能力管理好资产负债表。案例 5-13 可以帮助我们理解资产负债表的重要性。

○ **案例 5-13**

笔者曾经在一家外资企业服务，有一年总部的 CFO 将满 65 岁，准备退休了。在退休之前，他写了一封邮件给全球的财务总监，作为他在退休之前的忠告。其中第一条是：As a financial leader, you should always focus on balance sheet management（作为一位财务领导者，你必须始终聚焦在资产负债表的管理上）。这是一位财务老人留下的忠告。

在他担任 CFO 期间，特别重视资产负债表管理，每个月结完账之后，他会带领总部的财务高管，与各地区、各工厂的财务总监，逐一召开电话会议，会议的主要目的是审查资产负债表各科目的明细、借贷方发生额、金额变化的原因。审查的科目包括了应收账款、坏账损失准备、存货、存货损失准备、应付账款，还有通常不被重视的科目，比如其他应收款、其他应付款、应交税金、长期应付款、应收关联公司、应付关联公司等。因此，每一位财务总监都必须密切关注与加强资产负债表及其明细的管理，才能够在电话会议里应对总部财务高管的刁钻提问。

经过连续几年的资产负债表管理，整个集团的财务风险指标不断改善。依照与合作银行的贷款协议，贷款利率随着财务风险的降低而逐步降低，从而为整个集团节省了大量的财务费用。

5.5.1 预算利润表的编制

请注意，预算财务报表是为了满足管理的需要，属于管理报表。对于管理报表的结构设计与科目名字，可以大胆创新。比如，资产负债表的标准科目太多了，在设计管理报表时，可以只保留适用公司的科目，让报表变得简单，容易阅读。

对于利润表的编制，笔者的经验是"不怕细分"，利润表里面的销售收入、销售成本与费用科目要进行细分。

划分销售收入时，为了方便阅读与获取信息，可以将其区分为三个科目：贸易销售、关联销售与销售扣除。贸易销售为企业从非关联方取得的销售收入，关联销售则为企业从关联公司取得的销售收入，区分开来是为了便于总部编制合并报表。有些企业没有关联交易，则把销售收入区分为内销与出口，也是可以的。销售扣除包括了现金折扣、数量折让等。

销售成本的划分，要考虑不同行业的特点。我们以制造业为例，销售成本可以区分为直接材料、直接人工与制造费用，制造费用又可以区分为变动制造费用与固定制造费用。

如果采用标准成本，直接材料还可以继续细分为标准直接材料、采购价格差异（PPV）与材料消耗差异（MUV），直接人工可以区分为标准直接人工与直接人工差异，变动制造费用可以区分为标准变动制造费用及变动制造费用差异，固定制造费用可以区分为标准固定制造费用、固定制造费用差异以及生产数量差异。

在编制预算利润表的时候，预算值会被视作标准值，在编制预算的时候通常不考虑各种成本差异科目。预算的销售成本，主要是直接材料、直接人工、变动制造费用与固定制造费用。固定制造费用还可以区分为折旧费用与其他固定制造费用。

目前国内利润表的常见格式，将主营业务税金及附加单列，主营业务收入减去主营业务成本与主营业务税金及附加，得到主营业务利润。

利润表的期间费用包括销售费用、管理费用、研发费用与财务费用。为了方便判断，可以将销售费用的运输费用单列。由此，可以把期间费用区分为销售与营销、运输费用、管理费用、研发费用、财务费用。

要注意财务费用是否要放在营业利润前面。在国内的会计报表中，财务费用会被放在营业利润前面。但在外资企业，会把财务费用放在营业利润后面。

总之，在编制预算的时候，利润表格式的设计，应该符合公司的业务模式与管理需要。标准的报表是用来审计与纳税申报的，而不是用来做分析与判断的。我们要敢于创新，让预算的财务报表格式更能满足管理的需要，并便于分析与判断。

○ **知识点**

主营业务收入是指企业经常性的、主要业务所产生的基本收入。主营业务是企业主要收入来源，比如，钢铁企业靠销售钢材取得收入，制药企业靠卖药取得收入，商品批发企业靠出售商品取得收入，以及旅游服务业的门票收入、客户收入、餐饮收入等。

其他业务收入是指企业主营业务收入以外的所有通过销售商品、提供劳务及让渡资产使用权等所形成的经济利益的流入，如材料物资及包装物销售、无形资产转让、固定资产出租、包装物出租、废旧物资出售收入等。

营业外收入是指与企业生产经营活动没有直接关系的各种收入，是由企业非日常经营活动产生的，偶尔发生。典型的例子是接受政府补贴、企业处置固定资产取得的收入。

可以参考笔者在一家跨国企业负责编制预算时用到的预算利润表的模板：

（1）利润表分为三组，分别为当年预算、当年实际加预测与明年预算。比如，你要编制 2022 年的预算，需要准备三组利润表：2021 年预算、2021 年实际加预测以及 2022 年预算。假设企业持续做预算，就会有 2021 年预算。2021 年实际加预测是当年实际月份的利润表加上剩下月份预测的利润表，构成了当年的利润表。

要确定好当年预测的版本，比如当年 10 月上旬编制的 10～12 月的滚动预测利润表，加上当年 1～9 月的实际利润表，构成了当年的预测利润表。然后，把当年的预测利润表更新到预算的模型里面，不再修改。即使到 11 月有新的预测利润表，也不再更新了。

（2）三组利润表，分别需要区分到月份与季度，总共有 36 个月与 12 个季度的数字，这样的利润表看起来列数很多，感觉很庞大，但是只要结构清楚，工作并不困难。

如表 5-9 所示，三组利润表中每一组还包含了每单元产品的数字，这些数字便于对比与分析。对比明年预算利润表与当年预测利润表时，如果只对比绝对值，很难发现问题，而对比每单元产品的价格、原材料成本、制造费用、运费，很容易发现问题。

（3）利润表从上到下又分为三部分。第一部分为利润表的汇总部分，包括了净销售收入、直接材料成本、标准制造费用、毛利、营业费用、营业利润与 EBITDA，最后是净利润。公司将 EBITDA 作为绩效考核 KPI，自然增加了这个利润指标。第二部分为生产数量与销售数量，以及销售收入与 EBITDA 的差异分析。第三部分为成本项目的明细，包括直接材料成本的明细，标准制造费用与制造费用差异的明细，以及销售成本的拆分。

净销售收入：分为贸易销售$^\ominus$与关联销售，将其减去销售扣除，得到净销售收入，但不包括其他业务收入。销售收入来自销售预算。

直接材料成本：来自原材料成本的明细，区分为标准材料成本、PPV 差异与 MUV 差异。在直接材料成本后面，增加了特别的财务指标"材料价

$\ominus$　这里的"贸易销售"来自于英文"trade sales"，理解为一般销售收入，即来自非关联公司的销售收入。

差"，等于净销售收入减去直接材料成本。

表 5-9　利润表第一部分

	2021 年实际 / 预测（金额单位：千美元）	单元产品（美元 / 千克）	2022 年预算（金额单位：千美元）	单元产品（美元 / 千克）	2021 年预算（金额单位：千美元）	单元产品（美元 / 千克）
贸易销售	48 414	2.381	53 779	2.622	46 366	2.247
关联销售	777	3.051	1 276	3.648	795	3.105
销售扣除	（220）	（0.011）	—	—	—	—
净销售收入	48 972	2.378	55 054	2.639	47 161	2.257
直接材料成本	23 764	1.154	30 280	1.452	23 611	1.130
材料价差	25 207	1.224	24 774	1.188	23 550	1.127
标准制造费用	14 249	0.692	14 872	0.713	13 274	0.635
制造费用差异	（1 103）	（0.054）	—	—	—	—
生产数量差异	（121）	（0.006）	—	—	—	—
其他销售成本	37	0.002	0	0.000	（1）	（0.000）
合计制造费用	13 062	0.634	14 872	0.713	13 273	0.635
毛利	12 145	0.590	9 902	0.475	10 277	0.492
毛利率（%）	24.8		18.0		21.8	
营业费用	3 237	0.157	3 539	0.170	2 893	0.138
营业费用率（%）	6.6		6.4		6.1	
营业利润	8 908	0.433	6 363	0.305	7 384	0.353
折旧与摊销	3 518	0.171	3 588	0.172	3 379	0.162
其他	—		—		—	
EBITDA	12 426	0.603	9 951	0.477	10 763	0.515

（续）

	2021年实际 / 预测（金额单位：千美元）	单元产品（美元 / 千克）	2022年预算（金额单位：千美元）	单元产品（美元 / 千克）	2021年预算（金额单位：千美元）	单元产品（美元 / 千克）
EBITDA 利润率（%）	25.4		18.1		22.8	
EBITDA 差异			（2 475）			
营业外收支						
汇兑损益	22		60		101	
利息费用或收入 ——关联公司	（614）		（624）		（562）	
利息费用——外部	—		—		—	
技术服务费 / 专利费	—		—		95	
其他	（17）		—			
合计营业外收支	（609）		（564）		（366）	
税前利润	9 517		6 927		7 750	
所得税费用	1 849		1 732		1 937	
净利润	7 668		5 195		5 813	

标准制造费用：来自制造费用的明细，分为直接人工、变动制造费用与固定制造费用。这部分内容在之前的章节已经详细阐述。

制造费用差异：来自制造费用差异的明细，分为直接人工差异、变动制造费用差异与固定制造费用差异。在编制预算利润表时，通常不考虑这些科目，除非在预算最后审议阶段，总部管理层要求调整金额，比如增加100万美元的利润，地区管理层同意后，决定由生产经营部门来完成，此时这些科目可以放在制造费用差异项目里面，也便于下一年做财务分析。

生产数量差异：在编制预算利润表的时候，不考虑生产数量差异。但这个差异会在当年的预测利润表出现。

其他销售成本：通常不是重要科目，可以忽略，或者参考当年的实际数字。

营业费用：包括了市场与销售、运输费用、管理费用与研发费用，与营业费用预算表相关联。请注意，跨国企业的营业费用不包括财务费用，营业利润也没有扣除财务费用。

折旧与摊销：计算 EBITDA 时需要加回折旧与摊销，它们都是当期计提的数字，和费用预算中的折旧与摊销数字保持一致。

营业外收支：包括了财务费用（可区分为汇兑损益、银行费用、关联公司的利息收入或费用、外部的利息费用）、技术服务费 / 专利费以及其他。

所得税费用：以企业适用的企业所得税税率计算并计提即可。如果企业以前年度留存损益为负数，可用于明年抵扣税前利润，计提所得税时要慎重。

净销售变动与 EBITDA 变动：净销售变动的差异分析因素包含销售数量、销售价格 / 组合。EBITDA 变动的差异分析因素则包含了销售数量、销售价格 / 组合、原材料成本、现金制造费用、营业费用、货币因素以及其他。这两个差异分析都与利润表第一部分相关联。当预算利润表编制出来之后，可以立刻更新净销售变动与 EBITDA 变动的差异分析，FP&A 依照差异的因素即可找到分析的方向。如表 5-10 利润表第二部分所示。

利润表第三部分包含了直接材料成本、标准制造费用、制造费用差异的明细，如表 5-11 所示。最后的合计销售成本包括了材料、直接人工、变动制造费用、现金固定制造费用（剔除了折旧的固定制造费用）与折旧费用。请注意，单元产品的合计销售成本会被用来计算产成品存货的金额。

表 5-10 利润表第二部分

（金额单位：千美元）

	2021 年实际 / 预测	单元产品（美元 / 千克）	2022 年预算	单元产品（美元 / 千克）	2021 年预算	单元产品（美元 / 千克）
贸易销售数量（吨）	20 336		20 509		20 637	
关联销售数量（吨）	255		350		256	
总销售数量（吨）	20 591		20 858		20 893	
每周销售数量（吨）	396		401		402	
合计生产数量（吨）	20 662		20 857		16 416	
每周生产数量（吨）	397		401		316	
净销售变动						
- 销售数量（吨）	（683）		637			
- 销售价格 / 组合	2 493		5 446			
小计	<u>1 811</u>		6 083			
EBITDA 变动						
- 销售数量（吨）	（198）		204			
- 销售价格 / 组合	2 493		5 446			
- 原材料成本	（495）		（6 207）			
- 现金制造费用	207		（1 616）			
- 营业费用	（344）		（302）			
- 货币因素	—		—			
- 其他	—		—			
小计	1 663		（2 475）			

　　将三部分的利润表组合成完整的利润表，这貌似很复杂，实际上结构非常简单。利润表的关键数据，比如生产数量、销售数量、销售收入、直接材料、直接人工、变动制造费用、固定制造费用、折旧与摊销、经营费用等，已经在其他预算环节实现，并以汇总表或关键假设的形式呈现，预算利润表

只需要做关联与计算即可。以后，只要修改与更新关键假设数据，可以即时更新利润表。

表 5-11 利润表第三部分

	2021 年实际 / 预测（千美元）	单元产品（美元 / 千克）	2022 年预算（千美元）	单元产品（美元 / 千克）	2021 年预算（千美元）	单元产品（美元 / 千克）
直接材料成本						
标准材料成本	24 751		30 280		23 611	
PPV 差异	（426）		—		—	
MUV 差异	（561）		—		—	
小计	23 764		30 280		23 611	
标准制造费用						
直接人工	802		897		788	
变动制造费用	7 091		6 466		6 507	
固定制造费用	6 356		7 509		5 979	
小计	14 249		14 872		13 274	
制造费用差异						
直接人工差异	（24）		—		—	
变动制造费用差异	（661）		—		—	
固定制造费用差异	（418）		—		—	
小计	（1 103）		—		—	
销售成本的分拆						
材料	23 764	1.154	30 280	1.452	23 611	1.130
直接人工	778	0.038	897	0.043	788	0.038
变动制造费用	6 430	0.312	6 466	0.310	6 507	0.311
现金固定制造费用	2 336	0.113	3 921	0.188	2 599	0.124
折旧费用	3 518	0.171	3 588	0.172	3 379	0.162
合计销售成本	36 827	1.789	45 152	2.165	36 884	1.765

5.5.2　预算流动资金表的编制

在编制预算资产负债表之前，最好把与流动资金有关的科目单列出来。流动资金包括了应收账款、存货与应付账款，这是资产负债表中与经营活动有关的三个重要科目。如果确定了这三个科目，资产负债表的编制就会轻松很多，有四两拨千斤的效果。

预算流动资金表包括应收账款、存货与应付账款三个科目的预算。我们要确定资产负债表应该以月度区分，还是以季度区分？利润表是必须做到月度的，以便于每个月的财务分析。但是对于资产负债表，以季度区分是比较合适的。在编制流动资金表与现金流量表时也是以季度区分为宜。

编制应收账款的预算，是编制流动资金预算的第一步。很多首次编制预算资产负债表的财务人员，对如何确定应收账款预算的方法与公式，会有不知从何下手的感觉。案例 5-14 是笔者的亲身经历，很有代表性。

○ 案例 5-14

在笔者的职业生涯中，第一次做资产负债表与现金流量表的预算，大约是在 2002 年，笔者当时任职于一家合资工厂。那年总部开始要求编制三大报表的预算，但没有提供预算报表的模型。笔者那时还是一个年轻气盛的财务主管，负责编制所有预算报表。对于利润表的编制已经驾轻就熟，但是在编制资产负债表与现金流量表时，却感觉无从下手。

笔者最先碰到的难题，是不知如何做资产负债表的应收账款预算，于是就向财务总监诉苦。财务总监说他来开发一个应收账款预算的模板。第二天早上，他给了笔者一个模板，应收账款按客户区分，分别计算每一个客户的应收账款的余额再汇总起来。

首先，区分现金销售与信用销售，信用销售以客户区分，并以月度区分，包括当年实际 / 预测与明年预算，总共 24 个月。

然后，按照提供给客户的信用期分别模拟计算该客户的应收账款，比如给客户的信用期是净 60 天，那么最近两个月的销售收入的和，就是该客户的应收账款余额。依此类推，依照不同的信用期计算出每一个信用客户的应收账款，然后进行合计。

这个计算方法貌似可行，但是工作量巨大，修改起来非常麻烦，也难以建立模型。而且，真的能够"准确"吗？

那时候，笔者也没有更好的办法，无奈只能采用这个模板来编制应收账款预算，遇到了很多困难。后来，笔者开始思考有没有更好的办法。

实际上，我们每个月的管理报表中，包含了流动资金的分析报表，对 DSO、DIO 与 DPO 进行持续的分析。只要利用它们的计算公式来反推，就可以推算出明年应收账款、存货与应付账款的预算金额了。

在介绍财务指标时，我们已经定义了 DSO、DIO 与 DPO 的计算公式，如下：

$$应收账款周转天数（DSO）= 期末净应收账款 / 年度化销售收入 \times 365$$

$$存货周转天数（DIO）= 期末净存货 / 年度化销售成本 \times 365$$

$$应付账款周转天数（DPO）= 期末应付账款 / 年度化销售成本 \times 365$$

推导出：

$$期末净应收账款 = 年度化销售收入 / 365 \times DSO$$

$$期末净存货 = 年度化销售成本 / 365 \times DIO$$

$$期末应付账款 = 年度化销售成本 / 365 \times DPO$$

上面公式中的 DSO、DIO 与 DPO，采用预算目标值即可。而年度化销售收入与年度化销售成本，要参考公司的业务模式进行确定，常见的做法是，采用最近 3 个月的收入与成本，将其乘以 4 得到 12 个月的数字，即年度化的数字。

$$年度化销售收入 = 最近 3 个月销售收入 \times 4$$

$$年度化销售成本 = 最近 3 个月销售成本 \times 4$$

又假设预算的资产负债表与流动资金表均以季度区分，那么最近 3 个月的数字，就是每个季度的数字，即：

$$年度化销售收入 = 本季度销售收入 \times 4$$
$$年度化销售成本 = 本季度销售成本 \times 4$$

本季度的销售收入与销售成本，与利润表的季度数字关联即可。最后，公式修正为：

$$本季末净应收账款 = 本季度销售收入 \times 4/365 \times 预算目标 DSO$$
$$本季末净存货 = 本季度销售成本 \times 4/365 \times 预算目标 DIO$$
$$本季末应付账款 = 本季度销售成本 \times 4/365 \times 预算目标 DPO$$

再次提醒，一年可采用 365 天或 360 天，只要符合一贯性原则即可。

对于 DSO、DIO 与 DPO 的预算目标值，可以四个季度均采用一个数字，也可以为每个季度定义不同的目标值，平均下来后，与目标值对比，与历史数据对比，做出判断。

如表 5-12 所示，DSO 与 DPO 分别为 45 天与 36 天，假设全年都使用这个目标值，分别计算应收账款与应付账款。而存货不采用 DIO 目标值，而考虑了预算的生产与销售情况。

应收账款与应付账款的预算，通常用上述的公式来计算即可，而存货要特别慎重。如果是零售企业，或者存货金额很小的企业，用 DIO 目标值计算出存货金额也可。但是，对于制造业企业，因为受季节性因素以及产能限制的影响，需要更加审慎。生产、制造并出口圣诞节用品的公司是一个典型的例子，它们在上半年一直在生产与增加库存，下半年才开始逐渐发货，12 月结束发货，有鲜明的行业特色与季节波动，编制存货的预算时要小心。

表 5-13 对存货的计算，不是采用"年度化销售成本 /365 × DIO"的公式，而是区分为原材料、在产品与产成品分别编制。

表 5-12　流动资金表

| | 2020/Q4 | 结束于 | | | | 2021 平均 | 结束于 | | | | 2022 平均 |
		2021/Q1	2021/Q2	2021/Q3	2021/Q4		2022/Q1	2022/Q2	2022/Q3	2022/Q4	
净应收账款（千美元）	6 373	6 926	5 290	6 148	7 500	6 466	6 333	6 946	6 796	7 076	6 788
净存货（千美元）	2 872	3 232	2 737	3 490	2 845	3 076	3 566	3 475	3 506	3 093	3 410
应付账款（千美元）	(3 760)	(3 788)	(3 654)	(5 056)	(3 800)	(4 075)	(4 234)	(4 508)	(4 446)	(4 624)	(4 453)
合计流动资金（千美元）	5 485	6 370	4 373	4 582	6 545	5 467	5 664	5 912	5 856	5 545	5 744
对现金的影响（千美元）		(885)	1 112	903	(1 060)	18	881	633	690	1 000	801
折算为年度的销售收入（千美元）	46 988	42 390	44 836	51 076	57 584	48 972	51 365	56 336	55 121	57 396	55 054
流动资金占销售的比率	11.7%	15.0%	9.8%	9.0%	11.4%	11.2%	11.0%	10.5%	10.6%	9.7%	10.4%
目标值		11.7%	11.7%	11.7%	11.7%	11.7%	10.5%	10.5%	10.5%	10.5%	10.5%
折算为年度的销售成本（千美元）	35 241	28 058	34 508	39 276	45 464		42 931	45 711	45 080	46 886	
流动资金周转天数											
DSO	49.5	59.6	43.1	43.9	47.5	49	45.0	45.0	45.0	45.0	45
DIO	29.7	42.0	28.9	32.4	22.8	32	30.3	27.8	28.4	24.1	28
DPO	(38.9)	(49.3)	(38.6)	(47.0)	(30.5)	(41)	(36.0)	(36.0)	(36.0)	(36.0)	(36)
合计	40.3	52.4	33.4	29.4	39.9	38.8	39.3	36.8	37.4	33.1	36.6

表 5-13　存货预算表

（金额单位：千美元）

	2020/Q4	结束于				2021 平均	2022/Q1	结束于			2022 平均
		2021/Q1	2021/Q2	2021/Q3	2021/Q4			2022/Q2	2022/Q3	2022/Q4	
存货合计											
原材料标准成本	824	762	604	980	820	792	1 089	1 089	1 089	1 089	1 089
会计调整	（178）	（84）	（30）	111	95	23	95	95	95	95	95
合计	646	678	574	1 091	915	815	1 184	1 184	1 184	1 184	1 184
数量（吨）	420	426	280	569	477	438	550	550	550	550	550
在产品 / 备件	334	324	474	350	350	375	350	350	350	350	350
产成品标准成本	3 046	2 780	2 022	2 073	1 570	2 111	2 022	1 931	1 962	1 549	1 866
会计调整	（993）	（460）	（219）	63	100	（129）	100	100	100	100	100
合计	2 053	2 320	1 803	2 136	1 670	1 982	2 122	2 031	2 062	1 649	1 966
数量（吨）	1 187	1 273	1 027	945	717	991	934	892	906	716	862
存货损失准备	（161）	（90）	（114）	（87）	（90）	（95）	（90）	（90）	（90）	（90）	（90）
合计	2 872	3 232	2 737	3 490	2 845	3 076	3 566	3 475	3 506	3 093	3 410

原材料的库存和生产有关，如果生产预算假设满产，就可以确定一个原材料库存数量目标，比如 550 吨，再根据原材料的平均单位成本（假设为 1.98 美元 / 千克），计算出其价值为 1 089 千美元。

在产品视公司的产品特性与生产模式而定。在表 5-13 中，在产品的金额不大，在生产加工过程中占用的金额比较稳定，假设维持不变。

产成品的计算是存货预算的关键。先用公式计算，期末产成品存货的数量 = 期初产成品库存数量 + 本季度生产数量 – 本季度销售数量。再用期末产成品存货的数量，乘以利润表的单元产品的销售成本，得到产成品存货的价值。

最后是计算会计调整与存货损失准备的数字，前者是对标准成本的差异项目进行分摊得到的调整数，后者是各种存货价值的损失计提。在编制预算时，一般不考虑更新，维持不变即可。

总结一下，流动资金表的预算与利润表的销售收入与销售成本，以及生产数量、销售数量与单元产品的销售成本相关联；确定 DSO、DPO 与 DIO 的预算目标值，将其作为关键假设，通过公式与模型，就可以轻松计算出应收账款、存货与应付账款。完成了这些工作之后，将这三个科目的每季度的数字关联到资产负债表即可。

5.5.3　预算资产负债表的编制

资产负债表是主表，反映了企业的财务状况。但有些企业的预算只要求编制利润表与现金流量表，没有要求编制资产负债表。在没有编制资产负债表的情况下而要求直接编制现金流量表，就可能采用直接法编制现金流量表，会变得复杂且困难。

如果编制了预算资产负债表，再用间接法编制现金流量表，就很容易建立财务模型。很多参与预算编制的财务人员，对编制资产负债表感到恐惧。实际上，如果你透彻理解了资产负债表的科目，就会发现，其实很简单。

对于编制资产负债表，我的建议是抓大放小。何谓大？即为重大的科目，对它们要认真抓紧，靠公式与函数实现。何谓小？即为占总资产比率小的科目，可以放过它，假设其不变。举个例子，一个公司的总资产为 10 亿元，其他流动资产科目在当年平均值为 500 万元，与总资产相比微不足道，其变化不值一提，这个时候，采用 500 万元作为预算值则可，没有必要去研究其明细科目。

那我们看一下，资产负债表的科目中，哪一些是"大"的，哪一些是"小"的。

现金（以及现金等价物）这个科目当然非常重要，受到各种现金收付因素影响，错综复杂。在预算模型中，资产负债表的"现金"，与现金流量表的期末余额关联即可。现金流量表还没有完成也没关系，可先建立关联公式。

应收账款、存货和应付账款三个科目，都与流动资金表的计算结果相关联即可。

其他流动资产、其他非流动资产、其他流动负债与其他非流动负债等科目通常不重要，可简单处理，假设其不变。

应收关联与应付关联是关联公司的往来款项，有关联公司的货物交易的应收与应付款项，或者是关联公司之间的贷款与利息。需要单列应收关联与应付关联，方便总部编制合并报表。为了便于实现合并报表的平衡，在编制预算的时候，总部通常会通知，应收关联与应付关联的余额以最近的真实数字为准，后面假设其不变。比如将当年 9 月底的实际数字作为当年第 4 季度的预测数字以及明年预算的余额。假设当期发生的关联交易，当期即收付，则余额不变。

关注股权投资这个科目有没有发生额，一般企业不考虑这个数字的变化。一个预算单位，往往是二级企业或三级企业，与整个上市公司或集团的报表不一样，资产负债表通常只用到普通的科目。

净固定资产可以区分为固定资产原值、累计折旧与在建工程三个科目。固定资产原值与在建工程来自资本支出预算。累计折旧需要一个专门的计算报表，依照目前存在的固定资产清单与明年新增的固定资产，计算出明年预算期的折旧费用。而如果只是单列"净固定资产"科目，则等于期初余额，加上本期新增的资本支出，减去本期的折旧费用。

无形资产中，最常见的是土地使用权，有些公司还有专利权与商标权。在编制预算的时候，考虑有没有无形资产增加，然后计算无形资产的摊销额。无形资产的科目余额，等于期初结存，加上本期新增，再减去本期的摊销。

接下来介绍负债科目。

短期借款是 1 年以内到期的借款。请注意，长期借款在明年预算年度里，如果进入了 1 年以内到期阶段，要把长期借款调整到短期借款。本年如有短期借款会在明年到期偿还，在编制预算时，依照贷款协议的到期日进行还款，先还再说，然后依照现金流量情况，决定是否需要续贷，或者采用其他融资方式。

应付账款与上述应收账款和存货处理方式相同，与流动资金表相关联即可。

预提费用属于其他流动负债项目，是否更新取决于其重要性，如果金额不大，可以简单处理，保持其不变。标准的资产负债表取消了预提费用与待摊费用科目，但是预提费用还是一个非常有用的科目，我们编制预算报表，可从管理的角度，依照企业的实际情况而定取舍。比如电费、水费、维修保养费用、财产保险费、厂房租金等重要费用，如果采用每月预提的方式，到年底再认真检查并调整，就有利于编制更为真实与稳健的财务报表。

应付所得税是一个变化多端的科目，又很容易通过关联计算实现，应该在预算的资产负债表单列。每个月依照税前利润计提所得税，然后依照中国的所得税缴纳方式，在每一个季度的第1个月，缴纳上个季度计提的所得税。编制预算时，本季度结余的应付所得税＝上季度结余的应付所得税＋本季度计提的所得税－本季度缴纳的所得税，而本季度缴纳的所得税恰好就是上季度计提的所得税。在编制预算时，通常不考虑纳税申报的调整数字，除非调整数字可以确定，而且有重大影响。

对于还没有到偿还日期的长期借款与长期应付款，编制预算时考虑有没有新增的长期借款与长期应付款，以及有没有部分长期借款要调整为短期借款。

在预算环节通常不考虑递延所得税。

最后介绍所有者权益科目。

对于普通股（或实收资本），要关注在预算年度有没有追加股本或实收资本，或有没有计划在资本市场增加股权融资。如果没有，维持不变即可。

留存收益，在表5-14中，包括了本年利润与以前年度的留存收益，可以将两者区分开来。编制资产负债表预算时，一个重要的假设是不考虑分红，不用把留存收益变为应付股利。确定分红的方案是一个非常严肃的工作，需要经过审计与董事会决议，在预算环节根本没有办法做出估计。还有一旦分红，留存收益从所有者权益变为应付股利了，这又属于应付关联公司的项目，需要考虑合并报表的问题。假设不分红，就可以避免这些问题。

如表5-14所示，资产负债表经过抓大放小，建立了公式与关联，完成了模型的搭建。现金流量表编制完成后，现金科目的余额也就确定了，然后检查资产负债表是否平衡，如果平衡，则说明预算财务报表的模型搭建完成。

表 5-14 资产负债表示例

（单位：千美元）

	2020 年实际	2021 年实际			2021 年预测	2022 年预算			
	12 月底	3 月底	6 月底	9 月底	12 月底	3 月底	6 月底	9 月底	12 月底
现金	7 021	9 608	11 926	15 749	15 707	18 306	19 852	21 467	23 593
应收账款	6 373	6 926	5 290	6 148	7 500	6 333	6 946	6 796	7 076
存货	2 872	3 232	2 737	3 490	2 845	3 566	3 475	3 506	3 093
其他流动	1 327	1 230	1 115	839	850	850	850	850	850
流动资产	17 593	20 995	21 068	26 226	26 903	29 054	31 123	32 619	34 612
应收关联	22 852	22 671	22 572	22 260	22 260	22 260	22 260	22 260	22 260
固定资产	13 524	12 678	12 078	11 258	10 430	9 651	9 436	9 183	8 811
无形资产	631	616	601	586	571	556	541	526	511
其他非流动	85	78	317	352	350	350	350	350	350
合计资产	54 685	57 038	56 636	60 682	60 514	61 871	63 710	64 938	66 544
短期借款	—	—	—	—	—	—	—	—	—
应付账款	3 760	3 788	3 654	5 056	3 800	4 234	4 508	4 446	4 624
预提费用	661	656	591	826	650	650	650	650	650
应付所得税	220	562	895	1 258	665	553	685	650	675
流动负债	4 640	5 006	5 140	7 140	5 115	5 437	5 843	5 746	5 950
应付关联	1 747	1 276	1 417	1 611	1 611	1 611	1 611	1 611	1 611
递延所得税	444	444							
其他负债	—								
合计负债	6 832	6 726	6 557	8 751	6 726	7 048	7 454	7 357	7 561
普通股	12 000	12 000	12 000	12 000	12 000	12 000	12 000	12 000	12 000
补缴资本	720	720	720	720	720	720	720	720	720
留存收益	29 564	32 008	31 912	33 790	35 618	36 652	38 085	39 410	40 813
其他累计	5 569	5 584	5 447	5 421	5 451	5 451	5 451	5 451	5 451
合计权益	47 853	50 312	50 079	51 931	53 789	54 823	56 256	57 581	58 984
负债与权益	54 685	57 038	56 636	60 682	60 514	61 871	63 710	64 938	66 544

5.5.4 预算现金流量表的编制

从编制预算报表的顺序来说，现金流量表是最后一个预算报表，成败在此一举。现金流量表如果编制成功，期末余额就与资产负债表的现金科目实现了完美关联。

不要用直接法编制现金流量表，而要用间接法，让现金流量表与利润表、资产负债表建立美妙的关联，从而实现自动更新，资产负债表实现自动平衡。模型搭建好之后，现金流量的余额会随着关键假设数据的变化而变化，依据现金流量的余额是否合理，考虑是否需要下一步的融资计划。

现金流量表按照现金来源可以区分为经营活动产生的现金流量、投资活动产生的现金流量、筹资活动产生的现金流量三部分。

1. 经营活动产生的现金流量

间接法现金流量表与直接法现金流量表的不同之处，在于经营活动。间接法下经营活动产生的现金流量，按照现金的来源可以区分为利润、流动资金的变动、其他资产与其他负债的变动、其他经营活动。

（1）利润。

表 5-15 的模型里使用了 EBITDA。如果利润表有 EBITDA，直接关联到利润表的 EBITDA 即可。如果没有 EBITDA，则用净利润加回预算期计提的利息、所得税、折旧和摊销。

（2）流动资金的变动。

流动资金的变动，包括（净）应收账款、（净）存货与应付账款三个科目的变化，对现金流量产生的影响。

应收账款与存货属于资产科目，用上期结余减去本期结余来计量对现金流量的影响，模型里以季度区分，即上季度结余减去本季度结余。比如，应收账款上季度余额为 2 000 万元，这个季度余额为 2 500 万元，则应收账款的变化为 2 000 万元减去 2 500 万元，等于 -500 万元，为负数，代表现金流出。应付账款属于负债科目，则相反，用本期结余减去上期结余来计量对现金流量的影响。这三个科目的影响，与资产负债表的相关科目关联，建立好公式即可。

（3）其他资产与其他负债的变动。

其他资产与其他负债的变动，和流动资金的变动有一样的逻辑，资产与负债的科目方向相反。与资产负债表相关科目关联，建立好公式即可。在示例中，因为假设资产负债表的"其他"科目保持不变，所以现金流量表上显示为零。

（4）其他经营活动。

其他经营活动主要包括：①现金支付的利息；②现金支付的企业所得税；③外汇的影响；④其他。关于"现金支付的企业所得税"，若按季度区分，本季度的现金支付的企业所得税就是上季度计提的企业所得税，数字来自利润表的"所得税费用"科目。"外汇的影响"是指汇率变动对现金流量的影响，难以查验的小差异可以归入最后的"其他"，从而让报表平衡。

现金流量表预算示例参见表 5-15。

2. 投资活动产生的现金流量

投资活动产生的现金流量，包括了以下几种情形：

（1）因收回投资而收到的现金。这反映企业因出售、转让或到期收回除现金等价物以外的短期投资、长期股权投资而收到的现金，以及因收回长期债权投资本金而收到的现金。

（2）因取得投资收益而收到的现金。这反映企业因各种投资而分得的现金股利、利润、利息等。

（3）因处置固定资产、无形资产和其他长期资产而收到的现金净额。这反映企业因处置固定资产、无形资产和其他长期资产而取得的现金，扣除为处置这些资产而支付的有关费用后的净额。

表5-15 现金流量表预算示例

（单位：千美元）

	2021年实际/预测					2022年预算				
	实际一季度	实际二季度	实际三季度	预测四季度	2021年合计	预算一季度	预算二季度	预算三季度	预算四季度	2022年合计
EBITDA	3 871	2 596	2 938	3 021	12 426	2 136	2 666	2 523	2 626	9 951
流动资金变动										
应收账款	（553）	1 636	（858）	（1 352）	（1 127）	1 167	（613）	150	（280）	424
存货	（360）	495	（753）	645	27	（720）	90	（31）	413	（248）
应付账款	28	（134）	1 402	（1 256）	40	434	274	（62）	178	824
其他资产负债										
其他流动资产	97	115	276	（11）	477	—	—	—	—	—
其他非流动资产	7	（239）	（35）	2	（265）	—	—	—	—	—
其他流动负债	（4）	（65）	235	（176）	（11）	—	—	—	—	—
其他非流动负债	—	—	—	—	—	—	—	—	—	—
现金支付的利息	49	—	—	—	49	—	—	—	—	—
现金支付的企业所得税	（392）	（636）	（106）	（1 050）	（2 184）	（457）	（345）	（477）	（442）	（1 721）
外汇	—	—	—	（178）	—	（15）	（15）	（15）	（15）	（60）
其他	—	—	—	—	—	—	—	—	—	—
经营活动	2 744	3 767	3 099		9 432	2 545	2 057	2 088	2 480	9 170

固定资产购置	（15）	（266）	（38）	（48）	（367）	（103）	（667）	（629）	（510）	（1 909）
资产销售	—	—	—	—	—	—	—	—	—	—
股权投资	—	—	—	—	—	—	—	—	—	—
投资活动	（15）	（266）	（38）	（48）	（367）	（103）	（667）	（629）	（510）	（1 909）
取得借款	—	—	—	—	—	—	—	—	—	—
偿还借款	—	—	—	—	—	—	—	—	—	—
股东贷款	—	—	—	—	—	—	—	—	—	—
收到股本										
支付红利	—	—	—	—	—	—	—	—	—	—
其他				—						
融资活动	—	—	—	—	—	—	—	—	—	—
期初现金	7 021	9 607	11 926	15 749	7 021	15 707	18 306	19 852	21 467	15 707
期末现金	9 607	11 926	15 749	15 707	15 707	18 306	19 852	21 467	23 593	23 593

（4）收到的其他与投资活动有关的现金。这反映企业除了上述各项以外，发生的其他与投资活动有关的现金流入。其他现金流入若价值较大，应单列项目反映。

（5）购建固定资产、无形资产和其他长期资产所支付的现金。这反映企业购买、建造固定资产，取得无形资产和其他长期资产所支付的现金。

（6）投资所支付的现金。这反映企业进行各种性质的投资所支付的现金，包括企业为取得除现金等价物以外的短期股票投资、长期股权投资、长期债券投资而支付的现金，以及支付的佣金、手续费等附加费用。

对于一般的企业或预算单位，在编制预算的时候，涉及的投资活动并不多，最常见的是固定资产投资，其预算金额来自资本支出预算。企业应该根据自身的实际情况，保留会使用到的与投资活动相关的科目，而且科目名称也可以进行简化，以便于管理层阅读与理解。

3. 筹资活动产生的现金流量

筹资活动产生的现金流量，主要包括以下情形：

（1）因吸收投资而收到的现金。这反映企业收到的投资者投入的现金，包括以发行股票筹集资金时实际收到的股款净额、通过发行债券实际收到的现金等。

（2）通过借款所收到的现金。这反映企业通过各种短期、长期借款所收到的现金。

（3）收到的其他与筹资活动有关的现金。这反映企业除上述项目外，收到的其他与筹资活动有关的现金，如接受现金捐赠等。其他现金流入若价值较大，应单列项目反映。

（4）为偿还债务所支付的现金。这反映企业以现金偿还债务的本金，包括偿还金融企业的借款本金、偿还债券本金等。

（5）为分配股利、利润和偿还利息所支付的现金。这反映企业实际支付的现金股利、利润以及支付的利息。

（6）支付的其他与筹资活动有关的现金。这反映企业除了上述各项外，支付的其他与筹资活动有关的现金，如捐赠现金支出等。其他现金流出若价值较大，应单列项目反映。

以上就是标准的现金流量的各种项目，各个企业可以按照自己的实际情况进行区分与单列，以便于阅读与理解。比如，示例中把筹资活动的现金流量区分为取得借款、偿还借款、股东贷款、收到股本、支付红利与其他，项目的名字简单易懂，方便阅读与理解。

对于有关联交易发生的集团公司，总部财务部门会要求把关联公司产生的现金流量单列成一类，这样方便关联公司之间的对账与报表合并。关联公司产生的现金流量可以区分为：与产品有关的货款往来、关联借款、利息、分红、技术服务费等。

编制好现金流量表后，检查一下资产负债表是否平衡，如果平衡，就大功告成了。如果没有实现平衡，就要回去仔细检查。最后检查期末的现金流量余额是否合理，是否需要筹资。

比如，一家公司的年初现金余额为 0.5 亿元，预算年度经营活动产生的现金流量为 2 亿元，到期的借款为 1 亿元，则可以轻松偿还借款，剩余的现金流量为 1.5 亿元。但是如果又出现重大的固定资产投资，需要 5 亿元，现金流量就无法支撑，需要筹资。假设安全的现金余额为 0.5 亿元，则筹资的金额为 4 亿元（1.5-5-0.5=-4 亿元）。筹资的方式按照企业的融资能力、融资成本与财务结构偏好来确定。

假如搭建好的预算财务报表模型，经测试完全可靠，我们一旦收到了各部门的预算数据与关键假设，只要将它们放到模型里，三大财务报表就可以自动更新。预算编制变得容易，我们可以把更多的精力花在检查各部门的预算数据与关键假设，以及分析与判断预算的问题上。

第 6 章

预算的执行与调整

6.1 预算的执行与控制的方式

预算编制完毕，并得到董事会的批准之后，就会下达到整个（集团）公司的各个预算单位。在预算年度里，预算的实际执行与控制成为预算管理的关键。

预算的执行与控制的方式主要包括了进展报告、财务分析与滚动预测。

6.1.1 进展报告

进展报告是为了支持预算管理而及时公布实际执行与预算目标的进展以及对比情况，主要包括周报与月报。以制造业为例，周报的内容通常包括以下几个。

1. 每周销售进展报告

将已经实现的实际销售，加上本月余下时间的预计销售，得到了本月预计，然后与本月预算对比，得出销售进展情况。

销售进展报告应该采用周报或旬报的方式，以及时了解销售预算的执行情况，并依照预测情况采取必要的行动。如果只在本月结束之后，对本月实际销售情况进行统计与报告，则对本月的销售已经没有干预作用。

2. 销售订单情况

销售订单情况包括本周、本月、本年累计收到的销售订单。

销售订单情况可以用来预计未来的销售情况。如果销售订单情况明显比预算好，那可预期未来的销售压力会很小。

3. 应收账款状态更新报告

如果能够做到每周更新一次应收账款的状态，公布每一位客户的应收账款的余额、逾期的金额、逾期的时间等信息，可以让管理层及时知道应收账款的状态，并出手干预，对应收账款的管理会有直接的帮助。

笔者之前服务的公司，对应收账款状态每周更新一次，效果非常明显，应收账款的逾期率通常可以控制在 5% ~ 10%。笔者也经常在公开课上进行调查，发现只有少数公司做到了每周更新应收账款状态，但做到的公司的应收账款管理都很出色。

4. 生产情况更新

生产情况也要每周更新，包括了与预算对比，与去年同期对比。要公布生产情况的关键指标，比如生产数量、设备运转率、产品正品率等。

5. 库存情况更新

库存情况可以用来判断公司目前的销售情况，如果库存不断增加，说明销售速度低于生产速度，要引起注意。如果库存不断减少，说明销售速度高于生产速度，也要注意是不是生产出问题，或者产成品存货是否低于安全库存量了。

6. 银行账户发生额与余额

银行账户的现金收付情况包括了期初结存、本周收款、本周付款以及期末余额。

关于银行账户，笔者的理念是企业使用的银行账户应该尽量少，这样可以提高效率，减少工作量。笔者在跨国企业担任财务总监时，一家工厂活跃的银行账户只有两个，一个是人民币账户，一个是美元账户，且都在同一家银行。这样，应收账款会计、应付账款会计与出纳的工作量都会减少。

7. 未来若干周的现金流量预测

对未来若干周的现金流量进行预测，是为了避免短期现金流量出现问题。通常预测未来8周或10周的现金收付情况，并使用简单直接法的现金收付表来编制。所谓简单直接法，指收款与付款的明细可以用简单的方式。比如，收款项目包括了客户收款、收到贷款、政府补贴、其他收款等，而付款项目包括了支付供应商、电费、员工工资与福利、各种税金、资本支出、偿还贷款、偿还利息等。参见表6-1。

每周的进展报告是财务管理细节的体现，要坚持不懈，成为日常管理的工作内容。管理层也要高度重视，并让管理团队养成每周关注预算进展的习惯，提高预算管理水平。

此外，周报的方式可以让财务团队适应以周为单位的财务工作的节奏，每周清理一次会计工作，这样可以明显提升月度结账的效率。

除了上述的周报，预算的进展报告还包括月度报告。月度报告通常以标准的格式来呈现，包括概况汇总、利润表、资产负债表、现金流量表、流动资金表、销售汇总表、营业费用表、制造费用表，将利润表区分到行业与关键客户等。

表 6-1　每周现金流量预测

（单位：万元）

周始于	1/10/ 2021	1/17/ 2021	1/24/ 2021	1/31/ 2021	2/7/ 2021	2/14/ 2021	2/21/ 2021	2/28/ 2021
第几周	3	4	5	6	7	8	9	10
期初现金余额	1 152	1 226	1 653	810	1 498	1 803	800	1 363
收款								
客户收款	631	765	416	1 201	305	146	1 141	917
收到贷款								
政府补贴								
其他收款								
合计收款	631	765	416	1 201	305	146	1 141	917
付款								
支付原材料供应商	42	169	376	281		654	380	161
支付其他供应商	165	89	69			170	99	98
支付电费								
员工成本（工资与福利等）	274		76	171			33	19
各种税金	56		718			299	46	96
资本支出（固定资产）		65						
偿还贷款								
偿还利息								
其他	20	15	20	60		26	20	60
合计付款	557	338	1 259	513	0	1 149	577	434
期末现金余额	1 226	1 653	810	1 498	1 803	800	1 363	1 847

　　月报里可以包含一些重要的分析数据，作为月度财务分析的基础。比如，利润表包含了实际与预算的对比和与上年同期的对比，以月度、季度及年度区分，显示单元产品的数据。还可以在月报里插入你想要的任意图表，用于月度分析。

6.1.2   财务分析与滚动预测

财务分析是每个月将已经实现的经营绩效及财务状况与预算进行比较分析，发现哪些地方做好了，哪些地方没有做好，并提出未来应该如何改进的建议与行动计划。

滚动预测是每个月或每个季度对公司未来的经营绩效与财务状况持续进行预测，在必要的时候采取行动，进行调整与应对。

财务分析与滚动预测的具体内容会在后面的章节独立详细展开。

6.2   预算调整的条件与方法

预算一旦编制并经批准下达，就与公司的绩效考核关联，是不可随意修改的。一般的市场波动，或编制预算时缺乏周全考虑的情况，都应该由预算单位设法应对。

但是，有些企业高管或部门负责人，不是想着如何克服不利因素，而是一门心思去游说上级领导批准对预算进行调整，比如追加费用预算，或启动例外审批程序。

当公司的预算文化逐渐完善以后，每个责任中心负责人对自己负责的预算会有强烈的责任感，会密切关注预算指标与进展数据。

已经下达的预算一般不可调整，除非满足基本的条件，并经过严格的审批程序。比如，如果满足下面的基本条件之一，可以申请调整预算：

（1）产业形势发生重大变化。比如，某工厂生产制造 CRT 显示器，鉴于该产品的市场竞争力快速衰退，决定提前退出市场，于当年 7 月终止生产，应该调整下半年的预算。

（2）相关税收政策或产业政策发生重大变化，公司业务受到严重影响。

比如，相关部门宣布取消对电动汽车的补贴，整个新能源汽车行业受到了严重冲击，有必要调整预算，这样也更为合理。

（3）公司组织架构或战略的调整。比如，随着架构的调整，某个业务单元的某条产品线调整到另一个业务单元了，这个时候，两个业务单元的预算都要调整，才能够公平地评价各自业务单元的绩效。

（4）发生不可抗力的无法挽回的突发事件。比如，发生自然灾害。在十多年前，笔者服务的公司在南美洲的哥伦比亚工厂，遭遇了严重水灾，整个工厂被洪水淹没，原料、产成品与机器都受到了严重损失，生产线要拆卸下来，进行仔细地清洗与维护，才能够重新开机，整个修复工程需要 9 个月。这段时间，哥伦比亚工厂的预算被暂停考核。

预算调整是一件非常重大的事情，除了满足上述某个基本条件，还要经过严格的审批程序，有适当的说明文件作为支持，由预算委员会提交董事会批准。

在预算执行过程中的调整，可以分为三类。

1. 预算支出的时间调整

预算支出的时间调整是指预算总额不变，在不同的执行期间（月度和季度）可以适当调整额度，但不可跨年度。需要警惕的是，有些费用支出，比如差旅费、业务招待费、培训费用这种比较有弹性的支出项目，会出现费用集中到第 4 季度的现象。

2. 预算的减少

预算的减少主要指营业收入的减少和成本费用的节约。成本费用的节约一般不做调整，营业收入的减少涉及年度经营目标的调整，只有在严格符合基本条件的情况下，才能进行调整。

3. 预算的增加

预算的增加主要指成本费用的增加，需要追加预算。除非出现严格符合基本条件的情况，平常一般不追加预算。

调整预算时，先由负责部门进行书面报告，阐述预算执行的具体情况、客观因素变化情况及其对预算执行的影响程度、预算的调整幅度等，由部门负责人上报申请。

根据预算调整流程，财务部对职能部门提交的预算调整报告进行审核分析后，对符合调整条件的项目，集中编制公司年度预算调整预案，经总经理同意后，提交预算委员会进行审定，经董事长审批签发后下达执行。

调整预算的方法有两种：一是直接修改与更新预算报表，调整整套预算报表并下达执行，将预算数据重新上传至系统，但这是一件非常烦琐的工作；二是不再修改预算报表，而是调整绩效考核的目标值，或对实际的利润进行调整，用调整后的利润来进行绩效考核。第二种方法无疑会容易很多。

比如，某公司总部在 6 月决定，在亚洲区进行裁员，人数为 500 人，裁员成本约为 1 亿元。这项裁员成本没有编制进预算，对当年的实际业绩会产生重大影响，但裁员的决定是为长远的利益考虑，从公平性与合理性上看，应该调整预算方案。简单的预算调整方法是，将裁员成本的 1 亿元作为调整项，加回到利润，用调整后的利润与预算目标值对比，这样可以避免修改预算，也不用调整绩效考核的目标值。

4

财 务 分 析

第 7 章

财务分析的方法与实战经验

7.1 财务分析的五种方法

关于财务分析，美国纽约市立大学利奥波德·A. 伯恩斯坦（Leopold A. Bernstein）认为，财务分析是一种判断的过程，旨在评估企业现在与过去的财务状况及经营成果，其主要目的在于对企业未来的状况及经营业绩进行最佳预测。[⊖]

这个观点很有启发性。财务分析的价值不是数字的堆砌罗列，或图表的简单呈现，最重要的是判断。通过财务分析，FP&A 或其他财务管理人员评估企业现在与过去的财务状况与经营成果，判断哪里做好了，哪里还需要改善，提出有建设性的建议，并与其他部门达成持续改进方案与行动计划，从而对企业未来的财务状况与经营业绩产生影响。

总结起来，财务分析的方法，主要包括以下五类。

⊖ 来源：MBA 智库百科。

7.1.1　比较分析法

比较分析法旨在说明财务信息之间的数量关系与差异，为进一步的分析指明方向。这种比较可以为实际与预算对比，以及实际与上年同期对比。表7-1 是精致公司 2021 年利润表比较分析，呈现了实际与预算对比、实际与上年同期对比。

表 7-1　精致公司 2021 年利润表比较分析

（单位：万元）

科目	实际	预算	预算差	上年同期	上年同期差
主营业务收入	19 500	22 500	−3 000	15 000	4 500
减：主营业务成本	15 900	17 700	−1 800	12 000	3 900
减：主营业务税金及附加	147	153	−6	105	42
主营业务利润	3 453	4 647	−1 194	2 895	558
其他业务利润	435	360	75	228	207
销售费用	1 350	1 380	−30	1 080	270
管理费用	621	600	21	555	66
研发费用	585	660	−75	480	105
财务费用	624	630	−6	573	51
期间费用率	16.3%	14.5%	1.8%	17.9%	−1.6%
营业利润	708	1 737	−1 029	435	273
加：营业外收入	255	225	30	60	195
减：营业外支出	105	135	−30	30	75
利润总额	858	1 827	−969	465	393
减：所得税费用	129	274	−145	70	59
净利润	729	1 553	−824	395	334
净利润率	3.7%	6.9%	−3.2%	2.6%	

7.1.2　趋势分析法

趋势分析法是通过揭示过去的财务状况和经营成果的变化，分析原因，做出判断，并预测未来。用于趋势分析的数据可以是绝对值，也可以是比率。比如依照过去两年应收账款、存货、应付账款周转天数变化的趋势，做出适当的判断。

按照时间维度进行横向分析，需要足够多的数据来支撑。分析过去 36 个月原材料存货数量的变化，可以快速判断目前的原材料存货数量是否处于正常水平。从图 7-1 中可以发现，该公司在 2019 年与 2021 年的年中，原材料存货数量处于不正常的高位，其中可能存在采购决策的问题。

7.1.3　因素分析法

因素分析法是为了分析几个相关因素对某一财务指标的影响程度，一般要借助于差异分析的思路。比如销售差异分析中，最简单的变化因素是数量与价格，价格因素还隐含了产品组合的影响。

利润差异因素则更多。比如制造业的毛利润差异分析中，差异的因素会包括销售数量、价格 / 产品组合、原材料成本、直接人工、制造费用等。

销售差异分析与利润差异分析，会在后面的第 8 章进行详细介绍，并有实际的模型分享。

7.1.4　结构分析法

结构分析法是很常见的分析方法，主要对财务报表做纵向的结构分析，剖析每一个科目占比。比如，在利润表中，成本与费用科目占销售的百分比，以及各利润指标占销售的百分比，再结合趋势分析法，比较容易做出判断。

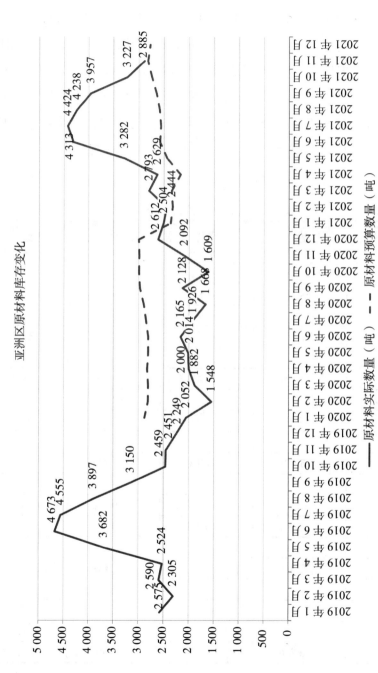

图 7-1　原材料库存趋势分析

表 7-2 是青岛啤酒 2003 ～ 2006 年的利润表的结构分析，从表中可以看到净利润率比较低但稳定。请注意，青岛啤酒在中国香港上市，其年报的利润表的成本与费用项目均用负数表示。通过观察与分析，有以下几点发现：①毛利润率逐年下降，但 2006 年有所回升；②销售费用率也是逐年下降，但在 2006 年有所上升；③管理费用率逐年下降；④营业利润率逐年下降。可以简单判断出，青岛啤酒在 2003 ～ 2005 年，利润表现是欠佳的，尤其是毛利润水平下降快，但是在 2006 年有所改善。

表 7-2   青岛啤酒利润表结构分析

	2006	2005	2004	2003
销售收入	100.0%	100.0%	100.0%	100.0%
销售成本	−68.5%	−69.6%	−65.3%	−64.4%
销售毛利	31.5%	30.4%	34.7%	35.6%
其他损益	−1.4%	−0.4%	0.0%	0.3%
销售费用	−17.3%	−16.5%	−18.5%	−18.9%
管理费用	−7.2%	−7.7%	−9.0%	−9.2%
营业利润	5.6%	5.8%	7.3%	7.8%
财务费用	−0.2%	−0.4%	−0.6%	−1.5%
对外投资损益	0.0%	0.0%	−0.3%	−0.1%
税前利润	5.4%	5.3%	6.4%	6.2%
所得税	−1.5%	−1.9%	−2.4%	−2.0%
净利润	3.8%	3.4%	3.9%	4.2%

7.1.5　比率分析法

比率分析法是通过分析财务比率，了解企业的财务状况和经营成果，使用时常常会结合比较分析法和趋势分析法。

财务报表分析是比率分析法应用的最常见的例子。利用比率分析法对财务报表进行分析，要确定分析的角度与适合企业的财务指标。

比如，网易财经对上市公司的财务分析，内容包括了主要财务指标、盈利能力、偿还能力、成长能力、运营能力分析，具体的指标可以参考网易财经网站[⊖]。网易财经的财务分析指标库可以参见本书附录二。这是一个财经网站对所有上市公司财务报表的标准化分析，罗列的财务指标可以满足不同行业的需求。在现实工作中，财务分析是针对一家公司进行分析，选取适合的财务指标即可。

要注意，财务指标的选择，不必拘泥于教科书上的财务指标，FP&A 可以发挥自己的创造力，根据行业特点与业务模式选定或创建财务指标。比如在预算的绩效考核章节里面提到的材料价差与直接利润贡献。

7.2　财务分析的实战经验分享

很多财务人员想做财务分析，却无从下手，不知如何切入并建立财务分析的框架。其实，财务分析并不难，关键是建立一套分析框架和流程。对于财务分析，必须从经营入手，紧紧围绕着业务，通过对数据的各种维度的对比与分析，揭示数字背后的业务逻辑。

要做好财务分析，下面几点需特别注意。

⊖　在网易财经的个股行情中输入个股代码，再从"财务分析"里找到各项财务指标。

1. 深刻理解行业

我们要深刻理解公司所处的行业，包括竞争环境、行业特点、技术趋势、竞争对手、供应商、客户、替代产品、行业周期等。当我们深刻理解了所处的行业，就能够了解公司的优势与劣势，并判断公司所面临的机会与威胁。

2. 熟悉公司业务

深刻理解了公司所处的行业之后，我们还要熟悉公司自身的业务，比如公司的设备与工艺、产品、原材料、业务模式、销售渠道等。

如果我们熟悉了公司所处的行业与业务，就会逐渐树立业务意识，可以更加准确、快速地判断公司经营管理中出现的问题。

3. 确定分析方向与内容

熟悉了公司所处的行业与业务之后，接下来要确定财务分析的方向与重点内容。很多人认为，财务分析需要大量的数据分析，通过各种复杂的数据分析与图表可视化来实现。毫无疑问，数据分析是财务分析的重要内容，但是这只是财务分析的一部分。财务分析师要梳理好财务分析的方向与内容，才可以化繁为简、有条不紊。比如，一个制造业企业的财务分析通常包括如下内容：

（1）采购情况：分析主要原材料的采购数量及价格，与预算及去年同期对比。

（2）生产情况：包括产量、设备运转率、产品正品率等，与预算对比，与去年同期对比。

（3）销售情况：区分销售的各种维度，比如应用市场与关键客户，从简单到复杂，与预算对比，与去年同期对比。

（4）成本与费用的分析：以成本中心划分，分析成本与费用的进展情况，与预算对比，分析出现的差异。可以独立开展对人力资源成本的分析。

（5）利润的分析：针对公司的关键利润指标，分别对本月、本季度与本年累计数据进行分析，与预算对比，与去年同期对比，分析造成利润差异的因素有哪些。

（6）营运资金的分析：对应收账款、存货与应付账款分别进行分析。对于应收账款与应付账款，要分析周转天数与逾期率，存货要区分为原材料、在产品与产成品，着重于账龄分析。

（7）财务报表分析：确定报表分析的角度，从营运能力、偿债能力、盈利能力与成长能力等角度分析，确定适合公司的相关指标与公式，与财务报表关联即可。

（8）特别项目的分析：比如精益生产与六西格玛的项目收益分析。

4. 进行数据分析

确定了财务分析的内容与方向之后，我们需要进行数据的收集与积累，然后开展分析工作。有些数据来自公司各部门的统计数据，有些数据来自公司的 ERP 系统，需要我们进行数据的清洗与处理。比如销售数据，将其从 ERP 系统下载后，经过处理，以数据库的方式存在，区分为业务单元、应用市场、区域、产品类别，产品代码、客户代码等。销售数据的颗粒度越细，分析结果将越贴近业务的真相，也越容易发现销售存在的问题。

关于财务分析的实战经验，需要在日常工作中慢慢积累，下面六点经验，是笔者在长期的学习和实践工作中积累的，可以作为参考。

（1）财务分析不是数字的堆砌罗列，或文字的泛泛而谈，不可停留于表面。比如某个财务分析人员发现销售数量比预算少了 500 吨，如果简单解释为 A 业务单元少了 300 吨，B 业务单元少了 200 吨，这样的分析就没有意义。管理层更想了解的是，哪个客户的销售数量减少了，减少的原因是什么，以及对未来有什么影响。这需要我们做深入调查，而不是按照数字的变化做一个简单的文字描述。

（2）注意财务分析的时效性。财务分析需要严格的时间表，比如每个月的第6个工作日提供上个月的财务分析报告。财务分析的作用，是通过发现过去与现在存在的问题，让管理层与各部门负责人可以据此做出判断，并采取适当的行动。及时的财务分析才能对未来的业务与经营产生直接的影响。

（3）财务分析不能照本宣科、死套公式，应该结合公司所处行业与具体情况进行适当的调整与分析。不同行业的财务指标会有巨大的差异，将它们放在一起比较，通常是没有意义的。即使在同一行业里，不同的公司背景与经营模式下，也会出现差异巨大的财务指标。案例 7-1 的内容主要是关于茅台的存货周转天数，是一个很好的示例。

○ 案例 7-1

制造业企业通常追求更少的存货，甚至是零库存，但这对于白酒行业并不适用。白酒行业的存货周转天数，一般都在 230～1 200 天。因为白酒需要经过酿造与发酵的过程，生产周期比较长。而且不同的白酒企业采用的经营策略也不同，有些企业追求更高的周转效率，有些则利用陈酿与年份来进行市场营销。

据 2020 年的年报，关于主要白酒厂商的存货周转天数，五粮液为 327 天，汾酒为 537 天，而茅台作为行业的领导者，业绩与股价冠绝白酒行业，存货周转天数却高达 1 196 天。茅台的存货周转天数远超行业平均水平，不是反映其存货管理水平低，而是反映了茅台基酒陈酿的营销策略。茅台的主打产品飞天茅台的基酒，酿造与存储的时间至少要 5 年，再加上其他档次的产品，总体平均存货周转天数为 1 196 天，就不足为奇了。如果未来，茅台的存货周转天数不断下降，貌似存货周转效率在不断提升，但消费者不会为之高兴，而会担忧茅台为了业绩在透支库存，产品品质也可能会随之下降。

（4）从财务报表与财务指标中，可以看出不同企业采取不同的竞争策略与经营模式。比如有些企业是总成本领先，严格控制销售成本，毛利润率比较低但很稳定，然后严格控制经营费用，保持利润水平。有些企业是依靠财务杠杆赚钱，就需要大量的负债，资产负债率很高。比如房地产行业中许多企业的资产负债率高达 80%～90%。做财务分析时，能够结合企业的竞争策略与经营模式，选择适当的关键指标，会使分析更有格局与针对性。

（5）分析财务报表，不能只看 1 年，要看 3～5 年，甚至更长时间。分析财务报表时，可以结合行业的生命周期与企业的发展阶段，来判断企业的财务状况与经营成果的动态变化。而且，还要与竞争对手做对比，才能知道自己是否有超越竞争对手的财务表现。

（6）三大财务报表的科目与财务数据并非独立存在，它们相互之间有勾稽关系与因果关系。比如，一个企业的销售收入大幅度增加，那相应地，销售成本会增加，销售费用会增加，存货的周转率会改善，它们相互之间是有关联的。如果销售成本与销售费用没有相应增加，存货的周转率还在下降，那肯定有问题，销售收入有可能是虚假的。三大财务报表之间还可以相互验证合理性，比如利润表的真实性可以用现金流量表来证明。

第 8 章

财务分析的实战模型

财务分析的内容主要包括销售差异分析、利润差异分析、产品与客户的盈利能力分析、流动资金的分析与财务报表分析。下面对这些财务分析的内容与模型进行研究与分享。

8.1 销售差异分析：数量、价格与产品组合

在预算的执行过程中，能否实现销售预算，对整个预算的执行至关重要。在进行财务分析时，首先就是对销售的差异进行分析。当实际销售与预算销售出现偏差时，如何进行分析？能否据此判断销售的变化的原因？这是非常有挑战性的问题。

总结起来，可以通过四种方法进行销售的差异分析：①双因素分析法；②三因素分析法；③销售差异动态分析法；④数据透视表分析法。

8.1.1 双因素分析法

双因素分析法是进行销售差异分析时最为常见的分析方法。双因素包括

数量与价格，通过研究它们的变化来对销售的差异进行分析。通过双因素分析，可以知道销售的变化中，有多少归因于数量，又有多少归因于价格。

用双因素分析法计算实际销售与预算销售的差异，公式如下：

$$数量因素差异 = (Va-Vb) \times Pb$$

$$价格因素差异 = (Pa-Pb) \times Va$$

其中，Va 为实际数量，Vb 为预算数量；Pa 为实际价格，Pb 为预算价格。

案例 8-1 有助于我们对双因素分析法的学习与研究。

○ 案例 8-1

假设某企业第 1 季度的预算销售数量为 500 万件，平均单价为 3 元，销售额为 1 500 万元。第 1 季度实际销售了 400 万件，平均单价为 3.5 元，实际销售额为 1 400 万元。实际与预算的销售差异为 −100 万元。差异原因有销售数量的下降，也有销售价格的上升。那多少来自销售数量的变化，多少来自价格的变化？

依照上面的公式，可以将 −100 万的销售差异进行分解：

数量因素差异：$(Va-Vb) \times Pb = (400-500) \times 3 = -300$（万元）

价格因素差异：$(Pa-Pb) \times Va = (3.5-3) \times 400 = 200$（万元）

总的销售差异为：$-300+200 = -100$（万元）

这样可以知道数量与价格带来的影响各自有多少。显而易见，价格因素的影响是积极的，而数量因素的影响是消极的。需要进一步调查，数量的偏差出自哪些应用市场、哪些客户或哪些产品。

8.1.2　三因素分析法

很多财务人员对双因素分析法已经驾轻就熟。但在实际工作中，价格因素的变化颇为复杂。在销售收入的汇总表中，价格是平均价格。但是，价格的变化，不仅有价格本身的变化，还隐藏了多个应用市场或产品类别的变化。应用市场或产品类别的变化，可以归纳为"产品组合"的变化，这样可将价格这个因素进行拆分，分为价格与产品组合。这样，销售差异的因素被拆分为三个因素，即数量、价格与产品组合。

三个因素中，产品组合是难点，如果无法区分组合，就没有办法定义真实的价格差异。产品组合的区分，不要详细到每一个产品代码，否则产品组合层过度复杂，无法判断。产品组合的区分依据企业的应用市场与产品类别。产品组合分类需要由公司财务部、销售部与管理层商议确定。案例8-2是笔者亲身经历的一个例子，可以作为参考。

○ 案例 8-2

笔者曾经服务的一家外资企业，业务是制造与销售无纺布产品。产品的品类按照三个维度区分，组合品类有数百个，过于复杂，难以进行产品组合的分析。为了简化，笔者推动将公司的业务区分成六个类别，首先是区分应用市场，分别有医疗与卫生两个市场。医疗市场可以继续拆分为高端、中端与普通三类产品。卫生市场则依照产品工艺区分为 ADL、SMS 与 SS 产品，如图 8-1 所示。

通过内部讨论，财务部与销售部达成共识，认为这个区分方法非常实用，也有助于销售人员判断业务的组合与盈利能力。比如，医疗产品的盈利能力更强，销售人员应该尽量将精力往医疗市场倾斜；此外，医疗市场的高端产品的盈利能力更强，应该尽量增加高端产品的销售量，而在卫生市场则尽量增加 SMS 产品的销售量，以提升盈利水平。这样，通过销售差异分析，可以帮助销售人员快速诊断业务，并做出业务决策。

应用市场	产品类别
医疗	高端
	中端
	普通
卫生	ADL
	SMS
	SS

图 8-1 产品类别区分

定义好三因素分析法，确定各因素的计算公式，如下所示：

数量因素差异 =（实际数量 − 预算数量）× 平均预算销售价格

价格因素差异 =（实际单价 1 − 预算单价 1）×

实际销售数量 1 +（实际单价 2 − 预算单价 2）×

实际销售数量 2 + ⋯ +（实际单价 n − 预算单价 n）×

实际销售数量 n

产品组合因素差异 =（实际销售 − 预算销售）− 数量因素差异 −

价格因素差异

上面价格因素差异公式的 1、2、n 是指区分好的产品类别。案例 8-3 是用三因素分析法做的销售差异分析。

○ **案例 8-3**

假设某企业第 1 季度预算销售量为 500 万件，平均价格为 3 元，销售额为 1 500 万元。第 1 季度实际销售了 400 万件，平均价格为 3.5 元，实际销售额为 1 400 万元。销售差异为 −100 万元，采取双因素分析法，则数量因素的影响是 −300 万元，价格因素的影响是 200 万元。

但经过调查发现很多产品的价格是下降的，为什么平均价格反而上升了呢？

假设该企业的销售业务分为 A 业务与 B 业务，如表 8-1 所示。

表 8-1　销售差异例子

业务类别	预算			实际			差异		
	数量（万件）	价格（元）	收入（万元）	数量（万件）	价格（元）	收入（万元）	数量（万件）	价格（元）	收入（万元）
A 业务	100	5.00	500	200	4.80	960	100	−0.20	460
B 业务	400	2.50	1 000	200	2.20	440	−200	−0.30	−560
合计	500	3.00	1 500	400	3.50	1 400	−100	0.50	−100

A业务的数量增加了100万件，价格下降了0.2元/件，收入增加了460万元。

B业务的数量减少了200万件，价格下降了0.3元/件，收入减少了560万元。

合计的数量减少了100万件，价格却上升了0.5元/件，收入减少了100万元。

通过三因素分析法进行销售差异分析，结果如下：

$$数量因素差异 = (-100) \times 3 = -300（万元）$$

$$价格因素差异 = (-0.2) \times 200 + (-0.3) \times 200 = -100（万元）$$

$$产品组合因素差异 = -100 - (-300) - (-100) = 300（万元）$$

总的销售差异为：$-300 - 100 + 300 = -100$（万元）

让人惊讶的是，平均价格增加了0.5元，但A业务与B业务各自的价格是下降的，平均价格的增加来自产品组合的变化，其中销售价格更高的A业务增加了一倍的数量，B业务则减少了一半的数量，由此将平均价格拉高了。

如果没有使用三因素分析法，就难以看到业务的真相，也会掩盖A业务与B业务的价格都比预算低的问题。三因素分析法更容易判断销售的差异对利润的变化产生的影响。这是三因素分析法的优势。

我们再看下面的案例8-4，假设你是财务总监，该如何回答总经理的问题？

○ 案例8-4

月初，某公司的总经理召集了一个管理层会议，其中一个环节是讨论本月的销售情况。

总经理问销售总监："这个月的销售情况估计会怎么样？"

销售总监："按照目前的销售计划，这个月销售收入比预算会少 485 千美元，大约少了 3%。"

总经理觉得差异不是很大，问财务总监："可不可以简单估计一下，这个销售变化对利润的影响是多少？"

假设预算的变动边际贡献率为 40%，毛利率为 30%，营业利润为 15%，净利润为 10%。

假设你是财务总监，在只知道销售收入少了 485 千美元的情况下，会如何应答？可否使用其中一个利润率来进行快速预测？此时，有经验的财务分析人员会警惕，仅仅依据销售收入的变化，就能够判断对利润的影响吗？

你可以问销售总监，收入少了，销售数量呢？假如销售总监很尴尬地回答，销售数量多了 134 吨。这个时候，你要立刻反应过来，销售数量多了，但销售收入少了，那么平均价格肯定出问题了。而价格的下降对利润的影响更大，需要做进一步的研究，可以建议会后由销售总监提供更多的销售数据，并做销售差异分析。

会后，销售总监提供了销售的汇总表，财务总监把预算与预测的销售数据放进模型做了差异分析，结果如表 8-2 所示。

如表 8-2 所示，销售收入少了 485 千美元，区分为三个因素，分别计算得到：

数量因素差异 =512（千美元）

价格因素差异 =-861（千美元），即每一类产品的价格差异乘以各自的预测数量，再加总起来

产品组合因素差异 =-135（千美元）

合计变化 =-485（千美元）

区分为三个因素之后，可以采用适当的利润率来进行判断了。对于数量因素，制造业企业可以用预算的变动边际贡献率来计算，其他行业的企业可

以用预算的毛利润率进行预测，产品组合的因素比较复杂。假设预算的变动边际贡献率为40%，产品组合因素的影响为50%，价格因素的变化对利润的影响为100%。

表 8-2　销售差异分析（a）

业务类别	预算			预测			差异		
	数量	收入	单价	数量	收入	单价	数量	收入	单价
	吨	千美元	美元/千克	吨	千美元	美元/千克	吨	千美元	美元/千克
医疗									
- 高端	1 428	6 563	4.60	1 448	6 218	4.29	20	−345	−0.30
- 中端	697	2 692	3.86	623	2 281	3.66	−74	−411	−0.20
- 普通	97	301	3.10	194	588	3.03	97	287	−0.07
卫生									
- 中高端	465	1 423	3.06	646	1 874	2.90	181	451	−0.16
- 普通	1 090	3 447	3.16	1 000	2 980	2.98	−90	−467	−0.18
合计	3 777	14 426	3.82	3 911	13 941	3.56	134	−485	−0.25

表 8-2　销售差异分析（b）

	收入变化（千美元）	影响利润的比率	影响利润（千美元）
- 数量	512	40%	205
- 价格	−861	100%	−861
- 组合	−135	50%	−68
合计	−485		−724

综合上面的销售差异对利润的影响，结果居然高达724千美元！

如果没有使用三因素分析法，就很难判断出销售的变化对利润的影响居然有这么大。

通过三因素分析法，我们可以快速地分析与诊断销售的差异，并对销售变化对利润的影响做出可靠的估计。在本案例中，产品组合对收入的影响

是 −135 千美元，对于其对利润的影响，用 50% 做了简单估计。其实，对于产品组合因素对利润的影响，是难以决定一个合理的利润率的。利润表常见的变动边际贡献率、毛利润率、营业利润率或净利润，都无法作为产品组合因素影响利润的比率。

实际上，产品组合因素对收入与利润的影响，是动态变化的，需要对其做进一步的分析。

图 8-2 是产品组合影响收入与利润的研究，是对产品组合差异进行分析。

业务类别	产品组合 –预算	产品组合 –预测	差异	预算毛利率
医疗				
- 高端	37.8%	37.0%	−0.8%	40%
- 中端	18.5%	15.9%	−2.5%	25%
- 普通	2.6%	5.0%	2.4%	15%
卫生				
- 中高端	12.3%	16.5%	4.2%	20%
- 普通	28.9%	25.6%	−3.3%	15%
合计	100.0%	100.0%	0.0%	
加权平均价格（美元 / 千克）	3.82	3.78		
差异（预测 − 预算）（美元 / 千克）			−0.03	
产品组合影响收入（千美元）			−135	
加权平均毛利率	26.9%	26.7%	−0.2%	
产品组合影响利润（千美元）			−33	

图 8-2　产品组合影响收入与利润的研究

第一步，分别以销售数量计算预算与预测的产品组合的百分比。

第二步，计算加权平均价格。预算的加权平均价格为各类产品的预算价格乘以各自产品组合的比率，得到了 3.82 美元 / 千克，与预算的平均价格一样。预测的加权平均价格，用预测的产品组合乘以各类产品的预算价格（注意，不是预测价格！），得到了 3.78 美元 / 千克。两者差异为 −0.03 美元 / 千克（有小数点取位偏差），再乘以预测的销售数量 3 911 吨（见表 8-2），得到了产品组合因素对收入的影响为 −13.5 万美元。

第三步，依照预算中各类业务的预算毛利率，计算出加权平均的毛利率，预算为 26.9%，预测为 26.7%，差异为 −0.2%，即产品组合影响了毛利率，且是消极的影响。最后，用 −0.2% 乘以预测的销售收入 1 394.1 万美元，得到了 −3.3 万美元，即产品组合影响利润的数字。

经过上述的产品组合影响收入与利润的研究，可以将产品组合这个因素对利润的影响，通过公式与模型实现计算，表 8-3 为调整后的销售差异分析。

表 8-3　调整后的销售差异分析

	收入变化（千美元）	影响利润的比率	影响利润（千美元）
数量	512	40%	205
价格	−861	100%	−861
产品组合	−135	25%	−33
合计	−485		−690

通过对销售的差异因素分析可知，产品组合变化对利润的影响是不可捉摸的。在实际工作中，当产品组合对收入的影响比较小的时候，更加难以判断其影响利润的比率，甚至可能为负数。只有用公式与模型才能够计算。上述案例的计算方法与模型，是笔者在长期的实践工作中创造出来的，并经过不断优化，实用性很强，可以快速判断销售的变化对利润的影响。在笔者的培训与咨询经历中，笔者乐意分享与传授这个计算方法与模型，帮助了很多的学员与企业。掌握了三因素分析法的学员，可以尝试开发出适合公司业务

的销售差异分析模型，快速判断销售收入变化对利润的影响。

8.1.3　销售差异动态分析法

双因素分析法与三因素分析法可以揭示销售的变动，但无法分析出变化因素背后的业务动态。比如数量的变化隐含了产品的变化及客户的变化。如果总销售数量增加了，则反映了总销售数量的改善，但可能掩盖了部分产品或部分客户业务滑坡的问题。

比如某个月销售数量比预算多了 500 吨，但关键客户 A 的销售数量少了 200 吨，如果只分析总销售数量的变化，就掩盖了客户 A 的问题。

销售差异动态分析法试图克服这个问题，对销售差异更多地从业务与客户的角度去分析，以揭示业务的真实情况。销售差异动态分析的思路是，分别从价格因素、数量因素、丢失客户、新增客户与产品转换等几个因素进行分析，具体如下。

1. 价格因素

先把销售区分为客户代码与产品代码，再各自比较价格与数量的变化。分析价格的变化对销售的影响，针对的是两个期间都存在的客户与产品，计算公式为：（新价格−旧价格）× 新数量。

如果需要，又可以按照价格变化，再区分为两类，一类为新价格等于或大于旧价格的，另一类为新价格小于旧价格的。通过这样的区分，既可以快速找到价格下降的业务，又可以判断出哪些客户的价格下降了。

2. 数量因素

跟价格因素一样，分析数量变化对销售的影响，针对的是两个期间都存在的客户与产品，计算公式为：（新数量−旧数量）× 旧价格。

同样，也可以按照数量的变化，再区分为两类，一类为新数量等于或大于旧数量的,另一类为新数量小于旧数量的。通过这样的区分与分析,可以快速发现哪些客户的销售数量减少了。

再次强调,上述价格因素与数量因素,都是针对两个比较期间都存在的客户与产品,可以称这类业务为核心业务。

3. 丢失客户

当一个客户在上一期间采购但在新的期间没有采购时,其影响归入"丢失客户",变化的数字就是丢失客户的上一期间的销售收入。然后可以依照客户区分,发现丢失了哪些客户。

4. 新增客户

当一个客户在上一期间没有采购,但在新的期间采购时,其影响归入"新增客户",刚好与前面的"丢失客户"相反。"新增客户"因素的数字,是新增客户在本期的销售收入,同样可以依照客户区分,知道新增了哪些客户。

5. 产品转换

当一个客户在上一期采购产品 A,但在当期停止采购产品 A,而采购了产品 B,这就是"产品转换"。不是"丢失"或"新增"客户,只是客户改变了采购的产品。这个因素的数字是产品转换对销售收入的影响。

6. 其他

其他指除了上述因素之外的差异,一般是比较小的差异,不做探讨。

图 8-3 是销售差异动态分析瀑布图,今年同期与上年同期相比,销售有微弱的上升,但是中间的变化却非常大,其中核心业务(此因素为核心业务的数量变化)与丢失客户造成了很大的消极影响,新增客户带来的收入小于丢失客户的影响,而产品转换是积极因素,说明客户购买了更多的新产品。

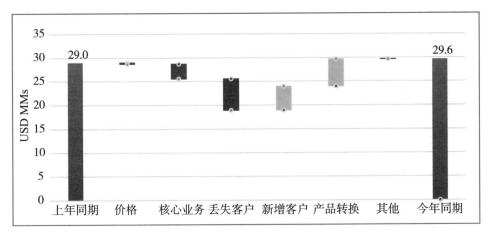

图 8-3　销售差异动态分析瀑布图

　　销售差异的动态分析为业务决策与深度分析提供了可能，但前提是，具备详细的销售数据库，销售数据要区分到客户代码与产品代码。在实际执行时，客户代码设置到客户集团会比较适合。

　　销售差异的动态分析方法，更适合对实际数据的分析，比如本月与上年同期的对比，或者本季度与上个季度的对比。销售数据可以从 ERP 系统导出，整理后再进行差异动态分析。

8.1.4　数据透视表分析法

　　销售的差异，如果用数据透视表分析，需要整理好销售数据库。销售数据库，包括了上年的实际销售数据、本年的预算销售数据以及本年的实际销售数据，可以据此进行多个角度的比较。比如对本月与本年累计的销售，与预算做比较分析，或与去年同期做比较分析。

　　举个例子，公司对销售区域和客户的销售差异进行比较分析。假设公司在 A、B、C 三个地区，其预算销售额在 6 月分别为 1 500 万元、500 万元和 2 000 万元，销售总额为 4 000 万元。而实际销售额分别是 1 400 万元、525

万元和 1 075 万元，总额为 3 000 万元。可见，A 地区有 6.7% 的负偏差，但 B 地区有 5% 的正偏差，而 C 地区有 46% 的负偏差，显然主要问题在 C 地区。利用数据透视表，继续将 C 地区的销售按客户区分，则可以知道偏差来自哪些客户。

通过数据透视表的分析方法，可以对销售的变化进行各种维度或组合的分析。但前提是必须定期更新与维护销售数据库，也可以直接开发软件，定制销售数据的查询与分析报告。

8.2 利润差异分析：利润与毛利润率的差异分析

利润差异分析是财务分析的重点内容。每个月结完账后，需要对实际与预算的利润差异、实际与上年同期的利润差异进行分析，找出差异的因素，提出有建设性的建议，从而对后期的生产经营产生影响。

利润差异分析的英文为 Profit Bridge Analysis，即对利润的差异进行桥梁式的分析。分析实际与预算的差异，左边为预算，右边为实际，中间的变化因素是联通两边的桥梁，每一个变化因素是构成桥梁的板块。

对利润差异进行分析，要依照行业与成本系统选择适当的差异因素，并确定每个差异因素的计算公式。利润差异分析针对的是核心利润指标，即用作绩效考核的利润指标，比如毛利润、营业利润或净利润，或者在跨国企业中常见的 EBIT 或 EBITDA。

举个例子，假设某制造业企业采用了标准成本系统，要对毛利润进行差异分析，差异因素包括了营业收入、原材料成本、直接人工、变动制造费用与固定制造费用。

营业收入的差异可以进一步区分为数量、价格、产品组合以及销售折扣与折让的影响。

原材料成本的差异可以区分为采购价格差异（PPV）、材料消耗差异（MUV）与产品组合的影响。

直接人工的差异可以区分为直接人工差异与产品组合的影响；变动制造费用差异可以区分为变动制造费用差异与产品组合的影响；固定制造费用差异可以区分为折旧、其他固定制造费用与生产数量差异。

产品组合的变化会影响销售收入，也会影响原材料成本、直接人工与变动制造费用的变化，可以单独作为一种因素来考量。

总结一下，使用了标准成本的制造业企业，其实际与预算的毛利润差异因素可以确定为：数量、价格、产品组合、销售折扣与折让、PPV、MUV、直接人工差异、变动制造费用差异、固定制造费用差异与生产数量差异。

假设公司对 EBITDA 进行差异分析，则可以将差异因素区分为销售数量、销售价格 / 组合、原材料、现金制造费用、营业费用，其计算公式如下：

$$销售数量 =（新数量 - 旧数量）\times（旧单位毛利 + 旧单位折旧）$$

$$销售价格 / 组合 =（新价格 - 旧价格）\times 新数量$$

$$原材料 = 新数量 \times（旧单元材料成本 - 新单元材料成本）$$

$$\genfrac{}{}{0pt}{}{现金}{制造费用} = 新数量 \times \left(\genfrac{}{}{0pt}{}{旧单元}{制造费用} - \genfrac{}{}{0pt}{}{旧单元}{折旧} - \genfrac{}{}{0pt}{}{新单元}{制造费用} + \genfrac{}{}{0pt}{}{新单元}{折旧} \right)$$

$$营业费用 = 旧营业费用 - 新营业费用$$

如果该企业用标准成本，可以继续拆分为销售数量、销售价格、产品组合、PPV、MUV、制造费用差异、生产数量差异、营业费用（如有必要，还可以细分为管理费用、销售与营销费用、运费和研发费用），以及其他（可以再细分为货币因素、通货膨胀与其他），表 8-4 为标准成本下的 EBITDA 差异分析。

表 8-4 标准成本下的 EBITDA 差异分析

简单因素	分拆 1	分拆 2	分拆 3
销售数量	销售数量		
销售价格 / 组合	销售价格	折扣与折让	产品组合
原材料	PPV	MUV	产品组合
现金制造费用	制造费用差异	生产数量差异	产品组合
营业费用	管理费用	销售与营销费用	运费
其他	货币因素	通货膨胀	其他

确定了销售差异因素与计算公式后，需要搭建模型，与管理报表的利润表进行关联并计算，最后用瀑布图表现出来。图 8-4 为 EBITDA 差异分析瀑布图。

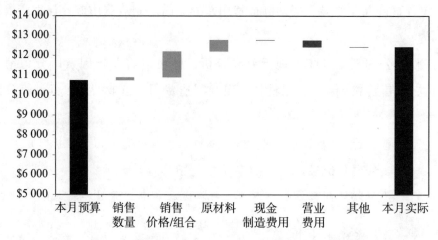

图 8-4 EBITDA 差异分析瀑布图

除了分析利润的差异，有些公司还会对利润率的差异进行分析，尤其是分析毛利润率的差异。对毛利润率的差异进行分析会比较困难，但有些企业特别需要进行这项工作，比如对于消费品行业，毛利润率指标非常重要，对其变化的差异分析是管理层的迫切需求。但是，毛利润率等于毛利润除以销售收入，毛利润与销售收入各有实际值与预算值，分子与分母都变化了，难以进行差异分析。

　　笔者去企业进行财务内训时，被多个著名企业的财务分析团队询问，能否搭建财务模型以进行毛利润率的差异分析？如何实现毛利润率的差异分析？案例 8-5 是笔者的研究成果，笔者创造性地开发了毛利润率的差异分析模型，供读者参考。

○ 案例 8-5

　　有一家企业某月的预算销售收入为 57 530 万元，毛利润为 12 088 万元，毛利润率为 21.0%；实际销售收入为 54 293 万元，毛利润为 10 025 万元，毛利润率为 18.5%。毛利润率的差异为 -2.5%，如表 8-5 所示。现要对毛利润率的差异进行分析。

表 8-5　毛利润率差异变化

	销售收入（万元）	毛利润（万元）	毛利润率
预算	57 530	12 088	21.0%
实际	54 293	10 025	18.5%
变化	（3 237）	（2 063）	-2.5%

　　毛利润率差异分析的思考过程分为四步。

　　第一步，对销售收入与毛利润的差异进行分析，销售收入的差异为 -3 237 万元，毛利润的差异为 -2 063 万元。销售收入与毛利润的差异分析，是针对金额变化的差异分析，容易实现。假设销售收入的变化区分为数量、价格、产品组合与货币因素，毛利润的变化因素有数量、价格、产品组合、货币因素、原材料、制造效率、通货膨胀与其他，具体如表 8-6 所示。

　　第二步，对实际的毛利润率进行调整，用实际毛利润除以预算的销售收入，即假设销售收入不变的情况下的毛利率经调整后为 17.4%，与预算的 21.0% 的毛利润率相比，有 -3.6% 的差异。

　　第三步，用毛利润的变化金额（-2 063 万元）除以预算的销售收入（57 530 万元），等于 -3.6%，即调整后的毛利润率变化。同理，可以用毛利润的变化因素分别除以预算的销售收入，得到了一个不考虑销售影响的毛利润率变化，合计为 −3.6%。

表 8-6 销售收入变化与毛利润变化

变化因素	销售收入变化	毛利润变化
数量（万元）	（2 227）	（684）
价格（万元）	（3 898）	（3 898）
产品组合（万元）	2 549	345
货币因素（万元）	339	209
原材料（万元）	—	1 909
制造效率（万元）	—	416
通货膨胀（万元）	—	（304）
其他（万元）	—	（56）
合计（万元）	（3 237）	（2 063）

第四步，对销售收入的变化影响进行计算与分摊。实际销售收入比预算销售收入少 3 237 万元，即分母变小了，导致毛利润率增加了 1.0%。销售收入的变化因素可以区分为数量、价格、产品组合与货币因素。同理，若四个销售变化的因素是负数，对毛利润率变化的影响是正数，若销售变化因素是正数，则对毛利润率变化的影响是负数。最后，将不考虑销售影响的毛利润率变化与销售影响的毛利润率变化加总，得到了考虑销售影响的毛利润率变化，合计为 −2.5%，如表 8-7 所示。这样，利用已经存在的销售与毛利润差异分析，解决了企业对毛利润率差异进行分析的难题。

表 8-7 毛利润率变化分析（a）

	销售收入（万元）	毛利润（万元）	毛利润率	调整后的毛利润率
预算	57 530	12 088	21.0%	
实际	54 293	10 025	18.5%	17.4%
变化	（3 237）	（2 063）	−2.5%	−3.6%

表 8-7　毛利润率变化分析（b）

变化因素	销售收入变化（万元）	毛利润变化（万元）	毛利润率变化		
			不考虑销售影响	销售影响	考虑销售影响
数量	（2 227）	（684）	−1.2%	0.7%	−0.5%
价格	（3 898）	（3 898）	−6.8%	1.3%	−5.5%
产品组合	2 549	345	0.6%	−0.8%	−0.2%
货币因素	339	209	0.4%	−0.1%	0.3%
原材料	—	1 909	3.3%		3.3%
制造效率	—	416	0.7%		0.7%
通货膨胀	—	（304）	−0.5%		−0.5%
其他	—	（56）	−0.1%		−0.1%
合计	（3 237）	（2 063）	−3.6%	1.0%	−2.5%

8.3　产品与客户盈利能力分析

企业的盈利能力，可以从三个角度进行分析，分别是整体的盈利情况、产品的盈利情况以及客户的盈利情况。

通过利润表分析，与预算对比，与上年同期对比，可以知道企业的整体盈利情况。比如，企业有盈利吗？在过去几年盈利水平如何？企业的各个利润指标占销售的比例是多少？企业与同行业的其他竞争对手相比如何？

要了解产品的盈利情况，需要将盈利能力分析细分到产品的类别，甚至到产品代码。通过产品盈利能力的分析，可以回答以下问题：哪些产品为公司创造价值？该产品与其他产品相比如何？最有价值的产品（即销售数量多且利润高的产品）是哪些？哪些产品的利润水平很低？

要分析客户的盈利情况，需将销售区分到客户或客户集团，并对成本与费用做适当的分摊，以客户来区分利润表。通过客户的盈利情况分析，可以回答以下问题：为哪些客户提供产品与服务是盈利的？最有价值的客户（即销售数量多且利润水平高的客户）是哪些？哪些客户的销售数量少且利润低，甚至亏损？

如果企业没有办法将利润区分到客户，就难以对客户的价值做出判断，也无法做出取舍，结果是积累了很多没有价值的客户。甚至因为订单量少，有些客户会产生额外的生产成本，而且小客户有时会有更多不合理的要求，或引发不合理的质量索赔，如果成本与费用能够真实区分到客户，这些客户的利润贡献会更加糟糕。

根据二八原则，少数的产品或客户往往创造了多数的利润。在现代的技术与市场竞争环境下，这个现象更加明显。找到价值产品与价值客户，对于企业的盈利能力的提升，有重大的意义。企业在不断发展的过程中，可以有策略地淘汰部分产品或客户，这样可以有效改善盈利能力，提升资产的运转效率，且有利于企业开展精益生产与持续改善项目。

对产品与客户的盈利能力的分析，实际上属于 BI 分析。如果能够做到 BI 分析，就可以对产品与客户的盈利能力进行分析，还可以对其他的业务维度进行区分，比如按市场类别或生产线区分。

在对客户的盈利能力进行分析时，还可以对关键客户进行排名，比如将来自排名前 20 的客户的销售收入与毛利润，与预算对比，与去年同期对比，并快速判断出哪些关键客户有问题，以及哪些关键客户一直为公司创造价值。

对客户与产品的盈利能力的分析，有助于深入分析业务，让每一位销售经理了解自己服务的客户，并判断客户下面的产品有没有问题。

要实现客户与产品盈利能力的分析，需要从 ERP 系统导出基础数据，并对数据进行整理与加工。运用当年预算与往年实际的数据库，并搭建整合了销售与成本费用的数据库，将利润表依照设计的各个字段拆分为颗粒度很细的数据库，再进行任意的组合与查询。采用了标准成本系统的公司，会更加便利，因为通过标准成本可以将标准的原材料成本、直接人工、变动制造费用与固定制造费用区分到客户代码与产品代码。

8.4 流动资金分析

前面的章节在介绍绩效考核指标的时候，已经探讨了企业的流动资金管理。在教科书里，流动资金的定义是流动资产减去流动负债，并认为流动资金越多，企业的短期流动性越强，偿还短期负债的能力越强。

在实际的财务管理中，我们发现流动资金不一定要大于流动负债，而且流动资产与流动负债的科目太多。为简单起见，一般企业的流动资金管理，只需要考虑应收账款、存货与应付账款三个科目，然后考虑现金营运周期与流动资金占销售比率的指标，几个相关的计算公式为：

$$现金营运周期 = DSO + DIO - DPO$$

其中，DSO（应收账款周转天数）= 期末净应收账款 / 年度化销售收入 ×365

DIO（存货周转天数）= 期末净存货 / 年度化销售成本 ×365

DPO（应付账款周转天数）= 期末应付账款 / 年度化销售成本 ×365

流动资金占销售比率 = 流动资金 / 年度化销售收入 ×100%

其中，流动资金 = 期末净应收账款 + 期末净存货 – 期末应付账款

请注意，确定年度化的销售收入与销售成本的计算公式非常重要，但没有绝对的标准，企业可以依照自己的业务模式与实际情况来确定。多数企业适用的是，用最近 3 个月的数字乘以 4 得到年度化数字。但注意，在每年的 1 月与 2 月计算年度化数字时，需要用到上年 11 月与（或）12 月的销售收入与销售成本。

假设某企业的应收账款非常少，其周转天数仅为 10 天左右，那么应采用当月销售收入乘以 12 得到年度化销售收入，用来计算 DSO，更为恰当。存货也一样，如果存货周转天数大约为 15 天，则用当月的销售成本乘以 12 得到年度化销售成本，更为恰当。又假设应付账款的周转天数为 60 天，则用最近 3 个月的数字计算年度化销售成本，更能反映真实业务情况。总之，要充分考虑到企业自身的实际情况。

但在实际工作中，有些企业在计算 DSO、DIO 与 DPO 时，年度化销售

收入或年度化销售成本的计算方法一直是不恰当的，导致计算结果与真实业务情况偏差巨大。案例 8-6 就是一个典型的例子。

○ 案例 8-6

笔者曾经给广州一家大型民营企业讲课，讲到流动资金管理与计算 DSO 时，负责财务分析的主管告诉我，该企业的年度化销售数字是使用逐月加权平均来计算的。比如 1 月的年度化销售数字等于 1 月的销售数字乘以 12，2 月的年度化销售数字等于 1 月与 2 月的销售数字相加再乘以 6，3 月的年度化销售数字等于第 1 季度 3 个月的销售数字相加再乘以 4，……依此类推，12 月的年度化销售数字就是前面 12 个月的实际销售数字的加总。

我当时觉得非常惊讶，质疑为什么会用这个方法来计算 DSO。她说她也觉得奇怪，但这是以前留下来的公式，公司长期使用，不敢妄自修改。我们要知道，财务分析工作考验的是专业知识、逻辑思维与判断能力，如果你发现公司目前的财务分析的公式或模型有问题，就要大胆提出来，进行修正，这不但可以展示你的专业能力与影响力，也会给公司创造价值。

在实际计算年度化的销售数字时，不同的方法计算出来的结果有很多差异，甚至会产生错误的数字。在中国的制造行业，每年的一二月适逢各种节假日，一般为销售的淡季。但是，一二月的应收账款余额往往很多，因为很多应收账款来自上年度第 4 季度（通常为旺季）的销售。如果计算年度化销售收入时，没有考虑上年度第 4 季度的销售数字，就会对 DSO 的计算结果产生巨大影响。案例 8-7 是一个很有代表性的案例。

○ 案例 8-7

某企业 1 ~ 6 月的销售收入与应收账款余额情况如表 8-8 所示，采用不同的计算方法计算年度化销售收入，对 DSO 的结果有重大影响。

第一个计算方法，采用了当月折算，即当月销售收入乘以 12 得到年度化销售收入。因为 1 月与 2 月的销售收入较少，导致这两个月年度化销售收入偏低，从而使得 1 月与 2 月的 DSO 高达 155 天与 105 天，本年平均为 98 天。

第二个计算方法，如同案例 8-6，采用逐月加权平均，1 月与 2 月的销售收入偏低，造成了连续的影响，使得本年平均的 DSO 高达 113 天。

表 8-8　不同计算方法下的 DSO 结果

（金额单位：万元）

月份	11	12	1	2	3	4	5	6	本年平均
月度销售收入	2 500	2 600	1 200	1 500	2 000	2 200	2 200	2 300	
应收账款余额			6 100	5 200	4 800	5 700	6 500	6 600	
年度化销售收入（当月折算）			14 400	18 000	24 000	26 400	26 400	27 600	
DSO（当月折算）			155	105	73	79	90	87	98
年度化销售收入（逐月加权平均）			14 400	16 200	18 800	20 700	21 840	22 800	
DSO（逐月加权平均）			155	117	93	101	109	106	113
年度化销售收入（最近 3 个月年度化）			25 200	21 200	18 800	22 800	25 600	26 800	
DSO（最近 3 个月年度化）			88	90	93	91	93	90	91

第三个计算方法，将最近 3 个月的销售收入年度化，即用最近 3 个月合计的销售收入乘以 4，得到年度化销售收入。注意，在计算 1 月与 2 月的 DSO 时，需要用到上年 11 月与 12 月的数字。可以看到，这样的计算方法下 DSO 变化不大，本年平均为 91 天。这无疑更加接近真实情况。

请注意，计算各种财务指标时，一定要考虑到企业的实际情况与业务模式，也要注意到财务分析的时间节奏。在预算实际执行过程中，需要每个月考核一次，也需要每个月进行财务指标的计算，然后再计算本年的平均值，用作绩效考核，比如考核 DSO、DIO、DPO 与流动资金周转效率。每个月进行计算与考核时，采用应收账款、存货与应付账款的本月期末余额进行计算即可，没必要用本月与上月的期末余额的平均值进行计算。

还要注意，不同行业之间的财务指标的表现迥异，从案例 8-8 可以看到部分上市公司的 DSO 与 DIO 的对比。

○ 案例 8-8

表 8-9 是部分上市公司 2018 年度的 DSO、DIO 与营运周期（DSO+DIO）的对比：

表 8-9 部分上市公司 2018 年度的 DSO、DIO 与营运周期对比

上市公司	DSO	DIO	营运周期
中顺洁柔	42.4	67.2	109.6
茅台	4.4	1 257.7	1 262.1
格力电器	74.2	47.6	121.8
风华高科	101.8	67.2	169.0
广汽集团	27.1	31.1	58.2
南方航空	7.0	4.7	11.7
万科	1.8	1 304.2	1 306.0
苏宁易购	6.7	35.3	42.0

中顺洁柔、格力电器与风华高科属于典型的充分市场竞争的制造业公司，DSO 与 DIO 都比较"正常"。茅台的 DSO 只有 4.4 天，但 DIO 高达 1 257.7 天；万科的 DSO 只有 1.8 天，但 DIO 也高达 1 304.2 天。南方航空的 DSO 只有 7.0 天，估计经销商与代理商难以得到信用期，DIO 也只有 4.7 天，因为航空公司只有航油与一些低值易耗品的存货，微不足道。苏宁易购的主营业务是零售，DSO 只有 6.7 天，DIO 为 35.3 天，这是零售业的普遍特征。

零售业的流动资金非常有行业特色，主要表现为：① DSO 特别少，一般在 3 ～ 6 天；② DIO 非常关键，是判断零售企业管理水平的关键指标；③ DPO 比较长，尤其是中国的零售企业，因为它们可以占用更多的供应商货款；④现金周转天数为负数。案例 8-9 是苏宁易购与沃尔玛的流动资金的表现对比。

○ **案例 8-9**

将苏宁易购与沃尔玛 2016 ～ 2018 年 3 年的流动资金与财务表现进行比较与分析，结果如表 8-10 所示。

表 8-10　苏宁易购与沃尔玛的对比

年份	苏宁易购			沃尔玛		
	2018	2017	2016	2018	2017	2016
DSO	6.7	3.4	2.2	4.2	4.1	4.2
DIO	35.3	36.7	40.2	30.8	31.2	32.4
DPO	−82.5	−91.5	−109.9	−44.6	−45.1	−41.9
现金周转天数	−40.5	−51.4	−67.5	−9.6	−9.8	−5.3
净利润率①	5.16%	2.15%	0.33%	1.40%	2.10%	2.94%
总资产周转率	1.37	1.28	1.32	2.43	2.48	2.44
权益乘数	2.26	1.88	1.96	2.61	2.43	2.40
ROE	15.98%	5.17%	0.85%	8.87%	12.67%	17.23%
营业收入（亿元人民币）	2 450	1 879	1 486			
营业收入（亿美元）	360	276	219	5 003	4 859	4 821

① 苏宁易购的净利润率已经考虑了非主营业务利润，否则，扣非净利润分别为 −3.6 亿元人民币、−0.9 亿元人民币、−11.1 亿元人民币。2018 年苏宁易购的投资收益高达 140 亿元人民币，净利润为 126 亿元人民币。

如表 8-10 所示，苏宁易购的现金周转天数比沃尔玛更长，主要是因为 DPO 长很多，占用了更多的供应商货款。沃尔玛作为世界零售行业的领军企业，本来有更充分的理由与谈判能力获取更长的商业信用周期，但沃尔玛似乎在维持一个相对合理的 DPO，大约为 45 天，而苏宁易购则高达 80 ～ 110 天。不过，苏宁易购的 DPO 在 3 年时间里大幅度下降，从 109.9 天降到了 82.5 天。从会计上来说，这个变化对苏宁易购的现金流是不利的。但是，随着 DPO 的回落，苏宁易购与供应商的商业关系可能会得到改善。如果供应商长期处于不合理的地位，最终会通过提高价格与降低服务质量来获得补偿，零售商自身利益也会受损。可以判断出，以前苏宁易购不合理地占用供应商的货款，苏宁易购主动降低 DPO，对企业未来的可持续发展，是有战略意义的。

此外，苏宁易购与沃尔玛都在孜孜不倦地追求更低的 DIO，苏宁易购从 40.2 天降到了 35.3 天，而沃尔玛则从 32.4 天逐步降到 30.8 天。零售业在存货管理上的精益求精，让人印象深刻。

相对于沃尔玛，苏宁易购还有很大的改善空间。比如总资产周转率，苏宁易购 2018 年只有 1.37，沃尔玛却高达 2.43，这是明显的差距。2018 年，沃尔玛的营业收入高达 5 003 亿美元，苏宁易购只有 360 亿美元，差距巨大，对于苏宁易购来说，还有很大的增长空间。

流动资金的分析是月度财务分析必不可少的内容，公式确定后，难度并不大，只需要将每个月的销售收入、销售成本、应收账款、存货、应付账款相关的科目数字更新一下即可，计算出 DSO、DIO、DPO、现金营运周期与流动资金占销售百分比，然后采取图表的方式来呈现分析结果，一目了然。案例 8-10 是流动资金分析的例子，可作为参考。

○ 案例 8-10

表 8-11 是流动资金的分析实例，每个月对流动资金进行分析，分别计算 DSO、DIO、DPO、现金营运周期与流动资金占销售百分比，并用图表演示。

表 8-11　流动资金的分析

（金额单位：万元）

项目	11月20日实际	12月20日实际	1月21日实际	2月21日实际	3月21日实际	4月21日实际	5月21日实际	6月21日实际	7月21日实际	8月21日实际	9月21日实际	10月21日实际	11月21日实际	12月21日实际	2021年平均
净销售收入	4 376	5 469	2 824	3 514	4 260	3 622	3 248	4 339	3 952	3 965	4 852	4 326	4 761	5 144	48 807
销售成本	3 641	4 171	2 252	1 885	2 877	2 726	2 821	3 081	2 797	3 281	3 563	3 386	3 583	3 924	36 176
应收账款			6 210	5 728	6 973	5 699	6 130	5 332	6 235	6 011	6 200	7 028	7 244	7 412	6 350
坏账准备			-169	-169	-47	-35	-34	-42	-42	-42	-52	-52	-52	-45	-65
净应收账款			6 041	5 559	6 926	5 664	6 096	5 290	6 193	5 969	6 148	6 976	7 192	7 367	6 285
DSO			44	43	60	45	50	43	49	44	44	48	47	47	47
原材料			785	681	762	654	754	604	637	761	980	964	869	820	773
在途物资			—	4	9	9		156	135	16	50	224	46	441	108
半成品			-102	-67	-33	-17	-28	-17	-48	-48	-29	-34	-37	—	-38
产成品			3 441	3 377	3 137	2 305	2 340	2 357	2 271	2 512	2 403	2 322	2 151	2 187	2 567
合计存货			4 124	3 995	3 866	2 951	3 066	3 100	2 995	3 241	3 404	3 476	3 029	3 448	3 409
合计存货损失准备			-1 413	-830	-634	-108	-480	-362	-63	11	87	-89	16	28	-320
净存货价值			2 711	3 165	3 232	2 843	2 586	2 738	2 932	3 252	3 491	3 387	3 045	3 476	3 090

（续）

	11月20日实际	12月20日实际	1月21日实际	2月21日实际	3月21日实际	4月21日实际	5月21日实际	6月21日实际	7月21日实际	8月21日实际	9月21日实际	10月21日实际	11月21日实际	12月21日实际	2021年平均
DIO			25	35	42	35	28	29	31	32	33	30	26	29	31
合计应付账款			3 526	3 202	3 788	3 717	3 601	3 654	3 819	4 427	4 987	5 131	4 874	4 499	4 102
DPO			32	35	49	45	39	39	40	44	47	46	42	38	41
DSO			44	43	60	45	50	43	49	44	44	48	47	47	47
DIO			25	35	42	35	28	29	31	32	33	30	26	29	31
DPO			32	35	49	45	39	39	40	44	47	46	42	38	41
现金营运周期			36	43	52	35	39	33	40	33	30	33	31	39	37
应收账款			6 041	5 559	6 926	5 664	6 096	5 290	6 193	5 969	6 148	6 976	7 192	7 367	6 285
存货			2 711	3 165	3 232	2 843	2 586	2 738	2 932	3 252	3 491	3 387	3 045	3 476	3 072
应付账款			3 526	3 202	3 788	3 717	3 601	3 654	3 819	4 427	4 987	5 131	4 874	4 499	4 102
合计			5 226	5 522	6 370	4 790	5 081	4 374	5 306	4 794	4 652	5 232	5 363	6 344	13 459
流动资金占销售百分比			10.3%	11.7%	15.0%	10.5%	11.4%	9.8%	11.5%	9.8%	9.1%	10.0%	9.6%	11.1%	10.8%

8.5　财务报表分析

财务报表分析也是财务分析必不可少的内容，分析的频率为月度或季度。

财务报表分析容易标准化，可以设计分析指标的公式、模型与图表，但要先建立财务报表的分析思路与框架。难点在于如何解读财务报表的分析结果，发现有价值的信息，并提出有建设性的建议。下面将对财务报表分析的目的、思路与方法展开描述。

8.5.1　财务报表分析的目的

因为立场不同，对于不同的利益相关者来说，财务报表分析的目的各不相同。

比如，企业的主管单位、集团总部与投资者会重点检查企业有关资源的配置，是否配合公司的战略、经营计划与预算目标，以及资产保值、增值情况。

企业的管理层会重点检查企业的盈利能力、营运能力和资金使用的效益，了解投资报酬和投资风险。

企业债权人则重点分析企业的偿债能力，评估企业财务安全与风险程度等。

政府与税务部门则会重点检查企业是否合法合规，是否遵守会计法律与会计准则，是否依法纳税。

笔者认为，作为财务分析师，需要更多地从前面两个利益相关者的角度进行分析，为投资者与管理层提供有价值的建议。

8.5.2　财务报表分析的思路

财务报表分析的对象主要是三大财务报表，分别对应企业的财务状况、经营成果和现金流量。财务报表的各个科目的具体数据只是基础，各种财务比率或指标是骨架，趋势与比较是核心。

第一，确定报表分析的角度与框架。

月度或季度财务报表分析可以分为三个角度，如营运能力、偿债能力与盈利能力。三个角度的顺序，可以依据企业情况与管理层要求而定。

区分为三个角度的财务报表分析框架，已经足够用于月度与季度财务报表分析。如果是年度财务分析，可以加上成长能力的分析。

第二，选择适合公司业务的财务指标。

比如，营运能力指标包括应收账款周转天数、存货周转天数、应付账款周转天数、现金营运周期（现金周转天数）、总资产周转率。

偿债能力指标包括流动比率、资产负债率、利息保障倍数、权益乘数。

盈利能力指标包括销售毛利率、营业利润率、净利润率、净资产收益率。假设是上市公司，则还包括每股收益、每股净资产与市盈率。另外，对于净资产收益率，可采用杜邦分析法，分别观察净利润率、总资产周转率与权益乘数。

成长能力的分析指标包括销售收入增长率、净利润增长率、总资产增长率、净资产增长率。

分析财务报表时，我们要筛选出适合公司业务与实际情况的指标。比如，营运能力指标是采用周转次数还是天数，只要依照公司习惯选择一个即可。在实际的应用中，笔者会建议使用周转天数，因为它更好理解。

第三，建立分析指标的计算公式与模型，与三大报表相关联。

每个月完成结账后，更新财务报表，即可输出财务报表分析结果。分析结果可以为报表和可视化图表的形式。

第四，解读与诊断分析结果，并提出有建设性的建议。

确定财务报表分析的框架与得出计算结果不是难点，困难的是怎么解读与诊断。这不但需要我们有扎实的财务会计知识，也需要有丰富的行业知识与经验。同样的内容经不同的人解读，结果会大相径庭。

比如，一个公司的 DPO 前几年为 40 天，今年上升到了 80 天，这是好的变化，还是坏的变化？从表面来看，应付账款周转天数延长，意味着占用更多的供应商货款，对企业是好事，一般的财务人员会这么认为。经验丰富的财务分析师则很谨慎，会检查应付账款的余额中，有多少是逾期的？如果逾期的很少，说明信用期延长了，这通常是好事。如果逾期的很多，说明公司在拖延付款。拖延付款，是公司有意为之，还是管理的问题，或者是现金流出问题？

相反，如果一个公司的应付账款周转天数去年是 80 天，今年下降到了40 天，这是好事，还是坏事？答案是不一定，需要做进一步的调查。首先，去年的 80 天是合理的吗？与同行业相比，是不是明显高了？应付账款的余额里面，有多少是逾期的？今年 DPO 的下降是主动的还是被动的？假设，这个公司去年的 80 天是不合理的，因为公司流动资金管理不善，现金流紧张，公司养成了拖延付款的习惯，供应商已经怨声载道。今年，新任的财务总监加强财务管理，改善了流动资金与现金流状况，使得公司有能力清理严重逾期的应付账款。从表面上来看，DPO 下降，似乎对公司现金流不利，但是这么做可以缓和公司与供应商的关系，修复企业的声誉。在长时间准时付款的信用加持下，财务总监可以向采购部门提出，要求供应商延长信用期，或者提供更优惠的价格。这样可以改善流动资金或降低成本。财务部门这样对待供应商，可保持合理的商业关系，为企业创造价值与效益。

8.5.3　财务报表分析的方法

财务报表分析的方法，主要有结构分析法、趋势分析法与同行比较法，具体介绍如下。

1. 结构分析法

财务报表结构的分析，主要针对资产负债表与利润表。资产负债表是每一个科目与总资产相除得到的百分比，利润表是每一个科目与营业收入相除得到的百分比。

分析财务报表的结构，需要与公司过去年度比较，甚至需要比较过去几年的变化。比如用过去3年的资产负债率与流动比率的变化，来判断企业的偿债能力与财务风险。在利润表里，观察毛利润率在过去3年的变化，可以判断企业的盈利能力，再观察销售费用的占比，可以判断销售费用的使用效率。

分析财务报表的结构，还可以与优秀的同行对比，判断企业的竞争力。比如一家房地产企业的资产负债率为90%，另一家同行业标杆企业是70%，两者的财务报表结构与风险有很大的差异，前者的财务风险巨大，而后者则相对稳健。

2. 趋势分析法

趋势分析的重要内容是资产、收入和利润。

对于资产的变化，主要分析变化是来源于负债还是股东权益，此外要关注各资产科目的比例变化，其体现了企业经营模式的变化。

对于收入的变化，主要分析变化是来源于自身发展，还是通过并购，并要与同行业主要竞争对手对比，判断市场占有率水平。

关于利润，重点关注毛利润率的变化、净资产收益率的变化，可利用杜邦分析法来观察，并深入分析绩效考核KPI中的利润指标。

3. 同行比较法

同行比较法是与同行业的其他上市公司的财务情况进行比较分析，了解公司在行业中的优势与劣势，快速判断企业的竞争力、成长性与稳健性。

案例 8-11 是一个典型的例子，可以让我们对财务报表分析的思路、框架与模型有直观的认识。

○ 案例 8-11

笔者在念 MBA 的时候，财务会计课程的教授提供了一套财务报表分析的模型，将财务报表分析的指标，区分为三个角度。

短期活动性分析：包括了应收账款周转次数与天数、存货周转次数与天数、经营周转天数、应付账款周转次数与天数、现金周转天数与流动比率。

长期债务偿还能力分析：包括了资产负债率、负债与所有者权益比率、利息保障倍数、固定资产周转天数。

盈利能力分析：包括了毛利润率、营业利润率、净利润率、总资产收益率、净资产收益率。分析上市公司的财务报表，则加上每股财务指标，包括每股收益、每股股价、市盈率与市净率。此外，可对净资产收益率采用杜邦分析法，分拆为净利润率、总资产周转率与权益乘数。

表 8-12 是笔者完成的作业，是青岛啤酒与金威啤酒 2004 ～ 2006 年 3 年的财务报表分析，通过对三个角度的财务指标进行分析，判断哪个企业更值得投资。

表 8-12　财务报表分析例子

	青岛啤酒			金威啤酒		
	2006	2005	2004	2006	2005	2004
短期活动性分析						
应收账款周转次数	71.5	45.7	32.5	33.3	26.8	29.9
应收账款周转天数	5.1	8.0	11.2	11.0	13.6	12.2
存货周转次数	5.2	5.0	3.7	5.3	5.8	5.0
存货周转天数	69.9	73.4	97.6	68.3	63.4	73.5
经营周转天数	75.0	81.4	108.8	79.3	77.1	85.7
应付账款周转次数	7.6	6.5	4.4	6.7	12.0	12.4

（续）

	青岛啤酒			金威啤酒		
	2006	2005	2004	2006	2005	2004
应付账款周转天数	47.9	56.5	82.6	54.8	30.4	29.5
现金周转天数	27.1	24.9	26.3	24.5	46.7	56.2
流动比率	0.9	0.8	0.8	1.1	1.8	3.3
长期债务偿还能力分析						
资产负债率	40.5%	42.2%	46.0%	37.1%	25.2%	11.0%
负债与所有者权益比率	68.0%	73.1%	85.3%	59.0%	33.7%	12.3%
利息保障倍数	24.3	13.4	12.4	34.1	973.3	n/a
固定资产周转天数	2.0	1.7	1.3	0.7	0.8	0.9
盈利能力分析						
毛利润率	31.5%	30.4%	34.7%	40.6%	44.2%	47.9%
营业利润率	5.6%	5.8%	7.3%	9.0%	17.3%	20.4%
净利润率	3.8%	3.4%	3.9%	7.8%	16.7%	18.4%
总资产收益率	4.7%	3.5%	3.2%	3.9%	9.2%	10.1%
净资产收益率	8.0%	6.3%	5.9%	5.7%	11.3%	11.5%
每股收益（元／股）	0.34	0.25	0.27	0.08	0.15	0.13
每股股价（元／股）	13.19	8.54	8.35	3.12	3.02	2.43
市盈率	38.78	34.14	30.93	38.55	20.20	18.83
市净率	3.05	2.12	1.78	2.18	2.18	1.93
杜邦分析法						
净利润率	3.8%	3.4%	3.9%	7.8%	16.7%	18.4%
总资产周转率	1.22	1.03	0.82	0.50	0.55	0.55
权益乘数	1.71	1.79	1.82	1.46	1.24	1.13
净资产收益率	**8.0%**	**6.3%**	**5.9%**	**5.7%**	**11.3%**	**11.5%**

结论：

青岛啤酒已经以良好的品牌与美誉度在中国确立了无可取代的地位，并获得了可观的市场份额。

青岛啤酒具有更强的营运效率和资产管理能力。

青岛啤酒的盈利能力很稳定,并可期待在未来会持续改进。金威啤酒在消费能力强的广东市场获取了更高的利润。然而,没有证据证明金威啤酒还可以在其他地区获取同等的利润。而且,我们估计将来广东市场上也会出现更多的竞争对手,这对金威啤酒未来的盈利构成巨大的挑战与风险。

在 2006 年底,青岛啤酒与金威啤酒的市盈率都约为 39 倍,但我们可以想象青岛啤酒的业务状况与盈利在未来会持续改善,而金威啤酒显然会面对更多的风险与不确定性。

因此,我们决定投资青岛啤酒。

5

滚 动 预 测

第 9 章

滚动预测的方案与模型

预算的执行与控制的方式，除了进展报告与财务分析，还有滚动预测。要注意，滚动预测不是滚动预算，很多人会混淆两个财务术语。

滚动预算是编制预算时，将预算期与会计期间分离，随着预算的执行，不断更新预算，逐期向后滚动，使预算期间始终保持在一个固定的时间长度，比如 12 个月或 4 个季度。滚动预算通常每 3 个月更新一次，每个季度的绩效考核目标值也随着滚动预算而变化。

滚动预测是企业定期对公司未来一段时间的经营状况进行预测，预测能否实现本财务年度预算的目标，然后依照预测情况，采取必要的行动，以补充或更新滚动预测的结果。滚动预测是定期编制的，可以每周、每个月或者每个季度编制一次。

每周一次的滚动预测，只是持续预测当月的结果。一般只对利润表进行预测，判断能否实现当月的预算目标值，以确定是否有必要对本月的经营采取干预行动。

每个月或每个季度的滚动预测，预测的时间维度更长，比如到财务年度年底，或者跨越到下一个财务年度。具体的滚动预测方案要和公司的滚动预测政策结合起来。

9.1 每周快速预测方案

每周快速预测是每一周对当月的销售与利润进行快速的预测。每周一次的快速预测，形成固定的预测频率，如果能够开发出每周快速预测模型，就无须花费太多时间，让每周滚动预测变得简单。

每周预测需要销售团队每周定期披露本月销售情况。本月销售情况包括两部分：一是本月已经实现的销售数字，二是本月余下时间预测的销售数字。两者结合构成了本月预测的销售数字。销售团队的配合是进行每周预测的前提条件。通过每周的销售预测，销售负责人可以掌握当月销售的情况，决定要不要采取行动，这样有助于实现当月销售目标。

销售团队提供给财务人员的销售预测，要以约定好的业务类别，对销售数字加以区分，并与预算做对比，可以看到各类别的数量与价格的差异。

然后，财务人员结合销售差异分析模型，快速分析销售差异的因素：数量、价格与产品组合，以及计算出各自对利润的影响。再结合利润差异分析模型，预测采购价格差异（PPV）、材料消耗差异（MUV）、制造费用差异、生产数量差异、经营费用差异等，快速预测出当月的利润表现。

最后，判断这个月的销售与利润表现，考虑是否需要采取行动，对本月的销售进行干预。案例 9-1 是每周快速预测模型，可供参考。

○ **案例 9-1**

图 9-1 是每周快速预测模型，预算的销售数字在每个月已经准备好，预测的销售数据由销售团队提供。依照每周快速预测模型，可以快速地预测出本月的核心利润指标 EBITDA，销售差异分析与 EBITDA 差异分析都一目了然。

每周快速预测模型

工厂	苏州
月份	3
预测版本	第一周

预算毛利率	30.0%	
预算 EBITDA	2 785	千美元
预测 EBITDA	2 644	千美元
差异	-141	千美元（详见 EBITDA 差异分析）

	预算			预测			差异		
	数量 吨	价格 美元/千克	销售收入 千美元	数量 吨	价格 美元/千克	销售收入 千美元	数量 吨	价格 美元/千克	销售收入 千美元
业务 1	1 513	2.78	4 199	1 408	2.67	3 766	-105	-0.10	-433
业务 2	1 733	4.09	7 095	1 654	4.15	6 859	-79	0.05	-236
业务 3	662	3.31	2 194	580	3.16	1 831	-82	-0.16	-363
业务 4	19	3.00	57	10	3.51	37	-9	0.51	-20
合计	3 927	3.45	13 545	3 653	3.42	12 493	-274	-0.03	-1 052

差异分析

销售差异分析

数量	-944	
价格	-143	
产品组合	35	
合计	-1 052	

EBITDA 差异分析

数量	-283	（销售差异的数量部分乘以预算毛利率）
价格	-143	（销售差异的价格部分，影响利润的程度为 100%）
产品组合	17	（产品组合的影响，假设影响利润的程度为 50%）
采购价格差异	280	（来自采购管理部门的估计）
材料消耗差异	-50	（来自生产管理部门的估计）
制造费用差异	70	（来自生产管理部门的估计）
生产数量差异	-67	（预测与预算的生产数量差异）
经营费用	35	（估计经营费用）
合计	-141	

图 9-1　每周快速预测模型

9.2　六种滚动预测方案

相对于每周的快速预测，月度与季度的滚动预测覆盖的时间维度更长，也复杂很多。月度或季度的滚动预测要考量下面几个问题。

（1）滚动预测的结果要交给谁？假如你是一个工厂的 FP&A 人员，滚动预测的结果要交给工厂总经理，必须如实报告滚动预测的结果，并建议是否需要采取行动。如果滚动预测是上交给集团总部，就需要与总经理商议，是否需要做更周详的考量，进行适当调整。

（2）预测对业务运作有帮助吗？预警后有没有行动计划？如果我们对滚动预测的结果不满意，能否说服管理层进行干预，或者组织会议与各部门商议是否采取必要的行动或调整滚动预测？这样，滚动预测可以帮助实现公司的预算目标，成为很有意义的工作。如果滚动预测只是用来应付总部，管理层也不重视，那就没有实质的意义。

（3）什么内容必须被预测？明细程度、计量单位和时间要求是什么？滚动预测的频率是月度或季度，编制滚动预测的时间很有限，这决定了滚动预测不可能像预算编制那么详细，必须简单高效。要对预测的内容进行分工，比如销售部门提供销售预测数据，生产运营部门提供产量与材料损耗比率，采购部门要对采购入库数量与价格进行预测，人力资源部需要对工资与福利进行预测等。我们要制订各部门配合的时间表，格式可以参考预算的时间计划表。

（4）预测越明细等于越准确吗？不一定。因为时间的限制，滚动预测的数据无法做到非常明细，我们需要做出判断，哪些数据需要明细，哪些可以用平均值或者目标值。比如，销售的预测数据需要明细，甚至要求以数据库的形式提供，区分到业务单元、客户代码与产品代码，这样可以用每一个产品代码的标准成本，来快速计算标准的原材料成本与制造费用。而销售费用、管理费用、财务费用、研发费用可以参考预算目标值或者最近几个月的趋势，进行简单的估计。

（5）预测的准确性如何？谁对滚动预测的结果负责？不应该考核预算的准确性，但是可以考核滚动预测的准确性。滚动预测的准确性适合作为个人的考核指标，比如考核财务总监或者 FP&A 经理。滚动预测的准确性，需要由总部财务部门或上级单位进行统计与公布，才能确保公平有效。案例 9-2 是笔者的亲身经历，是关于对滚动预测准确性的考核。

○ 案例 9-2

笔者在担任某企业亚洲区 FP&A 总监的时候，对亚洲区的滚动预测准确性负责。每个季度，总部 FP&A 会统计并公布各地区的滚动预测准确性排名，排名第一的地区可以获得水晶球奖，并获得奖金。如图 9-2 所示，2014 年的第 2 季度，亚洲区的 EBITDA 预测值与实际值的偏差为 1.5%，全球最佳，由此得到了奖励。

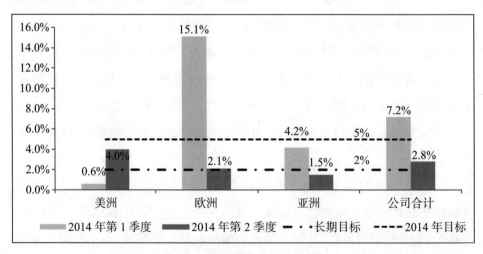

图 9-2　滚动预测准确性比较

对于滚动预测，不同企业有不同的要求。有些公司使用非常简单的方式，比如只是预测未来 3 个月，这样的滚动预测过于简单，时间跨度没有覆盖到整个财务年度，无法通过滚动预测对整个财务年度的经营状况与财务表现进行预测。

完整的滚动预测至少要覆盖整个财务年度，有些公司甚至进行跨年度预测。下面是常见的滚动预测方案，可供参考，我们可以依据企业实际情况进行选择。

方案一：月度滚动预测，预测到本财务年度的年底，预测结果与月度报告一起递交。可考核每个月或每个季度的预测准确性。这个方案比较简单，很多企业在使用。

方案二：季度滚动预测，每 3 个月预测一次，预测到本财务年度的年底。每 3 个月预测一次，即在每年的 1 月、4 月、7 月、10 月进行预测，共 4 次。或者简单一点，1 月不进行预测，余下的 4 月、7 月、10 月进行滚动预测。建议以季度的预测准确性作为考核，比如 4 月有了第 1 季度的实际利润，与 1 月预测的第 1 季度利润对比，以偏差百分比的绝对值作为考核依据。

方案三：季度滚动预测，每 3 个月预测一次，每次预测 4 个季度，从第 2 季度开始要跨年度。1 月不做滚动预测，以刚刚批准的预算作为滚动预测，4 月的滚动预测的时间维度为本财务年度后面 3 个季度加上下一财务年度的第 1 季度。依此类推，10 月的滚动预测的时间维度为本财务年度的第 4 季度加上下一财务年度的前面 3 个季度。在每年的 4 月、7 月、10 月进行预测，共预测 3 次，然后以季度的预测准确性作为考核依据。

方案四：季度滚动预测，每 3 个月预测一次，但是每次预测 5 个季度，其中一次预测等同于下一个年度的初步预算。

这个方案如同方案二，也是在每年的 1 月、4 月、7 月、10 月做出预测，然后以季度的预测准确性作为考核依据。

其次，这个方案也是跨年度的，1 月预测了本年的 4 个季度与明年第 1 季度，4 月预测了本年余下 3 个季度与下一年的前两个季度，总是保持预测 5 个季度。到了 10 月的时候，滚动预测的时间跨度已经到了次年的年底，我们可以将这个滚动预测作为次年预算的初步方案。

方案五：季度滚动预测，但预测到下一年度的年底，保持两年的财务预测。这种滚动预测方案，在德国企业和日本企业中比较常见。德企与日企更重视未来的财务计划，对下一个财务年度保持持续的关注，更为稳健。

方案六：月度滚动预测，连续预测 12 个月，跨年度。可以考核每个月或每个季度的预测准确性。

笔者服务过的公司，曾经使用过方案一，后来使用了方案三，最后选择了方案六。方案六也是跨年度预测，每个月持续更新 12 个月。

跨年度滚动预测会增加一些工作量，但好处在于提前准备了次年的预算工作，这样次年的预算编制工作正式启动时，也会更容易开展。比如，在 10 月编制的滚动预测包括了当年第 4 季度，以及下一年的前 3 个季度，共 12 个月。完成了 10 月的滚动预测之后，可以很快完成下一年预算的初步版本，预算编制就会变得容易。

对于滚动预测，每个月更新一次，还是每个季度更新一次更为容易呢？很有意思的是，在实践工作中，每个月的滚动预测，相较于每个季度的滚动预测，反而更加容易，而且也更容易形成以月区分的工作节奏。

滚动预测方案的选择，需要考虑企业的实际情况、系统数据的可获得性以及其他部门的配合度。滚动预测宜循序渐进，逐步改进，不一定要立刻推行跨年度的滚动预测。如果强制推行跨年度的滚动预测，又得不到其他部门的支持，就会降低滚动预测的质量与财务部门的影响力。

以上六种方案，可供参考，我们可以依照企业的实际情况，确定一个适合企业的滚动预测方案。

9.3 滚动预测的实用模型

如前所述，每个月或每个季度更新一次滚动预测，能够投入的时间很有限。为了在有限的时间里，编制出可靠的滚动预测，需要开发出滚动预测的实用模型。

开发滚动预测的模型，要注意以下几点。

（1）滚动预测包括哪些财务报表？通常来说，滚动预测只需要编制利润表。在利润表里，最为核心的利润指标是哪一个？营业利润、净利润、还是EBITDA？核心利润指标是用于绩效考核的KPI。假如是EBITDA，则不需要预测利息、所得税、折旧与摊销，简单一些。后面的滚动预测模型就是以EBITDA为核心利润指标进行设计的。

（2）管理层对预测的结果与偏差有理性的期望。比如利润的偏差绝对值，以5%作为目标值，可能比较合理。如果管理层的目标值为1%，就会成为不可能的任务。

（3）滚动预测的时间表要倒推，以预留出足够的时间。一般来说，用来编制滚动预测的时间有限，FP&A人员需要认真安排滚动预测的任务，得到各个部门的配合，经过不断优化，逐渐制订出大家都可以接受的时间表。

（4）销售预测是滚动预测的关键。销售预测做得不认真，滚动预测就会名存实亡。为了提高销售预测的可靠度，应尽量采取数据库的方式来编制销售预测，这样非常便于建立数据透视表，可以进行各种维度的销售分析，判断销售预测是否可靠。销售预测如果做得与销售预算一样细致，那就更好了，有利于下一个年度销售预算的编制。

（5）成本预测不是越细致越好，有时采用类别平均会更加便捷，预测的结果也可以接受。

（6）要将重要的预测内容分解给各职能部门。滚动预测需要各部门提供预测数据，包括销售、产量、材料损耗率、主要材料价格、工资、运输费用、研发费用等。而财务部负责提供报表模板，方便合并与分析。

案例9-3是开发滚动预测的实用模型的思路与实际例子。

○ 案例 9-3

下面是开发滚动预测的实用模型的思路，以及落地方案：

1. 假设公司处于制造业，销售成本区分为直接材料、直接人工、变动制造费用与固定制造费用，后面的滚动预测要用到这几个关键科目。

2. 滚动预测的报表与科目包括哪些？这个实用模型只考虑利润表，而且以 EBITDA 作为绩效考核的 KPI，不考虑利息与所得税。

3. 目前公司的成本核算是采用什么方法？假设是实际成本，可以参考实际数字与目标值，相对比较简单。假设是标准成本，那么原材料成本可以区分为标准材料成本、采购价格差异（PPV）与材料消耗差异（MUV）；制造费用可以区分为标准制造费用与制造费用差异，标准制造费用区分为标准直接人工、标准变动制造费用与标准固定制造费用，制造费用差异主要分为直接人工差异、变动制造费用差异与固定制造费用差异，然后还要考虑生产数量差异与其他销售成本。

4. 经营费用区分为销售与营销费用、运费、研发费用与管理费用。本模型将财务费用放在营业利润后面。

5. 预测每个月计提的折旧与摊销，可以简单参考预算的数字。

如表9-1所示，完整的滚动预测利润表已经编制出来了，包括了2021年1～3月的实际以及4～12月的滚动预测，具体如下。

按照上面的思路，滚动预测需要各部门配合提供的内容，可参见表9-2滚动预测的任务清单。

表 9-1　2021 年滚动预测利润表

（金额单位：千美元）

	1月21日 实际	2月21日 实际	3月21日 实际	4月21日 预测	5月21日 预测	6月21日 预测	7月21日 预测	8月21日 预测	9月21日 预测	10月21日 预测	11月21日 预测	12月21日 预测	合计 预测
生产数量（吨）	3 061	3 095	3 548	2 584	2 380	2 975	2 310	2 310	2 975	2 345	2 345	3 535	33 463
销售数量（吨）	2 377	2 284	2 689	1 991	2 450	3 107	2 922	2 703	3 128	2 919	2 916	3 825	33 309
销售收入	8 517	8 334	9 878	7 718	9 281	11 612	10 542	9 801	11 140	10 325	10 354	13 263	120 765
销售折扣与折让	(166)	(220)	(318)	(268)	(261)	(301)	(218)	(213)	(245)	(218)	(210)	(245)	(2 883)
净销售收入	8 351	8 114	9 560	7 450	9 020	11 311	10 324	9 587	10 895	10 107	10 144	13 018	117 882
原材料成本													
标准材料成本	4 453	4 282	5 090	3 826	4 643	5 849	5 406	4 974	5 730	5 342	5 337	6 973	61 905
采购价格差异	296	309	358	251	308	333	333	230	261	275	222	165	3 341
材料消耗差异	(12)	6	(135)	43	(30)	(30)	(30)	(30)	(30)	(30)	(30)	(30)	(338)
合计原材料成本	4 738	4 597	5 313	4 119	4 921	6 152	5 709	5 174	5 961	5 587	5 529	7 108	64 908
材料价差	3 613	3 517	4 247	3 331	4 100	5 158	4 615	4 413	4 934	4 520	4 615	5 910	52 974
标准直接人工	119	115	136	102	123	156	143	132	152	142	143	185	1 647
标准变动制造费用	895	861	1 027	778	933	1 170	1 067	984	1 135	1 062	1 067	1 383	12 362
标准固定制造费用	1 215	1 174	1 373	1 018	1 247	1 591	1 479	1 373	1 595	1 479	1 477	1 935	16 955
合计标准制造费用	2 229	2 149	2 535	1 898	2 303	2 917	2 688	2 490	2 883	2 684	2 686	3 504	30 964
直接人工差异	58	84	90	85	122	94	118	123	90	120	121	61	1 166

(续)

	1月21日实际	2月21日实际	3月21日实际	4月21日预测	5月21日预测	6月21日预测	7月21日预测	8月21日预测	9月21日预测	10月21日预测	11月21日预测	12月21日预测	合计预测
变动制造费用差异	(102)	(214)	(119)	(84)	(36)	(46)	(42)	(42)	(46)	(39)	(39)	(57)	(866)
固定制造费用差异	(15)	(63)	(38)	76	(23)	(60)	(1)	(7)	35	26	14	336	282
生产数量差异	(301)	(319)	(221)	(36)	78	97	117	117	97	97	97	(214)	(391)
合计制造费用差异	(360)	(512)	(288)	42	141	86	192	191	177	204	193	126	191
其他销售成本	(83)	(83)	(83)	(83)	(83)	(83)	(83)	(83)	(83)	(83)	(83)	(83)	(996)
合计其他销售成本	(83)	(83)	(83)	(83)	(83)	(83)	(83)	(83)	(83)	(83)	(83)	(83)	(996)
合计销售成本	6 523	6 150	7 477	5 977	7 281	9 072	8 506	7 772	8 937	8 392	8 326	10 655	95 067
销售毛利润	1 828	1 964	2 083	1 474	1 739	2 239	1 819	1 816	1 958	1 715	1 819	2 363	22 815
销售毛利润率	21.9%	24.2%	21.8%	19.8%	19.3%	19.8%	17.6%	18.9%	18.0%	17.0%	17.9%	18.2%	19.4%
销售与营销费用	135	135	135	135	135	135	135	135	135	135	135	135	1 620
发外运费	167	161	186	136	170	218	208	193	225	208	207	274	2 354
研发费用	50	50	50	50	50	50	50	50	50	50	50	50	600
管理费用	281	281	281	281	281	281	281	281	281	281	281	281	3 372
合计	633	627	652	602	636	684	674	659	691	674	673	740	7 946
营业利润	1 195	1 337	1 430	872	1 103	1 555	1 145	1 156	1 267	1 041	1 145	1 623	14 870
加回：折旧	1 233	1 233	1 541	1 233	1 233	1 601	1 293	1 293	1 600	1 300	1 300	1 600	16 460
加回：摊销	78	78	83	78	78	83	78	78	83	78	78	83	956
EBITDA	2 506	2 648	3 054	2 183	2 414	3 238	2 516	2 528	2 950	2 419	2 523	3 306	32 285

表 9-2　滚动预测的任务清单

预测内容	负责部门	要求与思路
生产数量	生产	要区分到月份与生产线
销售数量	销售	销售数量要区分到生产线、市场类别与产品类别
销售收入	销售	销售收入要区分到生产线、市场类别与产品类别
销售折扣与折让	销售	销售折扣与折让要以客户区分
标准材料成本	财务	依照类别平均的标准材料成本计算
采购价格差异（PPV）	采购	采购部门提供主要材料的采购入库数量与价格，用来计算 PPV
材料消耗差异（MUV）	生产	生产部提供预计材料损耗率及历史数据，来估算 MUV
标准直接人工	财务	以生产线区分，用单元产品的标准直接人工费用率乘以销售数量
标准变动制造费用	财务	以生产线区分，用单元产品的标准变动制造费用率乘以销售数量
标准固定制造费用	财务	以生产线区分，用单元产品的标准固定制造费用率乘以销售数量
直接人工差异	财务	直接人工差异＝预测直接人工开支－预测生产数量 × 标准直接人工费用率
变动制造费用差异	财务	变动制造费用差异＝预测变动制造费用开支－预测生产数量 × 标准变动制造费用率
固定制造费用差异	财务	固定制造费用差异＝预测固定制造费用开支－预算生产数量 × 标准固定制造费用率
生产数量差异	财务	生产数量差异＝（预算生产数量－预测生产数量）× 标准固定制造费用率
其他销售成本	财务	通常不是很重要，由财务部门做出估计
销售与营销费用	销售	销售部门预计未来的销售与营销费用，财务部门结合预算做出调整
发外运费	物流	由物流部门结合销售计划做出预测，财务部门以单元产品的销售运费进行检查
研发费用	研发	由研发部门预测，财务部门进行核对检查
管理费用	财务	由财务部门预测，通常比较稳定
计提折旧费用	财务	财务部门预计未来折旧费用的计提
计提摊销费用	财务	财务部门预计未来摊销费用的计提

在所有的预测科目里面，采购价格差异、直接人工差异、变动制造费用差异、固定制造费用差异与生产数量差异的预测，是最困难的。我们要深刻理解这几个差异科目背后的逻辑，然后使用公式与模型进行推算。

关于采购价格差异（PPV），假如公司的主要材料有三种，分别为 SB、MB 与 MS，各自有预算的价格，采购部门要预测三种主要材料的采购价格与入库数量，根据采购价格与标准价格的差异，计算出来自价格部分的 PPV，再考虑关税部分对 PPV 的影响，预测出合计的 PPV。正数的 PPV 为不利差异，会增加销售成本；负数的 PPV，则相反，会减少销售成本。表 9-3 是对 PPV 的预测与计算。

制造费用差异包括了直接人工差异、变动制造费用差异、固定制造费用差异，还要考虑生产数量差异。在实际的会计工作中，这些差异项目需要依靠 ERP 系统的成本模块，通过每个月的生产工单与生产数量、销售数量、每个月的花费等计算出来，非常复杂。在滚动预测模型中，可以采用简单的公式与模型来计算。

第一步，我们要知道，滚动预测的制造费用差异来自两个数据的差异，即每个月预测制造费用开支与生产吸收的标准制造费用。生产吸收的标准制造费用，与生产数量有关。预计的生产数量越多，制造费用的差异越有利。如果预测的制造费用差异为正数，则出现不利差异；如果为负数，则出现有利差异。

第二步，计算生产数量差异。生产数量差异实际上是从固定制造费用差异里分离出来的，每个月结账时需要成本会计去计算，并编制一条调整分录放进总账。

第三步，确定四种制造费用差异的计算公式，如下：

直接人工差异 ＝ 预测直接人工开支 － 预测生产数量 × 标准直接人工费用率

表 9-3 PPV 的预测与计算

主要材料		计量单位	1月21日	2月21日	3月21日	4月21日	5月21日	6月21日	7月21日	8月21日	9月21日	10月21日	11月21日	12月21日
预算价格	SB	美元/吨	1 300	1 300	1 300	1 300	1 300	1 300	1 300	1 300	1 300	1 300	1 300	1 300
	MB	美元/吨	1 500	1 500	1 500	1 500	1 500	1 500	1 500	1 500	1 500	1 500	1 500	1 500
	MS	美元/吨	1 530	1 530	1 530	1 530	1 530	1 530	1 530	1 530	1 530	1 530	1 530	1 530
实际/预测价格	SB	美元/吨	1 412	1 412	1 411	1 402	1 395	1 386	1 386	1 359	1 359	1 377	1 359	1 323
	MB	美元/吨	1 597	1 588	1 544	1 531	1 575	1 557	1 584	1 557	1 557	1 575	1 557	1 521
	MS	美元/吨	1 584	1 663	1 760	1 741	1 741	1 692	1 701	1 674	1 674	1 593	1 593	1 652
价格差异	SB	美元/吨	112	112	111	102	95	86	86	59	59	77	59	23
	MB	美元/吨	97	88	44	31	75	57	84	57	57	75	57	21
	MS	美元/吨	54	133	230	211	211	162	171	144	144	63	63	122
销售数量		吨	2 377	2 284	2 689	1 991	2 450	3 107	2 922	2 703	3 128	2 919	2 916	3 825
采购数量	SB	吨	1 902	1 827	2 151	1 593	1 960	2 486	2 337	2 163	2 502	2 335	2 333	3 060
	MB	吨	475	457	538	398	490	621	584	541	626	584	583	765
	MS	吨	238	228	269	199	245	311	292	270	313	292	292	382
PPV-价格部分		千美元	271	275	325	217	274	300	300	197	228	242	189	133
PPV-关税部分		千美元	25	34	34	34	33	33	33	33	33	33	33	32
合计 PPV		千美元	296	309	358	251	308	333	333	230	261	275	222	165

变动制造费用差异 = 预测变动制造费用开支 − 预测生产数量 × 标准变动制造费用率

固定制造费用差异 = 预测固定制造费用开支 − 预算生产数量 × 标准固定制造费用率

生产数量差异 = 预算生产数量 × 标准固定制造费用率 − 预测生产数量 × 标准固定制造费用率 = (预算生产数量 − 预测生产数量) × 标准固定制造费用率

上面的固定制造费用差异与生产数量差异，合在一起，和直接人工差异与变动制造费用差异的计算公式的逻辑一样。可以这么理解，生产数量差异是从固定制造费用差异里面分离出来的。用预算生产数量与预测生产数量的差异，乘以标准固定制造费用率，得到"生产数量差异"。

总结一下，在预测制造费用的四种差异的时候，需要两类变量：

A 类：预测直接人工开支、预测变动制造费用开支、预测固定制造费用开支、预测生产数量；

B 类：标准直接人工费用率、标准变动制造费用率、标准固定制造费用率、预算生产数量。

A 类变量需要滚动预测，预测生产数量由生产部门提供，预测的开支由财务部门进行预测，直接人工的开支可以参考前面若干月的实际数据，变动制造费用开支要考虑预计的生产数量。固定制造费用开支通常比较稳定，主要包括固定资产折旧，以及生产管理人员的工资福利与财产保险。

B 类变量来自预算，作为标准值，已经有了每个月的数据。

综上所述，滚动预测的制造费用，需要区分为三类。

第一类是关联自销售数量的标准制造费用，这是利润表中销售成本的标准制造费用。如表 9-4 所示，销售成本的标准制造费用，以生产线区分销售量，再乘以各自生产线的直接人工、变动制造费用与固定制造费用的标准费率，一一相乘再相加。

第二类是关联自生产数量的标准制造费用，表 9-5 是以生产数量吸收的标准制造费用，也是区分为生产线。

第三类是预测制造费用的花费，区分为直接人工、变动制造费用与固定制造费用，并结合此前的第二类的标准制造费用，计算出三种制造费用差异与生产数量差异。表 9-6 展示了制造费用差异与生产数量差异的计算过程。

这样，销售成本的标准制造费用，以及制造费用有关的四种差异，通过公式与模型，被计算出来了。最困难的成本差异项目，实际上关联自最为基础的数据，比如预测生产数量、预算生产数量、销售数量、标准制造费用率以及预计的制造费用开支。

充分理解了关键参数与公式，就可以开发滚动预测的实用模型了。滚动预测模型需要多个工作表，可以将关键参数与预测数据编入单独的工作表，对其他的预测项目进行关联计算。下面是一个滚动预测实用模型包含的工作表。

关键参数录入（Input_1），包含了主要材料价格，产量、实际 / 预测制造费用、材料消耗差异（MUV）、预测销售折扣与折让，如表 9-7 所示。

标准的数据或预算的数据录入（Input_2），包括预算产量、预算运费率、预算标准制造费用率，以及以生产线、市场类别与产品类别区分的标准材料成本。

预测的销售数据录入（Input_Sales），以生产线、市场类别与产品类别区分，包括销售数量与销售收入。

标准材料成本的预测（Std_RM），以销售数量与标准的材料成本率计算，区分为生产线、市场类别与产品类别。

采购价格差异的估算（PPV），以采购价格与采购入库数量作为计算依据，详见表 9-3。

以生产数量吸收的标准直接人工、标准变动制造费用与标准固定制造费用（Std_Conv），以生产线区分，要注意，这是与生产数量关联的标准制造费用，详见表 9-5。

表 9-4　销售成本的标准制造费用

销售数量－以生产线区分	单位	1月21日	2月21日	3月21日	4月21日	5月21日	6月21日	7月21日	8月21日	9月21日	10月21日	11月21日	12月21日	合计
L1	吨	765	686	972	812	900	975	866	739	781	827	873	1 053	10 249
L2	吨	807	816	926	724	816	1 076	851	817	975	859	859	1 093	10 619
L3	吨	805	781	790	454	733	1 055	1 205	1 148	1 372	1 233	1 185	1 679	12 441
合计	吨	2 377	2 284	2 689	1 991	2 450	3 107	2 922	2 703	3 128	2 919	2 916	3 825	33 309
标准制造费用（以生产线区分）														
L1	标准费率（美元/千克）													
标准直接人工	0.050	38	34	49	41	45	49	43.28	36.94	39.07	41.33	43.63	52.64	512
标准变动制造费用	0.400	306	274	389	325	360	390	346	295	313	331	349	421	4 099
标准固定制造费用	0.450	344	309	437	366	405	439	390	332	352	372	393	474	4 612
小计		689	617	875	731	810	878	779	665	703	744	785	948	9 224

L2														
标准直接人工	0.060	48	49	56	43	49	65	51	49	58	52	52	66	637
标准变动制造费用	0.450	363	367	417	326	367	484	383	368	439	386	386	492	4 779
标准固定制造费用	0.600	484	490	556	434	490	646	510	490	585	515	515	656	6 372
小计		896	906	1 028	804	906	1 195	944	907	1 082	953	953	1 213	11 787
L3														
标准直接人工	0.040	32	31	32	18	29	42	48	46	55	49	47	67	498
标准变动制造费用	0.280	225	219	221	127	205	295	338	321	384	345	332	470	3 483
标准固定制造费用	0.480	386	375	379	218	352	506	579	551	658	592	569	806	5 972
小计		644	625	632	364	587	844	964	918	1 097	987	948	1 343	9 953
合计														
标准直接人工	千美元	119	115	136	102	123	156	143	132	152	142	143	185	1 647
标准变动制造费用	千美元	895	861	1 027	778	933	1 170	1 067	984	1 135	1 062	1 067	1 383	12 362
标准固定制造费用	千美元	1 215	1 174	1 373	1 018	1 247	1 591	1 479	1 373	1 595	1 479	1 477	1 935	16 955
合计标准标准制造费用	千美元	2 229	2 149	2 535	1 898	2 303	2 917	2 688	2 490	2 883	2 684	2 686	3 504	30 964
单位标准制造费用	美元/千克	0.937	0.941	0.943	0.954	0.940	0.939	0.920	0.921	0.922	0.920	0.921	0.916	0.930

表 9-5　以生产数量吸收的标准制造费用

生产数量－以 生产线区分	单位	1 月 21 日	2 月 21 日	3 月 21 日	4 月 21 日	5 月 21 日	6 月 21 日	7 月 21 日	8 月 21 日	9 月 21 日	10 月 21 日	11 月 21 日	12 月 21 日	合计
L1	吨	1 020	1 015	1 260	1 027	700	875	700	700	875	700	700	1 050	10 622
L2	吨	1 042	1 005	1 128	1 030	840	1 050	840	840	1 050	840	840	1 260	11 765
L3	吨	999	1 075	1 160	527	840	1 050	770	770	1 050	805	805	1 225	11 076
合计	吨	3 061	3 095	3 548	2 584	2 380	2 975	2 310	2 310	2 975	2 345	2 345	3 535	33 463
标准制造费用（以生产线区分）														
L1	标准费率（美元／千克）													
标准直接人工	0.050	51	51	63	51	35	44	35	35	44	35	35	53	531
标准变动制造费用	0.400	408	406	504	411	280	350	280	280	350	280	280	420	4 249
标准固定制造费用	0.450	459	457	567	462	315	394	315	315	394	315	315	473	4 780
小计		918	914	1 134	924	630	788	630	630	788	630	630	945	9 560

L2														
标准直接人工	0.060	63	60	68	62	50	63	50	50	63	50	50	76	706
标准变动制造费用	0.450	469	452	508	464	378	473	378	378	473	378	378	567	5 294
标准固定制造费用	0.600	625	603	677	618	504	630	504	504	630	504	504	756	7 059
小计		1 157	1 116	1 252	1 143	932	1 166	932	932	1 166	932	932	1 399	13 059
L3														
标准直接人工	0.040	40	43	46	21	34	42	31	31	42	32	32	49	443
标准变动制造费用	0.280	280	301	325	148	235	294	216	216	294	225	225	343	3 101
标准固定制造费用	0.480	480	516	557	253	403	504	370	370	504	386	386	588	5 316
小计		799	860	928	422	672	840	616	616	840	644	644	980	8 861
合计														
标准直接人工	千美元	153	154	177	134	119	149	116	116	149	118	118	177	1 680
标准变动制造费用	千美元	1 157	1 159	1 336	1 022	893	1 117	874	874	1 117	883	883	1 330	12 644
标准固定制造费用	千美元	1 564	1 576	1 801	1 333	1 222	1 528	1 189	1 189	1 528	1 205	1 205	1 817	17 155
合计标准制造费用	千美元	2 874	2 889	3 314	2 489	2 234	2 793	2 178	2 178	2 793	2 206	2 206	3 324	31 480
单位标准制造费用	美元 / 千克	0.939	0.933	0.934	0.963	0.939	0.939	0.943	0.943	0.939	0.941	0.941	0.940	0.941

表 9-6　制造费用差异与生产数量差异的计算

	单位	1月21日	2月21日	3月21日	4月21日	5月21日	6月21日	7月21日	8月21日	9月21日	10月21日	11月21日	12月21日
生产吸收的标准制造费用													
直接人工	千美元	153	154	177	134	119	149	116	116	149	118	118	177
变动制造费用	千美元	1 157	1 159	1 336	1 022	893	1 117	874	874	1 117	883	883	1 330
固定制造费用	千美元	1 564	1 576	1 801	1 333	1 222	1 528	1 189	1 189	1 528	1 205	1 205	1 817
合计	千美元	2 874	2 889	3 314	2 489	2 234	2 793	2 178	2 178	2 793	2 206	2 206	3 324
单位成本	美元/千克	0.939	0.933	0.934	0.963	0.939	0.939	0.943	0.943	0.939	0.941	0.941	0.940
实际/预测的花费													
直接人工	千美元	211	238	267	219	241	243	234	239	239	237	239	238
变动制造费用	千美元	1 055	945	1 217	938	857	1 071	832	832	1 071	844	844	1 273
固定制造费用	千美元	1 248	1 194	1 541	1 374	1 277	1 565	1 304	1 298	1 660	1 329	1 317	1 939
合计	千美元	2 514	2 377	3 026	2 531	2 376	2 879	2 370	2 369	2 970	2 411	2 400	3 450
制造费用差异													
直接人工	千美元	58	84	90	85	122	94	118	123	90	120	121	61
变动制造费用	千美元	-102	-214	-119	-84	-36	-46	-42	-42	-46	-39	-39	-57
固定制造费用	千美元	-15	-63	-38	76	-23	-60	-1	-7	35	26	14	336
合计	千美元	-59	-193	-67	77	63	-12	75	74	80	107	96	340
预算生产数量	吨	2 520	2 520	3 150	2 520	2 520	3 150	2 520	2 520	3 150	2 520	2 520	3 150
预算固定制造费用	千美元	1 400	1 400	1 750	1 400	1 400	1 750	1 400	1 400	1 750	1 400	1 400	1 750
预测生产数量	吨	3 061	3 095	3 548	2 584	2 380	2 975	2 310	2 310	2 975	2 345	2 345	3 535
数量差异（预算-预测）	千美元	-541	-575	-398	-64	140	175	210	210	175	175	175	-385
平均单位固定制造费用	千美元	0.556	0.556	0.556	0.556	0.556	0.556	0.556	0.556	0.556	0.556	0.556	0.556
生产数量差异		-301	-319	-221	-36	78	97	117	117	97	97	97	-214

表 9-7　关键参数录入（Input_1）

（金额单位：千美元）

		1月 21日	2月 21日	3月 21日	4月 21日	5月 21日	6月 21日	7月 21日	8月 21日	9月 21日	10月 21日	11月 21日	12月 21日
主要材料价格（美元/吨）	SB	1 412	1 412	1 411	1 402	1 395	1 386	1 386	1 359	1 359	1 377	1 359	1 323
	MB	1 597	1 588	1 544	1 531	1 575	1 557	1 584	1 557	1 557	1 575	1 557	1 521
	MS	1 584	1 663	1 760	1 741	1 741	1 692	1 701	1 674	1 674	1 593	1 593	1 652
产量（吨）	L1	1 020	1 015	1 260	1 027	700	875	700	700	875	700	700	1 050
	L2	1 042	1 005	1 128	1 030	840	1 050	840	840	1 050	840	840	1 260
	L3	999	1 075	1 160	527	840	1 050	770	770	1 050	805	805	1 225
	合计	3 061	3 095	3 548	2 584	2 380	2 975	2 310	2 310	2 975	2 345	2 345	3 535
直接人工		211	238	267	219	241	243	234	239	239	237	239	238
实际/预测制造费用	变动制造费用	1 055	945	1 217	938	857	1 071	832	832	1 071	844	844	1 273
	固定制造费用	1 248	1 194	1 541	1 374	1 277	1 565	1 304	1 298	1 660	1 329	1 317	1 939
	合计	2 514	2 377	3 026	2 531	2 376	2 879	2 370	2 369	2 970	2 411	2 400	3 450
材料消耗差异（MUV）		-12	6	-135	43	-30	-30	-30	-30	-30	-30	-30	-30
预测销售折扣与折让		-166	-220	-318	-268	-261	-301	-218	-213	-245	-218	-210	-245

制造费用差异的估算（Variance），包括直接人工差异、变动制造费用差异、固定制造费用差异以及生产数量差异，详见表 9-6。

对上述差异的完全吸收的调整（FA_Adj），这是对 PPV、MUV 以及制造费用差异的会计调整。这个调整非常有价值，可以有效地缓解各种成本差异对于利润表的冲击，又可以减少下一年度年初因为重置标准成本带来的巨大冲击，详见后面的案例 9-4。

对外销售产生的运费的估算（Freight），区分为生产线，再乘以销售数量，如表 9-8 所示。

利润表（P&L），包括本次预测与预算利润表。结合上面各个工作表的内容，就构成了完整的预测利润表，再与预算对比。

预测的利润表（Bridge_Analysis），与预算对比，也可以与上次预测对比，进行差异分析，判断是否需要采取行动，来修改滚动预测的结果。这属于利润表的差异分析，利用因素分析法，建立利润差异分析模型。

完全吸收调整是为了让各种差异项目不会完全被当月的利润表吸收，而运用财务模型进行计算并将部分的差异项目调整到存货，这使得当期的利润结果更准确，也让存货的价值能够反映真实的成本。

完全吸收调整还可以带来一个好处，让每个月的利润不会被当期的各种差异项目严重影响，而对利润起到了谷峰调节的作用，使得利润比较稳定，也提高了预测的准确性。

完全吸收调整让库存承担了各种成本差异，让库存价值更加接近真实情况，更符合会计原则。在现实的会计工作中，很少有企业能够开发出可靠的完全吸收调整的财务模型，而没有办法去编制调整分录。案例 9-4 恰好是一个实际应用的例子，可以用来参考。

表 9-8　运费的预测

		1月21日	2月21日	3月21日	4月21日	5月21日	6月21日	7月21日	8月21日	9月21日	10月21日	11月21日	12月21日
销售数量 – 以生产线区分													
L1	吨	765	686	972	812	900	975	866	739	781	827	873	1 053
L2	吨	807	816	926	724	816	1 076	851	817	975	859	859	1 093
L3	吨	805	781	790	454	733	1 055	1 205	1 148	1 372	1 233	1 185	1 679
合计	吨	2 377	2 284	2 689	1 991	2 450	3 107	2 922	2 703	3 128	2 919	2 916	3 825
运费估计 – 以生产线区分	美元／千克												
L1	0.060	46	41	58	49	54	59	52	44	47	50	52	63
L2	0.070	57	57	65	51	57	75	60	57	68	60	60	77
L3	0.080	64	62	63	36	59	84	96	92	110	99	95	134
合计	千美元	167	161	186	136	170	218	208	193	225	208	207	274
平均运费	美元／千克	0.070	0.070	0.069	0.068	0.069	0.070	0.071	0.072	0.072	0.071	0.071	0.072

○ **案例 9-4**

图 9-3 是一个完全吸收调整的计算模型。

完全吸收调整模型

公司	ABC 上海
货币单位	RMB
月份	2.21

输入月底存货价值（基于标准成本）	当月	上月
原材料	4 412 271	5 881 854
在产品	（79 039）	（140 643）
产成品	8 761 548	10 468 215
合计	13 094 780	16 209 426

输入各种差异	当月	上月	前两个月
采购价格差异	800 000	632 096	901 594
材料消耗差异	（150 000）	433 636	（372 467）
直接人工差异	-	2 530	（82 628）
变动制造费用差异	（100 000）	（701 549）	（1 932 999）
固定制造费用差异	（100 000）	（132 083）	（410 419）
生产数量差异	-	454 576	（400 119）
合计	450 000	689 205	（2 297 038）

录入销售成本（基于标准成本）	当月	上月	前两个月
原材料	11 548 598	13 801 895	11 276 811
直接人工	400 805	489 250	365 551
变动制造费用	3 299 925	5 083 162	3 387 935
固定制造费用	2 867 433	3 720 113	2 650 340
合计	18 116 761	23 094 419	17 680 637

原材料的周转月数	0.83	-	-	0.83
产成品的周转月数	0.48	-	-	0.48

当月存货成本的拆分

	直接材料	直接人工	变动制造费用	固定制造费用	合计
原材料	4 412 271				4 412 271
在产品					0
产成品	5 161 774	206 809	1 851 653	1 541 312	8 761 548
合计	9 574 044	206 809	1 851 653	1 541 312	13 173 819

存货成本的拆分率（基于预算）

	直接材料	直接人工	变动制造费用	固定制造费用	合计
原材料	100%				100%
在产品					0%
产成品	59%	2%	21%	18%	100%

图 9-3　完全吸收调整模型

　　计算完全吸收调整的步骤如下：

　　（1）基于标准成本，输入月底存货的金额，包括当月与上月的数字。存货区分为原材料、在产品与产成品。

　　（2）输入各种差异项目，包括采购价格差异（PPV）、材料消耗差异（MUV）、直接人工差异、变动制造费用差异、固定制造费用差异、生产数量差异，这些差异项目的金额来自试算平衡表，需要本月及前两个月共 3 个月的差异数字。

　　（3）录入标准的销售成本，并区分为原材料、直接人工、变动制造费用、固定制造费用，与上面一样，需要提供 3 个月的数字。

　　（4）分别计算原材料与产成品的周转月数。用第 1 步的存货金额，与第 3 步的销售成本对比，分别计算原材料与产成品的周转月数。如图 9-3 所示，原材料的周转月数为 0.83，即当月发生的与原材料有关的成本差异项目（包括采购价格差异与材料消耗差异）的 83%，会被调整进原材料存货。假设原材料的周转月数为 1.3，则代表当月发生的与原材料有关的成本差异项目的 100%，以及上个月的 30%，会被调整进存货。若原材料的周转月数超过 2 呢？则还要向前追溯。同理，产成品的周转月数为 0.48，即当月与产成品有关的所有成本差异项目的 48%，会被调整进产成品存货。

　　（5）录入存货价值的拆分。原材料的存货，100% 属于原材料，产成品的存货价值区分为直接材料、直接人工、变动制造费用、固定制造费用，可以参考预算的销售成本的几个成本科目的比例，比如图 9-3，直接材料为 59%、直接人工为 2%、变动制造费用为 21%、固定制造费用为 18%，一年更新一次即可。

　　按照上面的模型，可以编制会计调整分录，结果如图 9-4 所示。每个月做一次完全吸收调整会计分录，月初的时候又把上个月做的调整分录做红字冲回。这样每个月编制两次调整分录，一次是冲回上月的调整分录，另一次是结账时做的新的调整分录。两者的变化数会影响当期的利润表。

调整存货价值			
采购价格差异	其他差异	合计	
663 218		663 218	采购价格差异
	（72 542）	（72 542）	材料消耗差异
	-	-	直接人工差异
	（48 362）	（48 362）	变动制造费用差异
	（48 362）	（48 362）	固定制造费用差异
	-	-	生产数量差异
663 218	（169 265）	493 952	

当月调整分录				
科目代码	金额	上月的调整分录	变化数	
13815	493 952	551 640	（57 688）	影响本期的利润表
84035	（590 675）	（733 734）	143 059	
84036	-	（1 223）	1 223	
84037	48 362	339 280	（290 918）	
84038	48 362	（155 963）	204 324	
检查	0			

图 9-4　完全吸收调整分录

通过完全吸收调整分录，将各种成本差异项目在存货科目中分摊与结转，对于利润表的稳定以及滚动预测的准确性会有直接的帮助。

PART
第6部分

财 务 模 型

第 10 章

财务模型并不神秘

对于财务模型，一般的财务人员会觉得神秘莫测，认为这是财务高手才能掌握的秘密武器。合格的 FP&A，必须具备开发财务模型的能力，并使用财务模型应对预算编制、财务分析、滚动预测、固定资产投资决策、企业股权估值等工作。

何谓财务模型？财务模型是将企业的各种信息按照价值创造的主线进行分类、整理和链接，以实现对企业财务绩效的分析、预测和评估等功能。[一]

狭义的财务模型包括三大财务报表的勾稽与关联、固定资产投资可行性分析以及企业估值模型，这些模型严谨且复杂，每一个都会有专业的书籍展开详细著述，让一般的读者望而生畏。

而笔者对财务模型的理解非常简单，给财务人员使用的模型，或者财务人员开发的模型，都可以称为财务模型。而且，财务模型无论大小，只要能解决一个财务难题，或者可以被团队重复使用，帮助提升工作效率，就是一个好的财务模型。案例 10-1 是一段有趣的经历。

〇 来源：MBA 智库百科。

○ **案例 10-1**

大学毕业后，笔者在广东一家合资公司做会计，那时整个财务部只有一台电脑，经常被笔者用于上网与学习各种软件。那时的财务部，从会计分录到明细账与总账，都是手工编制的。

有一位担任成本会计的女生，每个月结账的时候，需要编制成本核算表。成本核算表的内容分为三个部分，第一部分是产品的分类，区分为市场、贸易方式、克重与颜色四个维度；第二部分是汇总数据，包括期初结存、本月收入、本月发出与本月结存四个模块，每个模块均有数量、单位成本与总成本；第三部分是每个成本项目的计算，包含期初结存、本月收入、本月发出与期末结存，依照预定好的分摊规则进行分摊与计算，并汇总到第二部分。成本项目则包括了主要材料、辅助材料、直接人工、电费、包装材料、维修保养费用、折旧费用、其他制造费用等。

可怕的是，所有这些成本数据的计算、分摊与汇总，都是依靠成本会计敲打计算器完成的，并确保整个报表的每一行与每一列的数字都要平衡。

那位成本会计每个月至少要花两三天，才能够完成成本核算表的编制，在此期间她会特别苦恼。笔者看不下去，决定帮助她，采用 Excel 开发成本核算的模板，这样所有成本数据的计算与汇总，都将不费吹灰之力。一开始，那位成本会计对此还表示怀疑。我说，只要一两个月，就不再需要使用手工的报表了。

表 10-1 就是用 Excel 开发的实际成本核算表的第一部分与第二部分。第一部分的产品分类通常不需要改变，而每个月开始编制的时候，先做一次初始化，把期末结存复制到期初结存，第三部分的每一个成本项目也要相应做初始化。然后将本月收入数量与本月发出数量依照产品分类录入，模板并将第三部分的成本项目的总数录入，模板会依照分摊的公式分摊好成本。当全部的数据录入之后，成本分摊与汇总瞬间完成，只要最后核对一下即可。原来需要两三天的工作，现在只要两三个小时就可以轻松完成，还不容易出错。

表 10-1　实际成本核算表

市场	贸易方式	颜色	克重	期初结存 数量(吨)	期初结存 单位成本	期初结存 总成本	本月收入 数量(吨)	本月收入 标准数量	本月收入 单位成本	本月收入 总成本	销售(吨)	本月发出 单位成本	本月发出 总成本	期末结存 数量(吨)	期末结存 单位成本	期末结存 总成本
I	D	BB	≥22	—	—	—	6.02	6.11	11 623	70 014	6.02	11 623	70 014	—	—	0
I	E	ZB	14	0.40	10 969	4 414	3.58	3.64	12 004	43 031	3.99	11 899	47 445	—	—	0
I	R	ZB	14	—	—	—	0.99	1.00	12 004	11 831	0.99	12 004	11 831	—	—	0
M	E	ZB	14	1.03	9 770	10 092	—	—	—	—	—	9 770	—	1.03	9 770	10 092
M	R	ZB	14	0.91	7 740	7 079	—	—	—	—	—	7 740	—	0.91	7 740	7 079
H	E	ZB	15	10.81	10 807	116 835	—	—	—	—	9.79	10 807	105 754	1.03	10 807	11 081
M	D	ZB	15	—	—	—	0.19	0.19	12 246	2 322	0.19	12 246	2 322	—	—	0
M	R	ZB	15	1.32	7 880	10 377	—	—	—	—	—	7 880	—	1.32	7 880	10 377
H	D	ZB	16	8.00	11 904	95 250	22.86	24.89	13 525	309 208	30.39	13 105	398 295	0.47	13 105	6 162
H	E	ZB	16	0.71	12 099	8 596	24.92	27.13	13 115	326 824	23.56	13 087	309 255	2.00	13 087	26 166
H	D	ZB	18	20.42	11 959	244 221	86.25	93.89	13 252	1 142 973	53.04	13 005	690 270	53.59	13 005	696 924
H	E	ZB	18	58.95	11 884	700 523	43.70	47.57	13 817	603 819	94.15	12 707	1 196 297	8.50	12 707	108 045
M	D	ZB	18	—	—	—	7.01	7.01	11 834	82 903	7.01	11 834	82 903	—	—	0
M	R	ZB	18	1.00	10 043	9 997	3.65	3.65	11 834	43 166	2.59	11 450	29 678	2.05	11 450	23 485
H	D	ZB	19	—	—	—	15.24	16.59	12 858	195 935	15.24	12 858	195 935	—	—	0
M	D	ZB	19	1.56	8 674	13 504	—	—	—	—	—	8 674	—	1.56	8 674	13 504
M	D	ZB	20	—	—	—	1.95	1.95	11 834	23 076	1.95	11 834	23 076	—	—	0
M	E	ZB	20	—	—	—	6.01	6.01	11 834	71 145	3.98	11 834	47 146	2.03	11 834	23 999
H	E	ZB	≥22	0.23	11 502	2 588	—	—	—	—	—	11 502	—	0.23	11 502	2 588
I	D	ZB	≥22	—	—	—	3.59	3.64	12 004	43 041	3.46	12 004	41 485	0.13	12 004	1 556
I	E	ZB	≥22	4.98	10 193	50 795	9.90	10.04	12 004	118 789	11.06	11 397	126 015	3.82	11 397	43 569
I	R	ZB	≥22	0.08	10 415	854	7.02	7.12	12 004	84 283	6.13	11 985	73 469	0.97	11 985	11 669
M	D	ZB	≥22	—	—	—	41.77	41.77	12 147	507 354	41.77	12 147	507 354	—	—	0
M	E	ZB	≥22	0.90	10 810	9 735	17.21	17.21	11 834	203 642	16.45	11 783	193 771	1.66	11 783	19 607
M	R	ZB	≥22	21.78	10 151	221 080	21.09	21.09	11 962	252 306	34.25	11 042	378 755	8.57	11 042	94 631

成本会计从此用这个模型代替了手工报表。后来，公司使用了金蝶 ERP 系统，但是系统中没有成本模块，就一直使用这个 Excel 版本的成本核算表。直到 2006 年，公司成功实施了 Oracle 系统与标准成本模块，才弃用了这个实际成本核算表。

8 年时间里，通过使用这个看起来不怎么样的成本核算表，假设每个月节省 2 个工作日，一年就是 24 个工作日，8 年就是 192 个工作日！

这个成本核算表并没有使用复杂的公式与函数，但在那个年代，这是一个很棒的创意与模型。可以想象，如果我们能够开发各种财务模型，每一个财务分析任务都由相应的模型来完成，就会事半功倍，工作更加轻松。

10.1　财务模型的思维模式

在开发财务模型之前，要了解财务模型的思维模式，包括尊重事实与常识，依靠数据与逻辑，找出关键假设与规律，通过运算并输出结果。

财务模型是基于一个或多个关键假设，然后经过运算与分析输出结果。如果关键假设可能是虚假的或错误的，那模型输出的结果就会没有意义，甚至可能做出完全错误的决策。因此，要尊重事实与常识，确保关键假设是符合事实与常识的。案例 10-2 是一个很有意思的例子。

○ **案例 10-2**

对于中国与美国的油价对比，经常会听到一个说法，中国的汽油价格比美国贵很多。作为 FP&A，不应该用这个很模糊的感觉来下结论，应该理性地思考与判断。

为了让中美的油价有可比性，我们要调查中国与美国在同一个时间段，同一种油品或同一档次的汽油的平均价格。此外，美国各州、各城市、各加油站的汽油价格都有差异，需要一个可靠的平台，提供整个美国的平均汽油价格信息。值得注意的是，美国油价的计量单位与货币单位与中国完全不同。

经过调查，2019 年 12 月美国 Regular 级别汽油平均的价格为 2.587 美元 / 加仑（含销售税），折合每升价格为 0.683 美元，再考虑当月美元兑人民币的平均汇率为 6.95，则美国 Regular 级别汽油折合人民币价格为 4.75 元 / 升。而同期中国的 92 号汽油价格约为 7.00 元 / 升（参考广东当时的汽油价格），为美国的 1.47 倍。这是不是贵很多呢？也不能轻易下结论，因为要对"贵很多"做出定义。

上面这段文字描述读起来很费劲，又无法修改与运算，用 Excel 开发一个简单的模型，则方便很多，如图 10-1 所示。

		录入参数：
		2019 年 12 月
美国 Regular 汽油平均价格	美元 / 加仑	2.587
折算为每升价格	美元 / 升	0.683
人民币 / 美元汇率		6.950
折算为人民币价格	元 / 升	4.75
中国 92 号汽油价格	元 / 升	7.00
中国油价 / 美国油价		1.47

图 10-1　中美油价对比

图 10-1 对 2019 年 12 月的数字进行比较，是不是可以下一个结论：中国的油价比美国贵很多？还不行，因为比较的只是一个月的数字，而油价是动态变化的，中美两国的油价定价机制不尽相同，只看一个月是远远不够

的。为了做出更理性的判断，需要研究更长时间，更多的数据。

由美国能源信息网站的信息可知，美国 Regular 级别汽油的平均价格，折算成可对比人民币价格，2020 年为 5.30 元 / 升，2021 年为 7.36 元 / 升。可以判断出，2020 年的美国油价比中国便宜，但 2021 年的美国油价比中国要高（中国的 92 号汽油在 2021 年的价格大约为 6.5 ～ 7.0 元 / 升）。

另外，开发财务模型需要依靠数据与逻辑。在数学逻辑里，需要各种输入（Inputs），即各种变量 X_1，X_2，$\cdots$，X_n，并对变量进行处理，得到 Y，即结果输出（Output），如图 10-2 所示。

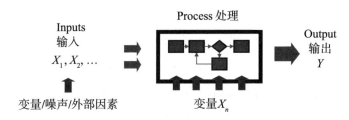

图 10-2　数学的逻辑

开发财务模型也是一样的逻辑。为了得到结果，需要确定关键假设与参数，比如汇率、税率、价格、成本、速度、正品率、设备运转率等，然后输入参数并通过模型的运算与处理，输出结果，包括汇总、图表、敏感性、情景分析等，如图 10-3 所示。

关键假设与参数输入
（比如汇率、税率、价格、成本、速度、正品率、设备运转率……）

结果输出
（汇总、图表、敏感性、情景分析……）

运算与处理
（常识与逻辑、会计知识与 Excel技能）

图 10-3　财务模型的逻辑

10.2 开发财务模型要具备的能力清单

为了开发财务模型，我们需要提升哪些能力与技能呢？下面6点值得借鉴。

1. Excel技能

财务人员开发财务模型，几乎都在Excel里完成（或WPS电子表格）。如果你要学习开发财务模型，就要熟练使用Excel，包括常用的函数、公式与工具。

2. 行业知识与业务意识

我们需要积累行业知识，深入了解所处行业的背景与历史，了解公司的产品、原材料、设备、技术工艺、业务与市场、客户、供应商、竞争对手等，还要储备各类知识与资讯，比如人口、宏观经济、税费政策等。这样，我们的业务意识才能逐渐得以提升，开发财务模型时，会考虑得更周详，容易找出各种关键假设，并提出有建设性的观点。

3. 会计知识与财务报表

有些财务模型需要用到各种会计科目与财务报表，因而我们要对会计知识与财务报表有深刻理解。比如，新增了一项固定资产，在计提折旧时，对资产负债表、利润表与现金流量表会有什么影响？如果对于这类问题的答案都滚瓜烂熟，开发财务模型就会驾轻就熟。

4. 设计的技能

在开发财务模型的时候，我们要考虑如何设计模型，让模型更加简单易懂、结构清楚、外表美观，让使用者满意。

5. 逻辑思维

开发财务模型，首先要有一个很好的想法或创意，确定想要的结果

（Y），然后寻找相关的关键假设（X），并尝试设计模型结构。模型的结构是从上到下，还是从左到右？模型需要一个工作表还是多个工作表？这些问题都在考验开发者的逻辑思维能力。

6. 了解 ERP 系统与数据库

公司的 ERP 系统如同一座矿山，可以为我们开发财务模型源源不断地提供有价值的"矿石"。比如，你想分析客户的盈利能力，试图以客户来区分利润表，就可以从 ERP 系统下载数据，经过整理，建立"私人数据库"，用来开发强大的财务分析模型。

10.3　开发财务模型的法则

开发财务模型，首先可以参考最为简单的 KISS 法则。

KISS 是 Keep It Simple and Stupid 或 Keep It Short and Stupid 的缩写，意思为越简短越好，越简单越好。曾经传统相机复杂昂贵，便宜好用的傻瓜相机逐渐取而代之。后来，智能手机的相机功能越来越精湛，又把傻瓜相机淘汰了。建筑师路德维希·密斯·凡德罗倡导少即是多（Less is More）的理念，影响了无数的设计师，影响力至今不衰。

KISS 法则要求财务模型保持简洁，尽量简单。当然，这不是说每一个模型都可以很简单，只是强调 KISS 的理念。比如，模型里面会使用各种函数，函数尽量用简单的，或者将一个复杂的函数分解为多步骤，化繁为简，方便模型使用者理解与使用。

除了 KISS 法则，我们还可以参考另一个法则——FLASH 法则。FLASH 法则包含了五个原则，如图 10-4 所示。

F	• Flexible 灵活
L	• Logical 逻辑
A	• Accurate 准确
S	• Simple 简单
H	• Handsome 美观

图 10-4 FLASH 法则

1．F，灵活

财务模型需要保持灵活性，使用者录入或更新关键假设，可以更新输出结果，或者使用者可以对模型进行适当修改与扩展，让其更好用。

2．L，逻辑

开发财务模型需要有逻辑性。财务模型的框架、结构与设计始终考验着开发者的逻辑思维能力。

3．A，准确

对于财务模型，准确性是基本要求，如果出现错误，那就是一个坏的模型。坏的模型输出的结果，犹如毒药，无好过有。当然，我们无法完全避免错误，但我们作为开发者，要认真检查，反复验算与测试，再投入使用。我们在内部推广模型时，可以谦逊地提醒，该模型刚刚投入使用，难免有错误或遗漏，欢迎使用者指正。久经考验的模型，可以保证准确性，并持续发挥作用。

4．S，简单

如同上面的 KISS 法则，尽量保持简单与简短。

5. H，美观

模型开发者要有设计的理念，做全局设置，合理设置框架与界面，对字体、大小、颜色、背景、突出显示、留白、空行等，都要讲究。笔者建议适当阅读关于颜色搭配的文章，培养自己对美的感受与体验。

对于财务模型开发者来说，要谨记 KISS 法则和 FLASH 法则，多想想，模型是不是足够简单，使用者能否顺利阅读与使用。当使用者或阅读者是非财务管理人员时，我们要更加注意。

○ 案例 10-3

表 10-2 是国内常见的利润表，通常可以从 ERP 系统中导出来。如果财务经理将这个格式的利润表作为管理报表，每个月上交总经理，合适吗？应该怎样改善？

如果笔者是总经理，看到财务经理送来这样的财务报表，一定会火冒三丈。这个财务经理显然没有考虑到总经理并非财务人员，而且时间宝贵，没有耐心来看这种格式的财务报表。

那要怎么改善呢？至少可以考虑下面几点：

（1）仅保留利润部分，没有必要呈现利润分配部分，后者只在审计的时候需要。

（2）可以删除公司使用不到的科目，让报表更简单易懂。

（3）货币单位可以修改为千元或万元，没有必要详细到元、角、分。

（4）数字务必加千位空。

（5）不用表格，故意留白，重要科目加双实线并突出显示，还可加背景颜色。

如果将上面的标准利润表修改为简化的利润表，如表 10-3 所示，显然就会让总经理容易阅读与理解。如果能够加上本年预算与上年同期的数字，并进行比较，是不是又更好呢？

表 10-2　国内常见利润表

会企 02 表

编制单位：×××有限公司　　　　　　　2021 年 2 月　　　　　　（单位：元）

项目	行次	本年累计数	本期数
一、主营业务收入	1	7 610 339.95	1 203 624.88
减：主营业务成本	2	6 588 345.52	1 263 083.95
主营业务税金及附加	3	48 944.68	24 472.34
二、主营业务利润（亏损以"—"号填列）	4	973 049.75	−83 931.41
加：其他业务利润（亏损以"—"号填列）	5		
减：营业费用	6	3 100 349.19	558 756.62
管理费用	7	4 511 963.63	1 608 177.95
财务费用	8	795 601.85	363 438.44
三、营业利润（亏损以"—"号填列）	9	−7 434 864.92	−2 614 304.42
加：投资收益（损失以"—"号填列）	10		
补贴收入	11		
营业外收入	12	71 532.55	38 732.55
减：营业外支出	13	10 000.00	
四、利润总额（亏损以"—"号填列）	14	−7 373 332.37	−2 575 571.87
减：所得税	15		
少数股东权益	16		
五、净利润（亏损以"—"号填列）	17	−7 373 332.37	−2 575 571.87
加：年初未分配利润	18	−39 923 821.79	
其他转入	19		
六、可供分配的利润	20	−47 297 154.16	−2 575 571.87
减：提取法定盈余公积	21		
提取法定公益金	22		
提取职工奖励及福利基金	23		
提取储备基金	24		
提取企业发展基金	25		
利润归还投资	26		
七、可供投资者分配的利润	27	−47 297 154.16	−2 575 571.87
减：应付优先股股利	28		
提取任意盈余公积	29		
应付普通股股利	30		
转作资本（或股本）的普通股股利	31		
八、未分配利润	32	−47 297 154.16	−2 575 571.87

表 10-3　简化的利润表

利润表

×××有限公司
2021 年 2 月
（货币单位：千元）

	本月	本年累计
主营业务收入	1 204	7 610
减：		
主营业务成本	1 263	6 588
主营业务税金及附加	24	49
主营业务利润	−84	973
主营业务利润率	−7.0%	12.8%
减去：		
营业费用	559	3 100
管理费用	1 608	4 512
财务费用	363	796
营业利润	−2 614	−7 435
加：营业外收入	39	72
减：营业外支出	—	10
利润总额	−2 576	−7 373
减：企业所得税	1	—
净利润	−2 577	−7 373

同样的道理，对资产负债表与现金流量表，也可以进行优化与改进，将科目变得简单，只保留必要的科目，科目的名字可以修改得更为简洁易懂。比如，一般企业用不到的长期股权投资、长期债权投资、其他长期资产、递延税项等科目，可以删除掉，让企业内部使用的财务报表更加简单。

如果你能够领会并执行这两个法则，让每一个经手的报表与文件，都简单易懂、美观整洁、方便阅读，上司与管理层必定会对你刮目相看，你也会创造出不一样的职业生涯。

10.4　如何开发好用的财务模型

开发好用的财务模型，除了要遵守 KISS 法则与 FLASH 法则外，还要注意模型界面的结构性，让使用界面友好易懂，并善用注释工具。

10.4.1　界面的结构性

（1）硬编码，如文本、数字与时间，必须是直接录入，或被引用。不要在公式或函数里面放硬编码，除非是恒定的参数，比如函数里面的 0 或 1。举个例子，某个单元格的公式需要用到增值税率，以前一般增值税率为 17%，并长期保持稳定，但是最近几年屡次调整，现在为 13%，未来还有可能进一步调整，那么最好将增值税率作为一个变量单列，未来如有需要，修改即可，非常方便，也不容易出错。

（2）尽量避免连续的引用。比如单元格 A 的公式，引用了单元格 B，单元格 B 引用了单元格 C，单元格 C 又引用了单元格 D……这样检查起来非常麻烦，会令使用者失去耐心，并怀疑模型的可靠性。

（3）名字、公式和格式要有持续的惯例或约定。文件与工作表的名字，以及使用到的公式与格式，要有持续的惯例或约定。比如，在预算模型文件里，工作表的名字可以定义为 B1、B2、B3、B4……，B 即 Budget（预算）的首个字母，不同的代码代表不同的预算表格，比如 B1 为概述，B2 为利润表，B3 为资产负债表，B4 为现金流量表，B5 为流动资金表，B6 为营业费用表，等等。这样在内部团队形成通用的简称，比如财务总监发邮件过来，请你把 B2 发给他看一下，你很清楚他需要预算利润表。同理，每个月的月报，也可以用类似的规则定义工作表名字，比如 M1、M2、M3、M4……，M 为 Month（月度）的首个字母，代表月度报表的某个工作表。

（4）可以模块化和扩张。好的模型通常可以让使用者继续扩张，或者模块化，如果需要可以增加模块的内容与范围，这样可以发挥更大的作用。

（5）尽量使用简单的或广泛使用的函数。Excel 的函数很多，尽量使用简单的或广泛使用的函数，让使用者容易理解与使用。

10.4.2 使用界面友好易懂

（1）关键假设的单元格，可以插入批注，或者加备注，甚至加文本框补充说明，目的是让使用者可以在录入关键假设时，获悉注意事项。

（2）数据流动有逻辑性。在开发财务模型时，开发者要确定模型的数据流动是从左向右，还是从上到下更为适宜，这样使用者更好理解，模型的数据流动也更顺畅。

（3）输入与输出，计算与结果很清楚和容易查看。参数与关键假设的输入，运算与处理，结果输出，模型的布局可能在一个工作表，或多个工作表，但是很清楚，容易查看。

（4）最好包括名词解释与使用指引。如果不是有特定的使用者，模型开发者最好视使用者为新手，加上详细的名词解释与使用指引，有助于使用者理解与使用模型。

（5）设计错误检查与防错考虑。开发者可以通过设定单元格格式、条件格式、数据验证、批注与文本框提醒等方法，降低使用者出错的概率。

（6）不滥用格子和线，要故意留白。很多人滥用格子与线条，加上工作表的数字密密麻麻，使用者看起来非常难受。开发的模型是给他人用，给他人看的，界面尽量简洁易懂，需要留白就留白，让模型好看又好用。

（7）定义打印区域，不需要打印的界面放在打印区域外。高明的模型开发者可以预估到使用者需要打印的区域，并事先定义好打印区域，使用者只需要点击打印选项即可。

10.4.3 善用注释工具

注释工具方便了使用者的查询与学习。当使用者遇到问题的时候，通过查看注释，往往可以找到答案，自己解决问题。注释工具包括了以下几类。

（1）名词解释：名词解释的条目通常以一个工作表的形式单独存在，对模型中出现的专业名词或简写进行解释。使用者如有疑问，可以查找名词解释。

（2）插入批注：在录入参数的单元格插入批注，这样使用者一旦将光标定位在该单元格，就会出现批注提醒。比如，有个单元格只能录入"出口"或"内销"，可以通过批注提醒。

（3）插入文本框：在模型的某个单元格或区域直接插入文本框，即时提醒。

（4）脚注：脚注通常被放在工作表的底部，作为补充说明。

（5）超链接：模型出现的某些信息来自具体网站，可以建立超链接，使用者点击链接，即可获取最新信息。比如，模型用到了汇率，可以链接到中国银行官方的汇率网页。

（6）条件格式：设置条件格式有利于阅读模型与解读结果，比如模型的输出结果如果达到目标值，显示绿色背景，如果没有达到目标值，则显示黄色或红色背景，使用者一目了然。

（7）数据验证：通过设置数据验证，可以防止出错。比如，某个单元格只能输入 0～1 之间的数字，那么可以设置本单元格只能为 0 到 1。数据验证的验证条件可以为正数、小数、序列、日期、时间、文本长度以及自定义，并可设置输入信息与出错警告，帮助使用者减少错误。

第 11 章

开发财务模型的函数与工具组合

11.1 常用函数：掌握 40 个左右的函数就够用了

Excel 的函数，是由设置好格式的公式或公式组合构成的，开始的时候需要录入等号 "="，然后是函数名字，接着是括号，在括号里面，有时可以缺省，更多时候需要录入所需的参数或者其他函数。比如，在一个单元格里输入 "=TODAY()"，括号里面缺省，没有参数，但该单元格会出现系统当天的日期。

在一个函数里面，参数可以为：

- 一个数字或字符串，比如 =VALUE(123) 的 "123"。
- 引用一个单元格或区域，比如 =SUM(A1:B10) 中 "A1:B10" 是选定区域。
- 一整列，比如 =COUNT(A:A)，返回 A 列出现的个数。

- 一整行，比如 =MIN(20:20)，返回 20 行的最小值。
- 一个单元格或区域的名称，比如 =B2* 单价，返回 B2 与被命名为"单价"的单元格的乘积。
- 另一个函数或公式，比如 =MAX(AVERAGE(A:A),AVERAGE(B:B),AVERAGE(C:C))，返回 A、B、C 列各自平均值的最大值。
- 已经定义好的参数或者缺省值，比如 =VLOOKUP(B1,C5:D20,2,FALSE)，最后的 FALSE 是 VLOOKUP 的精准查询，相对应的 TRUE，是模糊查询。

上面的各项参数的组合，又可以构成函数里面的参数，只要能够熟练掌握，就可以满足你在财务模型开发过程中的各种需求。

财务模型里面通常使用的函数有逻辑函数、查找函数、文本函数、日期函数、数学函数、财务函数、条件函数与信息函数。剔除掉不常用的函数，财务模型会用到的主要函数如下：

逻辑函数：IF, AND, OR

查找函数：COLUMN, ROW, CHOOSE, OFFSET, MATCH, INDEX, VLOOKUP, LOOKUP

文本函数：VALUE, TEXT, LEFT, RIGHT, MID

日期函数：DATE, YEAR, MONTH, DAY, NOW

数学函数：ROUND, ROUNDUP, SUM, AVERAGE, COUNT, MIN, MAX, SUMPRODUCT

财务函数：PV, FV, NPV, IRR, XNPV, XIRR, FORECAST

条件函数：SUMIF, COUNTIF, AVERAGEIF, IFERROR

信息函数：ISERROR, ISBLANK, ISNUMBER, ISTEXT

Excel 的函数有很多，但开发财务模型的常用函数并不多。上面推荐的函数，如果你能够熟练掌握，融会贯通，可以满足财务模型绝大部分的应用场景了。

下面选择部分常用的函数做进一步的解释与分享。

11.1.1　IF 函数

IF 函数是逻辑函数，是不可或缺的入门函数，如果能够熟练应用 IF 函数，就会有突然领会到 Excel 函数的魔力的感觉。

IF 函数公式有三个参数，即条件、满足条件返回的值、不满足条件返回的值。比如，如果单元格 A1 的值大于或等于 90，则显示"优秀"，否则为空，则函数为：

=IF(A1>=90,"优秀","")

请注意，函数后面括号里面的符号组合，比如等号 =，小于号 <，大于号 >，小于或等于号 <=，大于或等于号 >=，不等于号 <> 等，要准确使用。

IF 函数和另外两个逻辑函数 AND 或 OR 联合使用，会更加强大。

AND 和 OR 是一对性质相同、功能相反的函数。AND 函数的参数必须同时为真，返回的结果才为真，OR 函数的参数只需满足其中一个为真，结果为真。

比如，由各成本中心负责编制的费用预算。按照约定，对于每一个费用科目，明年预算与今年预测进行对比，差异大于 5 万元而且变化的百分比超过 6%，需要进行文字解释。为了让这个要求变得更加清晰，我们可以用 IF 函数做提醒。

如图 11-1 所示，在 G 列使用 IF 函数做提醒，比如 G2 单元格的函数公式为：=IF(AND(D2>50,E2>6%),"请做出文字解释",""），G2 单元格不满足条件，单元格显示为空，而 G3 单元格已经满足条件，则显示"请做出文字解释"。为了更加显眼，还可以使用条件格式，比如显示"请做出文字解释"，设定背景颜色为蓝色。公司的每个成本中心或部门在编制费用预算时，如果发现了有此提醒，就要做出文字解释，或者修改预算数字。

	A	B	C	D	E	F	G
G2				=IF(AND(D2>50,E2>6%),"请做出文字解释","")			
1	预算科目	21预测	22预算	预算变动 (c=b-a)	预算变动 %	预算说明 (预算变动超过50K与6%)	提醒
2	电费/Elec. Power	26 481	27 000	519	2.0%		
3	水费/Water	1 950	2 100	150	7.7%		请做出文字解释
4	燃汽费/Gas	15 600	15 800	200	1.3%		
5	工废/Machining scrap	1 170	1 170	-	0.0%		
6	料废/Vendor scrap	2 925	2 950	25	0.9%		
7	工具维修费/Tooling Maint.	585	618	33	5.6%		
8	化学用品/Metallurgical Supplies	3 900	4 300	400	10.3%		请做出文字解释
9	试验用品/Lab Supplies	1 560	1 800	240	15.4%		请做出文字解释
10	试验用油/Fuel for test	1 268	1 270	3	0.2%		
11							
12	总计	55,439	57,008	1,569	2.8%		

图 11-1 IF 函数应用例子

IF 函数还可以进行多层的嵌套，嵌套函数在结构上变得复杂，但逻辑是不变的，其结构为：

=IF(条件 , 满足条件返回的值 ,IF(…))

就是说，当条件不能满足时，不返回满足条件的值，而是继续执行下一个 IF 函数，一直嵌套下去。Excel 2003 版的 IF 函数最多可嵌套 7 层，后续版本提高到了 64 层，但是一般的情况下根本用不到。

11.1.2 SUMIF 函数

SUMIF 函数是条件求和函数，函数结构是：

=SUMIF(Range,Criteria,Sum_range)

Range 为条件区域，用于条件判断的单元格区域。

Criteria 是求和条件，由数字、逻辑表达式等组成的判定条件。Criteria 参数可以使用通配符，包括问号 (?) 和星号 (*)，问号匹配任意单个字符，星号匹配任意一串字符。

Sum_range 为实际求和区域，需要求和的单元格、区域或引用。

SUMIF 函数可以让求和变得灵活好用。如图 11-2 所示，要统计不同商场每个产品的销售数量，报表还有月份这个维度，实际上是三个维度的数据表，但是合计数需要以商场来统计。最简单的做法是将 3 个月的数据简单相加，比如 H5=B5+D5+F5。但如果这个报表有 12 个月，而且每个月商场的销售数量还不一样，用这个简单公式会非常麻烦。在 H5 单元格里面输入下面的 SUMIF 函数，实现隔列求和，则可轻松解决：

=SUMIF($B$4:$G$4,H$4,$B5:$G5)

H5		× ✓ fx	=SUMIF($B$4:$G$4,H$4,$B5:$G5)					
	A	B	C	D	E	F	G	H	I
1	商场销售数据								
2									
3		一月份		二月份		三月份		合计一季度	
4	产品	商场1	商场2	商场1	商场2	商场1	商场2	商场1	商场2
5	A	100	25	45	100	35	42	180	167
6	B	105	46	69	23	140	200	314	269
7	C	200	89	600	120	38	102	838	311
8	D	60	102	387	412	500	245	947	759
9	E	156	456	15	65	87	99	258	620
10	F	269	351	157	800	260	400	686	1,551
11	合计	890	1 069	1 273	1 520	1 060	1 088	3 223	3 677

图 11-2 SUMIF 函数应用例子

请注意，这个公式很特别，每个参数分别为不同的绝对引用与相对引用的搭配，$B$4:$G$4 是整个区域的绝对引用，H$4 是列相对引用加行绝对引用，$B5:$G5 则相反，是列绝对引用加行相对引用。

○ 知识点

绝对引用的符号是"$"，相对引用与绝对引用的切换，可用快捷键 F4 来实现。首先将光标定位在想要切换的单元格（比如 H4），按一次 F4 是 $H$4，按两次 F4 是 H$4，按三次 F4 是 $H4，按四次 F4 又回到 H4。请注意，有些电脑使用快捷键，需要同时按功能键 Fn 与 F4，才能实现切换。

SUMIF 拥有强大的条件求和功能，如果我们能够熟练掌握，就可以满足大多数的求和需求。除了 SUMIF，还有其他与 IF 组合在一起的函数，如 COUNTIF（求符合条件的单元格数量）与 AVERAGEIF（求符合条件的单元格的平均数），如果能够掌握，就更加方便了。

比如，老师想要统计优秀学员的人数与平均分，图 11-3 为 SUMIF 函数与 AVERAGEIF 函数应用例子，用 =COUNTIF(B2:B7, “>=90”) 统计优秀人数，用 =SUMIF(B2:B7, “>=90”)/B9 统计优秀平均分，或者用 AVERAGEIF 计算优秀平均分。

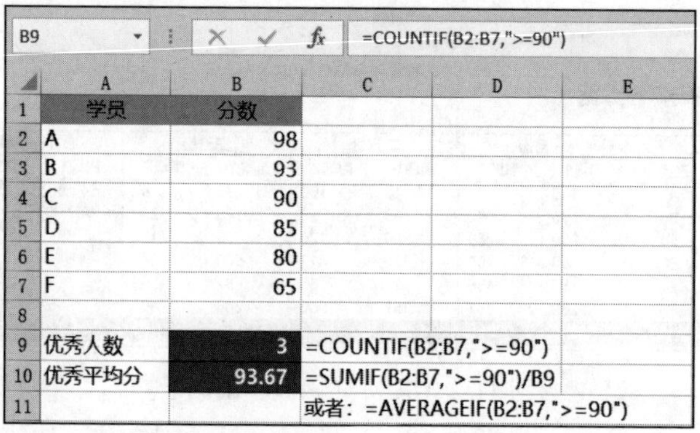
B9 =COUNTIF(B2:B7,">=90")

	A	B	C	D	E
1	学员	分数			
2	A	98			
3	B	93			
4	C	90			
5	D	85			
6	E	80			
7	F	65			
8					
9	优秀人数	3	=COUNTIF(B2:B7,">=90")		
10	优秀平均分	93.67	=SUMIF(B2:B7,">=90")/B9		
11			或者：=AVERAGEIF(B2:B7,">=90")		

图 11-3 SUMIF 函数与 AVERAGEIF 函数应用例子

学习了 SUMIF，还可以继续研究 SUMIFS，通过不同范围的条件求规定范围的和，会产生意想不到的效果。

11.1.3 VLOOKUP 函数

VLOOKUP 函数是 Excel 中的一个纵向查找函数，它与 LOOKUP 函数和 HLOOKUP 函数属于一类函数，在工作中有着较为广泛的应用场景。

VLOOKUP 函数功能是按列查找，最终返回该列所需查询序列所对应的值，与之对应的 HLOOKUP 是按行查找。

VLOOKUP 函数的结构[一]是：

VLOOKUP(lookup_value, table_array, col_index_num, [range_lookup])

具体说明参见表 11-1。

表 11-1　VLOOKUP 函数的说明

参数	简单说明	输入数据类型
lookup_value	要查找的值	数值、引用或文本字符串
table_array	要查找的区域	数据表区域
col_index_num	返回数据在查找区域的第几列	正整数
range_lookup	精确匹配 / 近似匹配	FALSE（0、空格或不填（但是要有 ',' 占位））/TRUE（1 或不填（无逗号占位））

在财务的应用场景中，range_lookup 几乎都要用精确匹配，极少用近似匹配，这一点要注意。

图 11-4 为 VLOOKUP 函数的一个应用例子，只要在单元格 B9 输入水果名字，比如苹果，C9 单元格就会显示价格清单里苹果的价格，接着在 C10 单元格输入数量 4，可以计算得到 C12 单元格的合计金额。C9 单元格的价格是通过 VLOOKUP 函数得到的，公式如下：

=VLOOKUP(B9,B4:C7,2,FALSE)

图 11-4　VLOOKUP 应用例子

[一]　本书的函数结构参考微软官方的支持网站。

11.1.4 OFFSET 函数

VLOOKUP 函数广为人知，OFFSET 函数同样作为定位函数，却鲜有人使用。其实，OFFSET 函数对于财务人员来说非常好用，尤其在财务分析需要引用数据的时候可大显身手。

OFFSET 函数的结构如下：

=OFFSET(reference,rows,cols,[height],[width])

Reference，作为偏移量参照系的引用单元格，可以为指定单元格或区域左上角单元格，更常用的是以指定单元格作为参照系。

Rows，相对于 reference 单元格上（下）偏移的行数。行数可为正数（代表在 reference 的下方）或负数（代表在 reference 的上方）。比如，使用 5 作为参数，则为 reference 单元格下移 5 行。

Cols，相对于 reference 单元格左（右）偏移的列数。列数可为正数（代表在 reference 的右边）或负数（代表在 reference 的左边）。如果使用 5 作为参数，则在 reference 单元格右边 5 列。

Height，高度，即所要返回的引用区域的行数。如果 height 为正数，表示当前单元格再向下连续引用的行数。height 为负数，则表示当前单元格再向上连续引用的行数。

Width，宽度，即所要返回的引用区域的列数。width 为正数，表示当前列向右连续引用的列数。width 为负数，表示当前列向左连续引用的列数。

height 与 width 两个参数通常缺省，很少使用。

比如，在一个单元格输入 =OFFSET(C5,−3,3)，此函数的解读为，从 C5 单元格开始，向上移动 3 行，再向右移动 3 列，定位到了 F2 单元格。如果函数为 =OFFSET(C5,−3,3,3,3)，则在定位到 F2 单元格后，再向下选定 3 行，再向右选定 3 列，函数的结果返回了区域 F2:H4，如图 11-5 所示。

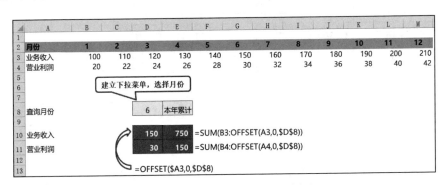

图 11-5　OFFSET 函数

图 11-6 是 OFFSET 函数的一个应用例子，在财务分析时，经常可以用到。假设区域 A2:M4 是 12 个月利润表的关键信息，下面要建立查询功能。在 D8 单元格建立了下拉菜单，分别是 1 至 12，用来选择月份，比如选择了 6，即查询 6 月份的数字，E8 单元格是本年累计，想查询 1～6 月累计的数字。为了实现这个查询效果，可在 D10 单元格建立函数 =OFFSET($A3,0,$D$8)，结果为 150，即 6 月的业务收入，E10 单元格建立函数 =SUM(B3:OFFSET(A3,0,$D$8))，结果为 750，即 1～6 月的累计业务收入，同理可得 D11 单元格与 E11 单元格的营业利润。

图 11-6　OFFSET 函数的应用例子

通过上面的例子，掌握 OFFSET 函数的逻辑与应用方法，就可以开发财务分析的应用场景。

如图 11-7 所示，对精致公司 2021 年利润表进行分析，利润表数据有三种：实际、预算与上年同期，分别来自右边的三个工作表：实际、预算、上年同期，假设三个工作表已经备好。在当前的工作表"利润表分析"，使用管理层喜欢的利润表格式，数据来自三个利润表，你只要在 B3 与 B4 单元格的下拉菜单，选择月份与数据类别即可，比如选择了"6"与"累计"，即利润表分析的内容为 1 月至 6 月的本年累计利润表，利润表分析结果即刻呈现。

B7	▾ : × ✓ fx	=IF($B$4="本月",OFFSET(实际!$A2,0,'表11-7利润表分析'!$B$3),SUM(实际!$B2:OFFSET(实际!$A2,0,'表11-7利润表分析'!$B$3)))					

	A	B	C	D	E	F	G
1	精致公司 2021 年利润表						
2							
3	月份	6					
4	数据类别	累计					
5							
6	科　目	实际	预算	预算差	达成率	上年同期	上年同期差
7	主营业务收入	19 500	22 500	−3 000	87%	15 000	4 500
8	减：销售折扣与折让	0	0	0		0	0
9	减：主营业务成本	15 900	17 700	−1 800	90%	12 000	3 900
10	减：主营业务税金及附加	147	153	−6	96%	105	42
11	主营业务利润	3 453	4 647	−1 194	74%	2 895	558
12							
15	其他业务利润	435	360	75	121%	228	207
16							
17	销售费用	1 350	1 380	−30	98%	1 080	270
18	管理费用	621	600	21	104%	555	66
19	研发费用	585	660	−75	89%	480	105
20	财务费用	624	630	−6	99%	573	51
21	期间费用率	16.3%	14.5%	1.8%	112%	17.9%	−1.6%
22							
23	营业利润	708	1 737	−1 029	41%	435	273
24							
25	加：投资收益	0	0	0		0	0
26	加：营业外收入	255	225	30	113%	60	195
27	减：营业外支出	105	135	−30	78%	30	75
28	利润总额	858	1 827	−969	47%	465	393
29	减：所得税费用	129	274	−145	47%	70	59
30							
31	净利润	729	1 553	−824	47%	395	334
32	净利润率	3.7%	6.9%	−3.2%		2.6%	

表11-7利润表分析　实际　预算　上年同期

图 11-7　利润表分析

OFFSET 函数的应用场景很多，在进行各种比较分析与数据引用时，不用修改原报表的格式，在进行分析的报表里，使用 OFFSET 函数进行数据引用，可以轻松实现对于数据的比较分析。

11.1.5　SUMPRODUCT 函数

SUMPRODUCT 函数是在给定的几个数组中，把数组间对应的元素相乘，最后返回乘积之和。SUMPRODUCT 由两个英文单词组成，sum 是和，product 为积，即为乘积之和的意思。

SUMPRODUCT 函数的结构为：

=SUMPRODUCT(array1,array2,array3, ...)

Array 为数组，如果只有一个数组，则是数组单元格的求和，如果为多个数组，即将每一数组对应的元素相乘并求和。

只有一个数组的求和，功能与 SUM 函数无异，没有实际应用意义。常见的是两个或三个数组的乘积求和，对于财务模型来说，可基本满足日常分析需求。

图 11-8 是一个简单的销售数据表，给出数量与单价，求合计销售金额。通常这样的表格含有销售收入字段，加总后可以得到合计销售金额，但是如果只有数量列与单价列，又不想增加销售收入字段，如何求得合计销售金额？SUMPRODUCT 函数即可轻松搞定，如下面公式：

=SUMPRODUCT(C2:C11,D2:D11)

即将 C2:C11 与 D2:D11 两个数组的单元格数字一一相乘并求和。

D13		✕ ✓ fx	=SUMPRODUCT(C2:C11,D2:D11)				
	A	B	C	D	E	F	G
1	日期	客户	数量	单价		销售收入	
2	9月1日	王明	100	65		6 500	=C2*D2
3	9月2日	张飞	398	102		40 596	
4	9月1日	李亮	230	98		22 540	
5	9月3日	王明	41	780		31 980	
6	9月2日	王明	28	545		15 260	
7	9月2日	李亮	300	50		15 000	
8	9月3日	王明	451	88		39 688	
9	9月4日	张飞	120	260		31 200	
10	9月1日	李亮	99	698		69 102	
11	9月2日	王明	200	86		17 200	
12						289 066	
13	合计销售金额			289 066			
14				=SUMPRODUCT(C2:C11,D2:D11)			

图 11-8　SUMPRODUCT 函数应用例子

SUMPRODUCT 函数还可以进行单条件或多条件的求和与计数，这和 SUMIF 与 COUNTIF 都有相通之处，在这里不再列举。

11.1.6 FORECAST 函数

FORECAST 函数是预测函数，在需要快速预测的场景里可以用到。FORECAST 函数使用现有值计算或预测未来值。未来值是给定 x 值的 y 值，现有值为已知的 x 值和 y 值，使用线性回归拟合线（y=ax+b）返回一个预测值，可以用来预测将来的销售数量、库存需求或消费趋势。FORECAST 函数的结构为：

=FORECAST(x,known_y's,known_x's)

其中，x 为需要进行预测的数据点 (即变量值)。

Known_y's 是一组已知的 y 值。

Known_x's 是一组已知的 x 值。

举一个简单的应用例子，参见图 11-9，2019 ~ 2021 年的季度销售量已经给出，现要预测 2022 年的每一个季度的销售量。在 C16 单元格输入 FORECAST 函数：

=FORECAST(B16,$C$4:C15,$B$4:B15)

注意 C4 与 B4 单元格需要绝对引用，然后下拉公式，可以得到 842, 860, 878, 896 四个预测值。

但是这四个预测值只是基于前 3 年的已知销售量，按照线性回归做出的预测，与趋势线是拟合的。FORECAST 函数没有考虑到季节性的波动，得出的预测值并不可靠。季节性指数可以用下面的简单平均的方法求解。如表 11-2 所示，先计算 2019 ~ 2021 年各个季度的平均数，然后再计算总的平均数，最后用各个季度的平均数除以总的平均数，得到 2022 年 4 个季度的季节性指数，分别为 0.81, 1.12, 1.25, 0.82。

图 11-9　FORECAST 应用例子

表 11-2　季节性指数的计算

	第 1 季度	第 2 季度	第 3 季度	第 4 季度	平均
2019	520	730	820	530	
2020	590	810	900	600	
2021	650	900	1 000	650	
季度平均	587	813	907	593	725
季节性指数	0.81	1.12	1.25	0.82	

　　利用季节性指数，可以对预测值进行调整。季节性指数的计算方法可以应用在预算与预测中，比如我们检查销售预算，可以用过去几年销售数据计算的季节性指数，验证销售预算的季节性波动是否合理。

　　如图 11-10 所示，调整后的预测值与折线图，更加符合季节性波动规律，也能体现销售量上升的趋势。

　　Excel 2016 版本中，FORECAST 函数升级了，有了多个升级版函数，比如 FORECAST.LINEAR, FORECAST.ETS, FORECAST.ETS.SEASONALITY，其中的 FORECAST.LINEAR 与原来的 FORECAST 无异，可以通用；其次，FORECAST.ETS 与 FORECAST.ETS.SEASONALITY 则考虑了季节性指数的影响，无须考虑季节性问题。

	A	B	C	D	E	F
	C16	▼	fx	=FORECAST(B16,$C$4:C15,$B$4:B15)		
1	预测函数和季节性指数					
2						
3		季度截止于	销售量	季节性指数	调整后	
4		Mar-19	520		520	
5		Jun-19	730		730	
6		Sep-19	820		820	
7		Dec-19	530		530	
8		Mar-20	590		590	
9		Jun-20	810		810	
10		Sep-20	900		900	
11		Dec-20	600		600	
12		Mar-21	650		650	
13		Jun-21	900		900	
14		Sep-21	1 000		1 000	
15		Dec-21	650		650	
16	预测	Mar-22	842	0.81	681	
17	预测	Jun-22	860	1.12	965	
18	预测	Sep-22	878	1.25	1 098	
19	预测	Dec-22	896	0.82	733	

图 11-10　调整后的 FORECAST 结果

比如，上面的例子使用 FORECAST.ETS 重新预测，显示的结果如图 11-11 所示。

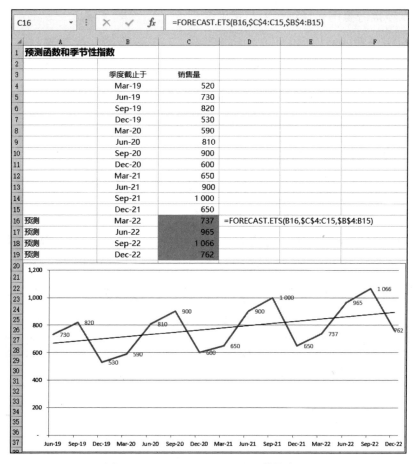

图 11-11　FORECAST.ETS 函数的应用

11.1.7　其他常用函数

下面几个函数，对于开发财务模型，也是常用的，简单介绍一下，以抛砖引玉，希望引起广大读者的兴趣，以求进一步的探索。

1. ABS 函数

ABS 函数为求绝对值函数，在日常办公中使用频率非常高，在财务模型中，经常需要用来计算偏差与正确率。

ABS 函数的结构为：

=ABS(number)

Number 为需要计算其绝对值的实数或单元格位置，比如 =ABS(B1)，若 B1 单元格数字是 "-1.5"，则函数输出 1.5。

2. COLUMN 函数与 ROW 函数

COLUMN 函数要求得其单元格或区域的列号，结构为：

=COLUMN(reference)

如果省略 reference，公式为 = COLUMN()，则输出 COLUMN 函数所在单元格的列号。如果 reference 为一个单元格名字，则是该单元格的列号。如果 reference 为一个区域，则为引用区域的第一列的列号。参见表 11-3。

表 11-3　COLUMN 函数的例子

公式	说明（结果）
=COLUMN()	公式所在的列
=COLUMN(A10)	引用单元格的列号
=COLUMN(C3:D10)	引用区域中的第一列的列号

与 COLUMN 函数相对应的是 ROW 函数，结构为 =ROW(reference)，是求单元格或区域的行号，原理与 COLUMN 函数一样。

3. VALUE 函数与 TEXT 函数

VALUE 函数可以将代表数字的文本字符串转换成数字，其结构为：

=VALUE(text)

VALUE 函数只有一个参数 text，即需要转换成数值格式的文本。text 参数可以用双引号直接引用文本，但更多是引用其他单元格的文本。

在做数据分析的时候，你会发现有些计算公式引用了其他单元格的数字，但是计算结果为无效值，可能的原因是引用单元格的数字格式是文本字符，这个时候，用 VALUE 函数将文本改为数字，计算公式即可生效。

TEXT 函数是 Excel 中一个非常有用的函数，可通过格式代码对数字应用格式，进而更改数字的显示方式。如果要变更可读的格式显示数字，或者将数字与文本或符号组合，它将非常有用。

TEXT 函数的结构为：

=TEXT(value,format_text)

Value 为数值，或计算结果为数值的公式，或对包含数值的单元格的引用。

Format_text 为"单元格格式"对话框中"数字"选项卡上"分类"框中的文本形式的数字格式。如表 11-4 所示。

表 11-4　TEXT 函数的例子

format_text（单元格格式）	value（数值）	TEXT（value, format_text）输出值	说明
G/ 通用格式	10	10	常规格式
"000.0"	10.25	010.3	小数点前面不够三位以 0 补齐，保留一位小数，不足一位以 0 补齐
####	10.00	10	没用的 0 一律不显示
00.##	1.253	01.25	小数点前不足两位以 0 补齐，保留两位小数，不足两位不补位
正数；负数；零	1	正数	大于 0，显示为"正数"
	0	零	等于 0，显示为"零"
	−1	负数	小于 0，显示为"负数"
0000-00-00	19820506	1982-05-06	按所示形式表示日期
0000 年 00 月 00 日		1982 年 05 月 06 日	

4. ROUND 函数与 ROUNDUP 函数

ROUND 函数返回一个近似数值，该数值是按照指定的小数位数进行四舍五入运算的结果。除了数值，也可对日期进行 ROUND 运算。对于财务人员来说，ROUND 函数主要用于小数位的四舍五入。

ROUND 函数的结构为：

=ROUND(number,num_digits)

Number：需要进行四舍五入的数字。

Num_digits：指定的小数位位数。如果 num_digits 大于 0，则四舍五入到指定的小数位。如果 num_digits 等于 0，则四舍五入到个位数。参见图 11-12。

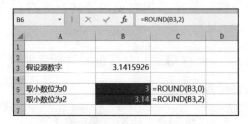

图 11-12　ROUND 函数的例子

ROUND 函数的延伸有 ROUNDUP 函数与 ROUNDDOWN 函数，前者是向上取整，后者为向下取整。对于财务人员来说，使用 ROUNDUP 函数的可能性会大一些。

比如，我们要计算盈亏平衡点的销售量，如果销售产品的数量不可分割，只能取整数，就可以用 ROUNDUP 函数来计算。

比如，某产品单价为 10 元，单位变动成本为 7 元，每天的固定成本为 100 元，则盈亏平衡点的销售量为 33.33 件，但产品不可分割，可以使用 ROUNDUP 函数，取小数位为 0：

=ROUNDUP(B4/(B2 − B3),0)

函数的计算结果为整数 34 件，如图 11-13 所示。

我们在预测现金流量的时候，需要对融资金额进行预测，按照模型可能计算出来一个很"精确"的数字，比如在某个工作表的 B5 单元格显示本年第 3 季度要融资 5 123 万元，但是我们希望显示的结果"粗糙"一点，简单一点，又要求数字大于 5 123，比如显示 5 200。用 ROUNDUP 函数可以实现：

=ROUNDUP(B5/100,0)*100

B7　=ROUNDUP(B4/(B2-B3),0)

	A	B	C	D	E
1					
2	销售价格	10	元/件		
3	单位变动成本	7	元/件		
4	固定成本	100	元/天		
5					
6	盈亏平衡点-销售数量	33.33333333	=B4/(B2-B3)		
7	盈亏平衡点-销售数量	34	=ROUNDUP(B4/(B2-B3),0)		
8					

图 11-13　ROUNDUP 函数的例子

此函数的意思是，将 B5 单元格的数字除以 100，然后向上取整，小数位为 0，结果为 52，再将 52 乘以 100，结果输出的数字为 5 200，得到了一个“粗糙”的数字，并确保该数字大于原来的数字 5 123。

5. LEFT、RIGHT 与 MID 函数

LEFT、RIGHT 与 MID 函数主要用于选中并灵活截取单元格内容中靠左、靠右或靠中间位置的字符，并指定截取字符的个数。

LEFT 函数的结构：=LEFT(text,num_chars)

RIGHT 函数的结构：=RIGHT(text,num_chars)

“text”指文本字符串或引用单元格，“num_chars”指函数取几个字符，LEFT 函数是从左边算起，RIGHT 函数则是从右边算起。

MID 函数的结构：=MID(text, start_num, num_chars)

“text”指文本字符串，“start_num”指函数从第几个字符开始取值，“num_chars”指函数取几个字符。

在整理数据的时候，我们经常使用到 LEFT、RIGHT 与 MID 函数。比如，从 ERP 系统下载了本月销售数据表，里面的客户代码字段包含了某些

字符，需要将其提取出来，作为单独的字段，用于数据透视表分析。

如图 11-14 所示，客户代码的前面两个字母，分别代表了市场类别与客户类别，整理数据时，要将两个字母分别提取出来，C3 与 D3 单元格分别用了 LEFT 与 MID 函数，C3=LEFT(B3,1)，D3=MID(B3,2,1)。其中 D3 单元格的 MID 函数表示，取 B3 单元格的第二个字符开始的第一个字符。

C3 =LEFT(B3,1)

	A	B	C	D
1				
2		客户代码	市场类别	客户类别
3		MA001	M	A
4		MB002	M	B
5		HC050	H	C
6		HD055	H	D
7				
8				
9		C3单元格内含公式	=LEFT(B3,1)	
10		D3单元格内含公式	=MID(B3,2,1)	
11				

图 11-14 LEFT 函数和 MID 函数的例子

6. 日期函数，包括 TODAY、NOW、DATE、YEAR、MONTH、DAY 函数

TODAY 函数：在目标单元格输入公式 =TODAY()，返回当天的系统日期。

NOW 函数：在目标单元格输入公式 =NOW()，返回当天的日期与时间。

DATE 函数主要用于根据指定的年份、月份和具体日期返回表示特定日期的连续序列号，其结构为 =DATE(year,month,day)，如果输入没有错误，输出为日期格式的文本，默认格式为 YYYY/MM/DD，可以自定义输出的日期格式。

YEAR、MONTH 与 DAY 函数，是提取日期值或单元格里面的年、月、日的值。与 MID 函数结合，则可获取身份证号码里面包含的出生日期。

图 11-15 是日期函数的常见应用例子。

图 11-15　日期函数的例子

11.1.8　财务函数：PV、FV、NPV、IRR、XNPV、XIRR 函数

1．PV 函数

PV 函数用来计算现值，根据固定利率计算贷款或投资的现值，或者投资总额。在实际应用中，可以将 PV 与定期付款、固定付款（如购房按揭）或投资目标的未来值结合使用。

PV 函数的结构为：=PV(rate, nper, pmt, [fv], [type])

Rate 为每一期的利率。例如，一笔贷款的年利率为 10%，并且每月还款一次，则每一期的利率为 "10%/12"。

Nper 为付款总期数。例如，为期 4 年的分期付款，每月还款一次，则贷款期数为 4 乘以 12，即 48 期，需要在公式中输入 4*12 或者 48 作为 nper。

Pmt 为每期的付款金额，在付款周期内不能更改。pmt 通常包括本金和利息。例如，有一笔金额为 100 000 元、利率为 12% 的 4 年期消费贷款，每月付款 2633.30 元。在公式中输入 –2633.30（负数）作为 pmt。因为付款是现金流出，需要用负数。如果省略了 pmt，则必须包括 fv 参数。

Fv 指未来值或终值，或在最后一次付款后希望得到的现金余额。如果省略 fv 值，即假定其值为 0，则 pmt 参数不可为零。例如，有一对年轻夫妻为其孩子准备教育储备金，假如在 18 年后需要 200 000 元，则 200 000 元为 fv 值。

Type 为数字 0 或 1，分别用来指定各期的付款时间是在期初还是期末。如果缺省，则默认为 0。

下面列举两个 PV 函数的应用例子，与财务人员的日常工作内容关系比较密切。

假设张先生计划 60 岁退休，每个月退休金为 5 000 元，为了保证有尊严的退休生活，张先生希望在退休后的 20 年里，每个月有 10 000 元的可支配收入，比每月退休金多了 5 000 元，这一部分需要通过储蓄计划来完成。那张先生需要在退休的时候，留有多少储蓄呢？

假设储蓄年利率为 3.6%，则月利率为 0.3%，共 240 个月，在退休时储蓄的余额达到 857 102 元，即可实现未来 20 年每个月可支取 5 000 元，如图 11-16 所示。PV 函数的公式如下：

=PV(0.3%,240,−5 000,0,1)

B10 =PV(B4,B5,B6,B7,B8)

	A	B	C	D
1				
2	**PV函数的计算公式**			
3				
4	rate	0.30%	每个月的利率	
5	nper	240	总共月数	
6	pmt	-5 000	每个月的年金收入	
7	fv	0	未来值或终值为零	
8	type	1	期后计息	
9				
10	PV	¥857 102	=PV(B4,B5,B6,B7,B8)	
11				

图 11-16 PV 函数的例子

PV 的另外一个应用场景是计算未来终值的现值，在估值模型里需要用到。

假设某个投资项目 10 年后的终止价值（Terminal Value，TV）为 100 亿元，WACC（加权平均资金成本率）为 9%，则 TV 的 PV 为：

=-PV(9%,10,0,100)

答案为 42.24 亿元。要注意，在这个应用场景里，PV 前面需要加负号，才能得到一个正数，作为未来终值的现值。

2. FV 函数

FV 函数是根据固定利率计算投资的未来值。在实际应用中，可以将 FV 函数与定期付款、固定付款或一次付清总额结合使用。FV 函数的结构为：

=FV(rate,nper,pmt,[pv],[type])

FV 函数具有的参数，包括 rate、nper、pmt、type，与 PV 函数一致。FV 函数的参数 pv 为可选，是现值，或一系列未来付款的当前值的累积。如果省略 pv，则假定为 0。

假设上面的张先生现在是 50 岁，其存款余额为 30 万元，计划 10 年后存款余额需要达到 857 102 元，作为 60 岁退休后的年金收入的基础。那么同样的利息收入下，未来 10 年，每个月必须存款 2 955 元，才可以实现退休时存款余额为 857 102 元的储蓄计划。如图 11-17 所示。

B10　=FV(B4,B5,B6,B7,B8)

	A	B	C	D
1				
2	**FV函数的计算公式**			
3				
4	rate	0.30%	每个月的利率	
5	nper	120	总共月数	
6	pmt	-2 955	每个月的存款额	
7	pv	-300 000	现在的存款余额	
8	type	1	月底存入	
9				
10	FV	¥857 102	=FV(B4,B5,B6,B7,B8)	
11				
12				

图 11-17　FV 函数的例子

上面例子的逻辑是知道了 FV，反过来推算 pmt，可以使用单变量求解的工具，求出 pmt 结果，也可直接使用 pmt 函数来计算。灵活应用各种函数与工具，万变不离其宗。

3. NPV 与 IRR 函数

当我们参与固定资产投资可行性分析，或者评估不同投资项目的收益情况的时候，需要熟练使用 NPV 和 IRR 函数。

NPV 函数是使用贴现率[⊖]和一系列未来支出（负值）和收益（正值）来计算一项投资的净现值。NPV 函数的结构为：

=NPV(rate,value1,[value2],...)

Rate 为某一期间的贴现率，通常为年度的贴现率，一般采用 WACC（加权平均资金成本）。

"value1，value2，…"中的 value1 是必需的，后续值是可选的。"value1，value2，…"在时间上必须具有相等间隔，并且都发生在期末。NPV 使用 "value1，value2，…"的顺序来说明现金流的顺序。一定要按正确的时间顺序输入支出值和收益值。

IRR 函数返回由值中的数字表示的一系列现金流的内部收益率。在财务模型应用场景中，经常需要计算投资项目的内部收益率（或者内部报酬率）。如果用传统的计算方法来计算 IRR，非常麻烦，但在 Excel 里使用 IRR 函数计算，则轻而易举。

IRR 函数的结构非常简单，如下：

=IRR(values, [guess])

values 为必需值，是数组或单元格的引用，这些单元格包含用来计算内部收益率的数字。IRR 函数使用值的顺序来说明现金流的顺序，必须按时间

⊖　贴现率，又称"折现率"，指未来收到或支付的款项折算为现值的利率。

顺序输入支出值和收益值。

guess 为可选值是对 IRR 函数计算结果的估计值。多数情况下，不必提供 guess 值。

下面的例子是用 NPV 与 IRR 函数判断一个投资项目是否可行，结果如图 11-18 所示。

假设一个投资项目，从 2016 年到 2020 年，为期 5 年，分别于 2016 年与 2017 年投资了 300 万元与 100 万元，从 2018 年开始连续 3 年时间取得现金回报为 100 万元、200 万元、300 万元。假设 WACC 为 9%，则 NPV 的公式为 =NPV(C7,C5:G5)，返回值为 544 854 元，IRR 的公式为 =IRR(C5:G5)，返回值为 14.2%。

从 NPV 来看，NPV 大于零，则这个投资项目可行。从 IRR 来看，则需要确定一个目标回报率，如果 14.2% 大于目标回报率，则项目是可行的。

C9	▼	✕ ✓ fx	=IRR(C5:G5)				
◢	A	B	C	D	E	F	G
1							
2	**投资项目估值**						
3							
4			**2016**	**2017**	**2018**	**2019**	**2020**
5	Free Cash Flow	自由现金流量	-3 000 000	-1 000 000	1 000 000	2 000 000	3 000 000
6							
7	WACC	加权平均资金成本	9.00%				
8	NPV	净现值	544 854	=NPV(C7,C5:G5)			
9	IRR	内部收益率	14.2%	=IRR(C5:G5)			
10							

图 11-18　NPV 与 IRR 函数的例子

4. XNPV 与 XIRR 函数

上面的 NPV 与 IRR 函数，都是基于年度的时间序列来计算的，而且都是假设期末的自由现金流量为数值。在现实的应用中，假设投入与收回的现金流量，都有确定的时间，则要将时间序列作为参数之一。这个时候，NPV

与 IRR 函数就不胜任了。但将它们加上前缀 X，功能更为强大的 XNPV 与 XIRR 函数应运而生了。

XNPV 函数的结构为：=XNPV (rate, values, dates)

XIRR 函数的结构为：= XIRR(values, dates, [guess])

上面的参数与 NPV 和 IRR 函数的参数相似，只是多了 dates，这是一个时间序列参数，需要定义具体的日期，并以先后顺序排列。

继续用上面的例子，假设投资项目的自由现金流量总数是一样的，但是 2016 年分别在 6 月 30 日与 12 月 31 日投入 200 万元与 100 万元，后面几年的现金流量分别在 6 月底发生，则用 XNPV 函数与 XIRR 函数计算更为准确。

如图 11-19 所示，XNPV 函数的计算结果为 617 916 元，XIRR 函数的计算结果为 14.6%。

C15	▾ ⋮ × ✓ fx	=XIRR(C12:H12,C11:H11)					
▲	A	B	C	D	E	F	G	H
1								
2	**投资项目估值**							
3								
4			2016	2017	2018	2019	2020	
5	Free Cash Flow	自由现金流量	-3 000 000	-1 000 000	1 000 000	2 000 000	3 000 000	
6								
7	WACC	加权平均资金成本	9.00%					
8	NPV	净现值	544 854	=NPV(C7,C5:G5)				
9	IRR	内部收益率	14.2%	=IRR(C5:G5)				
10								
11			1-Jun-16	31-Dec-16	30-Jun-17	30-Jun-18	30-Jun-19	30-Jun-20
12	Free Cash Flow	自由现金流量	-2 000 000	-1 000 000	-1 000 000	1 000 000	2 000 000	3 000 000
13								
14	XNPV	XNPV	617 916	=XNPV(C7,C12:H12,C11:H11)				
15	XIRR	XIRR	14.6%	=XIRR(C12:H12,C11:H11)				
16								

图 11-19   XNPV 函数与 XIRR 函数的例子

在这个例子里，XNPV 函数与 XIRR 函数的计算结果，比 NPV 函数与 IRR 函数更为准确，也更为理想。如果用内部收益率作为判断依据，目标回报率为 14.6%，那么用 XIRR 函数计算出来的内部收益率是可以超过目标值的，但是用 IRR 函数计算出来的结果却低于目标值。

NPV、IRR、XNPV、XIRR 函数的应用场景很多，比如固定资产投资决策、家庭保险投资。

温馨提示

本书有关 Excel 的函数、工具及操作技巧，主要为开发财务模型服务，为读者提供帮助与启发，所以只是选择与财务分析工作密切相关的内容进行介绍，不求面面俱到。如果读者对某个函数或操作技巧特别感兴趣，可以继续通过各种渠道学习研究。如果本书内容起到了抛砖引玉的作用，善莫大焉。

11.2 工具组合：数组运算、单变量求解、模拟运算表与规划求解

大多数的财务模型是在 Excel 中开发与使用的，了解与学习 Excel 的工具组合，比如数组运算、单变量求解、模拟运算表与规划求解，有助于开发财务模型。

11.2.1 数组运算

对于财务模型高手来说，数组运算和数组公式是秘密武器。数组公式功能强大，可用于执行通常无法通过标准函数完成的复杂计算。

下面的介绍可以让你对数组公式和数组运算有更深刻的理解，并能够利用数组公式来解决财务模型开发过程中的一些疑难问题。

数组是指在 Excel 函数与公式应用中，按一行、一列或多行、多列排列的一组数据元素的集合，数据元素可以是数值、文本、日期、逻辑值和错误

值。区域数组是一个矩形的单元格区域,该区域中的单元格共用一个公式;常量数组将一组给定的常量用作某个公式中的参数。比如,数组 {1,2,3,4}*2 相应的计算结果为 "2,4,6,8"。如果公式前加 MAX 函数,则返回 8。

数组公式可以返回一个或者多个结果,而返回的结果又可以是一维或二维的,换句话说,Excel 中的数组公式返回的是一个一维或二维的数组集合。

请注意,我们需要按下 "Ctrl+Shift+Enter" 组合键结束数组公式的输入,让数组公式生效,故数组公式也被称为 "Ctrl-Shift-Enter" 或 "CSE" 公式。我对该组合键的操作经验是,先同时按下 Ctrl 与 Shift 两键,然后按下 Enter 的键后快速松开三个键,即可启用数组公式。我觉得,随着 Excel 的不断升级或发展,未来可能不再需要用这个组合键来启动数组公式。

下面以计算个人所得税作为例子,介绍数组与数组公式的应用技巧。

中国的个人所得税,用累计递进的方式,有 7 个级别的税率与速算扣除额,最新的个人所得税列表如表 11-5 所示。

表 11-5 个人所得税列表

级数	全月应纳税所得额	税率	速算扣除
1	不超过 3 000 元的部分	3%	—
2	超过 3 000 元至 12 000 元的部分	10%	210.00
3	超过 12 000 元至 25 000 元的部分	20%	1 410.00
4	超过 25 000 元至 35 000 元的部分	25%	2 660.00
5	超过 35 000 元至 55 000 元的部分	30%	4 410.00
6	超过 55 000 元至 80 000 元的部分	35%	7 160.00
7	超过 80 000 元的部分	45%	15 160.00

在 Excel 里计算个人所得税,以前的做法是用 IF 嵌套语句,需要嵌套 7 层。早期的 Excel 版本,IF 函数最多只能嵌套 7 层,使用了全部的嵌套能力才能满足要求。用 IF 嵌套语句还需要用到应纳税所得额的范围数字,7 层的 IF 函数显得非常复杂。

如果用数组公式，就简单很多。首先，税前工资减去法定扣除项目与其他可扣除项目，得到应纳税所得额或应税工资。如图 11-20 所示，假设税前工资分别为 1 万至 9 万元，扣除各种项目后的应税工资如区域 C14:C22 所示，个人所得税的税率与速算扣除额如区域 B5:C11 所示。

| D14 | ▾ | : | × | ✓ | *fx* | {=ROUND(MAX(C14*$B$5:$B$11-$C$5:$C$11),2)} |

	A	B	C	D	E
1	**个人所得税计算表**				
2	**应用数组公式**				
3					
4		**税率**	**速算扣除**		
5		3%	0		
6		10%	210		
7		20%	1 410		
8		25%	2 660		
9		30%	4 410		
10		35%	7 160		
11		45%	15 160		
12					
13		**税前工资**	**应税工资**	**个人所得税**	
14		90 000	75 900	19 405	{=ROUND(MAX(C14*$B$5:$B$11-$C$5:$C$11),2)}
15		80 000	65 900	15 905	
16		70 000	55 900	12 405	
17		60 000	45 900	9 360	
18		50 000	35 900	6 360	
19		40 000	25 900	3 815	
20		30 000	15 900	1 770	
21		20 000	5 900	380	
22		10 000	0	0	

图 11-20　用数组公式计算个人所得税

现在，于 D14 单元格输入数组公式：=ROUND(MAX(C14*$B$5:$B$11-$C$5:$C$11),2)，然后用 CSE 组合键启动数组公式，公式的前后加上大括号，再将公式复制到 D15:D22 区域的所有单元格，个人所得税即可全部计算出来。

这个数组公式的解读是，先用应税工资 C14 分别乘以 7 个税率并减去对应的速算扣除额，公式为 =C14*$B$5:$B$11-$C$5:$C$11，计算出 7 个结果，用 MAX 函数取最大值，即为应交的个人所得税，最后加上 ROUND 函数，取小数点后 2 位小数。

请注意，关于个人所得税，一定会让纳税人缴纳其应该交的最大值。曾经困扰很多财务部与人力资源部人员的个人所得税计算，通过数组公式，可以轻松完成。

11.2.2 单变量求解

单变量求解是假定一个公式要取的某一结果值，求某个变量的应取值。就是说，我们先确定要求的 Y 值，再倒过来求某一个 X 变量的值。在模型中，根据所提供的 Y 目标值，将引用单元格的 X 变量不断调整，直至达到所要求的 Y 目标值时，X 变量的值才确定。

举个例子，前 3 个季度的销售收入已经确定，总共为 28 893 万元，假设毛利率为 20%，本年的毛利目标为 9 000 万元，那么第 4 季度要实现多少销售收入才能实现毛利目标呢？

图 11-21 已经建立了毛利目标的简单模型，预计毛利等于合计的销售收入乘以 20% 的毛利率，现在需要推算出第 4 季度的销售收入。打开 Excel 菜单栏的 "数据" 下的 "模拟分析"，选择 "单变量求解"，会弹出一个输入栏，目标单元格为 B11，即预计毛利，手动输入 9 000 的目标值，可变单元格为 B7。

然后，单变量求解开始迭代运算，求得 B7 等于 16 107 时，预计毛利达到目标值 9 000。如图 11-22 所示。

显然，单变量求解在推算某个参数时，变得很简单，而且不需要改变原来的模型与公式。你可以想象，在一个比较复杂的模型里面，为了求得结果 Y，会使用很多参数与假设条件，然后经过各种复杂的运算，如果设定 Y 的目标值，反推其中一个 X，需要非常麻烦的反推公式，或者不断测试。用单变量求解，则不费吹灰之力。参见案例 11-1。

图 11-21　单变量求解例子

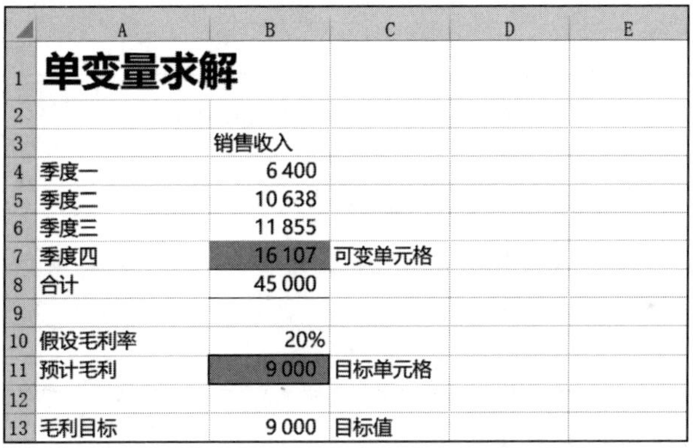

图 11-22　单变量求解结果

○ 案例 11-1

假设一对中年夫妇要买一套公寓，计划贷款 100 万元，贷款期限最长为 20 年，年利率为 5%，用 PMT 函数可以计算出每个月的等额还款额为 6 600 元，公式为：

=−PMT(5%/12,20*12,1000000)

假设这对夫妇每个月最多还款 10 000 元，做贷款压力测试：①可承受的最高年利率是多少？②可承受的最大贷款额是多少？

当然，可以用 RATE 与 PV 函数来计算利率与最大贷款额，结果分别为 10.52% 与 1 515 253 元，如图 11-23 所示。

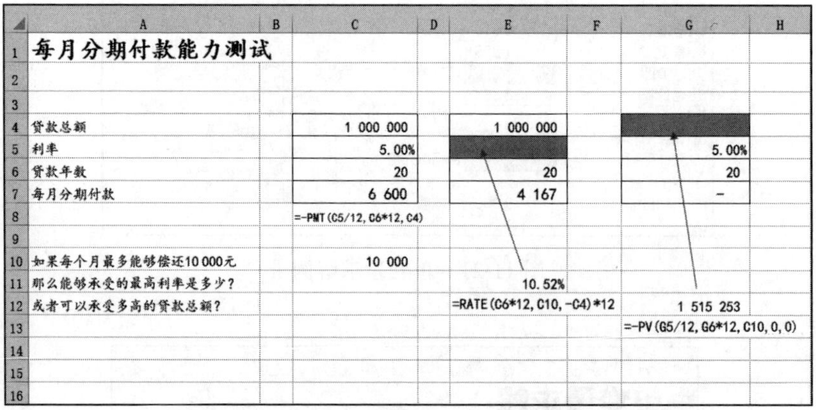

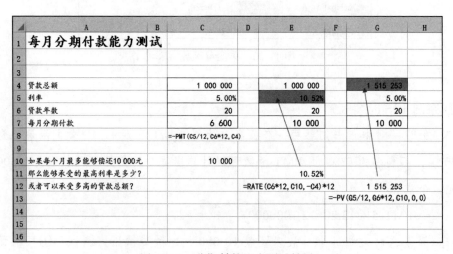

图 11-23　分期付款压力测试

但如果用单变量求解，就不需要用到新的函数公式，也不用修改计算的公式与模型，在原来 PMT 函数的基础上，用单变量求解进行测试。如图 11-24 所示。

图 11-24　分期付款压力测试结果

11.2.3 模拟运算表

模拟运算表是一个单元格区域，它可显示一个或多个公式中替换不同变量时的结果。

模拟运算表有两种类型：单输入模拟运算表和双输入模拟运算表。单输入模拟运算表中，用户可以对一个变量输入不同值从而查看它对一个或多个公式的影响。双输入模拟运算表中，用户对两个变量输入不同值，查看它对一个公式的影响。

例如计算每月分期付款的金额，假设贷款总额为 100 万元，基准年利率为 5%，适用的利率浮动比为 1（即等于基准利率，通常在 0.8 ～ 1.2 之间浮动），贷款年数为 20，则可以计算出每个月还款额为 6 600 元。

如图 11-25 所示，用 PMT 函数计算出每月还款额为 6 600。

图 11-25 用 PMT 函数计算每月还款额

如果我们想要知道在不同利率浮动比的情形下的每月还款额，单输入模拟运算表就可派上用场。参见图 11-26。

第一步，在 A 列建立利率浮动比，从 0.80 到 1.20 不等，假设间隔设定为 0.05。19 行为标题行，分别有利率浮动比与每月还款额两个列标题，标题下的 A20 单元格要留空。

第二步，每月还款额下面的 B20 单元格关联引用自 B14，即用 PMT 函数计算出来的每月还款数。

第三步，选定区域 A20:B29（注意不能包括 19 行的标题栏），打开菜单栏"数据"里面的"模拟分析"的"模拟运算表"，弹出来一个模拟运算表对话框，输入引用行的单元格为空，在输入引用列的单元格里选择 B10 单元格。

第四步，模拟运算后将结果输出到区域 B21:B29，显示不同利率浮动比的每月还款额。

图 11-26　单输入模拟运算表的例子

在实际工作中，模拟运算的应用场景更多的是双输入模拟运算表。模拟运算表对两个变量输入不同值的组合影响，输出结果以交互的报表呈现。

比如，图 11-26 中的分期付款的计算表，除了利率浮动比，还对不同的贷款年数进行模拟运算，假设分别从 5 ～ 30 年进行模拟运算，间隔为 5 年。现在有了两个变量——利率浮动比与贷款年数。

如图 11-27 所示，首先建立利率浮动比与贷款年数，分别为列与行单元格，实际操作时可以自由定义行与列的参数。利率浮动比为 0.80 ～ 1.20，贷款年数为 5 ～ 30，模拟运算表的左上角单元格，即 E8 单元格，关联自 B14 单元格（用 PMT 函数计算每月还款额，函数公式的变量包含了利率浮动比与贷款年数）。

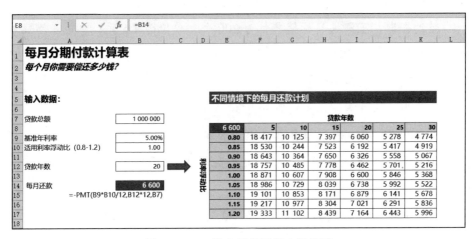

图 11-27　双输入模拟运算表的例子

接着选定区域 E8:K17，打开菜单栏"数据"里面的"模拟分析"的"模拟运算表"，弹出模拟运算表对话框，在输入引用行的单元格里选择 B12 单元格，即贷款年数，在输入引用列的单元格里选择 B10 单元格，即利率浮动比。

模拟运算结果输出到区域 F9:K17，两个参数不同组合下的运算结果呈现出来了。

模拟运算表可以应用在敏感性分析，以及市场营销与投资决策的场景中，效果非常好。案例 11-2 是一个很好的应用例子。

○ 案例 11-2

王阿姨退休后很清闲，看到儿子供楼很辛苦，就琢磨着在自己小区门口摆摊，卖茶叶蛋。王阿姨每天的目标利润为 100 元，她在琢磨应该卖多少，以什么价格卖，才能够实现这个目标利润。然后，她向邻居小田请教。

小田是一家企业的财务分析人员，她决定做本量利分析，并使用模拟运算工具，帮助王阿姨制定价格，并预测不同数量与价格组合下的利润。

首先，小田要确定这些要素：销售数量、单价、变动成本与固定成本。

经过征询，王阿姨目标销售量为 200 个，单价为 1.5 元；单位变动成本约为 0.7 元，其他变动成本为 0.2 元，共 0.9 元；固定成本假设为 20 元，则估计可实现目标利润 100 元。

经过小田的计算，保本销售量为 34 个，保本销售收入为 51 元。[⊖]

王阿姨问："如果销售量为 300 个，单价可以降到多少，一天还可以赚取 100 元？或者，如果价格为 2.0 元，一天卖 200 个，可以实现多少利润呢？"

小田开发了模拟运算表，数量从 50 到 500，价格从 0.6 到 2.0，进行模拟运算，结果如图 11-28 所示。

可以看到，如果销售量为 300 个，单价可以降到 1.3 元，一天可以赚取 100 元。如果价格为 2.0 元，一天卖 200 个，可以实现 200 元的利润。

⊖ 保本销售量等于固定成本除以单位边际贡献，即 20/(1.5−0.9)，等于 33.33 个，经过 ROUNDUP 函数向上取整，得到 34 个。再乘以价格，得到保本销售收入 51 元。

A9 　 fx =C6

	A	B	C	D	E	F	G	H	I	J	K	L
1		原来	变化后	变化百分比								
2	销售量(个)	200	200	0%								
3	产品单价(元)	1.50	1.50	0%								
4	单位变动成本(元)	0.90	0.90	0%								
5	固定成本(元)	20	20	0%								
6	利润(元)	100	100	0.00%								
7												
8	数量vs单价											
9	100	50	100	150	200	250	300	350	400	450	500	
10	0.6	−35	−50	−65	−80	−95	−110	−125	−140	−155	−170	
11	0.7	−30	−40	−50	−60	−70	−80	−90	−100	−110	−120	
12	0.8	−25	−30	−35	−40	−45	−50	−55	−60	−65	−70	
13	0.9	−20	−20	−20	−20	−20	−20	−20	−20	−20	−20	
14	1.0	−15	−10	−5	0	5	10	15	20	25	30	
15	1.1	−10	0	10	20	30	40	50	60	70	80	
16	1.2	−5	10	25	40	55	70	85	100	115	130	
17	1.3	0	20	40	60	80	100	120	140	160	180	
18	1.4	5	30	55	80	105	130	155	180	205	230	
19	1.5	10	40	70	100	130	160	190	220	250	280	
20	1.6	15	50	85	120	155	190	225	260	295	330	
21	1.7	20	60	100	140	180	220	260	300	340	380	
22	1.8	25	70	115	160	205	250	295	340	385	430	
23	1.9	30	80	130	180	230	280	330	380	430	480	
24	2.0	35	90	145	200	255	310	365	420	475	530	
25												

图 11-28　模拟运算表用于业务决策

模拟运算表的结果是两个变量的乘积。在案例 11-2 中，数量有 10 个变量，价格有 15 个变量，总共有 150 个运算结果，可供王阿姨参考。在日常的决策工作中，我们很难告诉管理层与业务部门，数量应该是多少，价格应该是多少，但通过这个工具，显示出不同组合下的运算结果，可以给决策者提供有力的支持。

11.2.4　规划求解

规划求解是 Excel 加载项程序，可用于模拟分析。使用"规划求解"查找一个单元格（称为目标单元格 ）中公式的最大值、最小值或目标值，它们受限于工作表上其他单元格的值或公式，并受制于录入的约束条件。

简单来说，使用"规划求解"可通过更改其他单元格或者区域来确定一个单元格的最大值、最小值或目标值。

规划求解是 Excel 加载项程序，一般 Excel 软件没有安装该加载项程序。

在用户第一次使用时，需要启动这个加载项。启动的顺序是，通过点击"文件"选项卡，打开"Excel选项"对话框，单击左侧"加载项"标签，在右侧单击"转到"按钮，打开"加载宏"对话框，勾选"规划求解加载项"复选框，单击"确定"按钮，工具栏的"数据"选项卡右边就会出现"规划求解"按钮。

案例11-3是一个简单的应用例子，可以帮助我们快速地理解与应用规划求解工具。

○ 案例11-3

假如一个公司，销售三种产品，产品1合计1 000件，产品2合计500件，产品3合计800件，分别卖给三个客户，客户1的最大购买量为1 000件，客户2的最大购买量为700件，客户3的最大购买量为900件，并与每个客户协定了不同的单价。此外，假设了如下的约束条件：①每个客户的购买量合计不得大于最大购买量；②每个客户采购的单个产品的数量必须大于或等于50个；③产品不可分割，数量必须取整数；④每个产品的销量合计要等于总数量。

现要求在满足上述约束条件的前提下，将三种产品分配给三个客户，并求得总收入的最大值，如图11-29所示。

这是一个优化决策的案例，如果不借用工具或程序软件，难以解答。但使用规划求解，可以轻松解决。

假设你已经安装了规划求解的加载项，在Excel的数据栏的右边，找到并点击进入规划求解，弹出规划求解参数的录入界面。先将设置目标定位到E19单元格，录入框自动调整为$E$19，设为最大值；通过更改可变单元格为B4:D6，选择这个区域即可；然后点击添加按钮，录入遵守约束条件，如图11-30所示，其他用默认值即可。

销量分配	产品1	产品2	产品3	购买量合计	最大购买量	设置规划求解条件
客户1				–	1 000	购买量合计不得大于最大购买量
客户2				–	700	数量必须大于或等于50
客户3				–	900	数量必须取整
销量合计	–	–	–			
总数量	1 000	500	800			销量合计要等于总数量

单价	产品1	产品2	产品3			
客户1	1.00	1.02	0.93			已知各产品在各卖场的价格
客户2	1.03	1.03	1.10			
客户3	1.02	1.03	1.05			

销售收入	产品1	产品2	产品3	总销售收入		
客户1	–	–	–	–		
客户2	–	–	–	–		
客户3	–	–	–	–		
总收入	–	–	–	–		求最大的总销售收入

图 11-29　规划求解的应用例子

图 11-30　规划求解参数的录入

最后，按"求解"按钮，即可输出运算结果，并呈现在区域 B4:D6，如图 11-31 所示。

图 11-31　规划求解的运算结果

利用规划求解，可以求出最大值与最小值的求解结果，也可以在两者之间，取一个目标值，求解出优化的结果。比如，进入规划求解，将上述的总销售收入，改为目标值 2 375（在最大值与最小值之间），其他条件不变，重新求解，结果如图 11-32 所示。

图 11-32　以目标值计算的规划求解

请注意，目标值的求解结果不是唯一的，因为不同的 Excel 版本与默认选项，可能带来不同的求解组合。

11.2.5 数据透视表

数据透视表是一种交互性的表格，可以用来进行计算，例如，求和、筛选、排序等，并且计算的结果跟透视表中的排列有关。之所以称之为数据透视表，是因为它可以动态地改变透视表的版面布局，可以非常方便地从不同角度分析数据；并且这里还有一个词，叫"交互"，跟传统的表格不同，我们可以跟透视表做一些人机交互，更方便集中展示我们想要的数据。

数据透视表的优势是快速、高效、灵活。在处理成千上万条数据的情况下，函数运算数据太多，运算容易卡顿，而数据透视表通过简单的拖拽，就能完成你想要的各个维度数据的分类汇总。

本书因为篇幅限制，不对数据透视表进行深入的探讨与实际案例的分享。运用数据透视表是每一位财务分析人员都应该熟练掌握的技巧，需要我们自己购买相关书籍自学或参加相应课程，达到熟练操作数据透视表的程度。

如果你刚刚接触数据透视表，有兴趣深入学习，可以围绕着下面几点进行学习：

- 认识数据透视表的特点与应用场景。
- 学习如何进行数据整理。
- 创建数据透视表并了解其界面。
- 使用神奇的切片器。
- 制作动态的数据透视图。
- 学习数据透视表的排版与应用。

第 12 章

实用财务模型的开发

　　在财务分析、经营决策与投资决策过程中，如果我们善用财务模型，不但可以提高财务团队的工作效率，而且可以为管理层与决策者提供更好的支持。

　　为了便于学习，本书将常用的财务模型区分为财务分析模型、经营决策模型与投资决策模型，如图 12-1 所示。

财务分析	经营决策	投资决策
• 对企业历史经营绩效的财务分析以及横向和纵向的比较，从而了解影响企业历史绩效的各类因素及其影响方式和影响程度等 • 比如销售差异分析、利润差异分析、营运资金分析与财务报表分析	• 依据企业战略规划对企业未来的绩效水平进行预测，包括资产负债表、利润表以及现金流量表的预测 • 产品定价模型	• 固定资产投资可行性分析 • 企业估值模型 • 确定各类估值参数，计算企业的自由现金流量，并对企业当前的价值做出判断

图 12-1　常用财务模型的分类

　　上述的财务分析模型，包括销售差异分析、利润差异分析、营运资金分析与财务报表分析，以及经营决策的三大报表的预测模型，已经在前面的章节介绍过了。

在本章，我们将分别对产品定价模型、固定资产投资决策模型以及企业估值模型进行介绍与探讨。

12.1　定价模型：业财融合的范例

FP&A 的职责之一是帮助企业确定价格策略与参与报价。FP&A 如何为新产品进行定价？究竟要制定什么样的价格才能够既保证企业的竞争力，又可以让企业获取更多的利润？

定价问题非常重要，但又是令人苦恼的商业决策。定价过高，会影响销售收入；定价偏低，则丧失了获取超额利润的机会。在进行销售差异的分析时，我们知道价格变化，相比数量与产品组合的变化，更为重要。而且，定价还是跨部门的事务，涵盖了销售、营销、财务、供应链以及生产运营，我们需要来自各个部门的信息，然后确定对企业最为有利的价格。

在制定价格策略与开发定价模型之前，我们先总结一下，影响价格的主要因素有哪些？下面以制造业为例，分别从成本、税金、费用与市场四个因素进行探讨。

第一个因素，是成本。

在制造业里面，成本包括直接材料、直接人工与制造费用。在制定价格的时候，成本因素往往是财务人员最为关心的。

首先，需要知道产品是由哪些材料组成的？分清楚主要材料与辅助材料，主要材料通常只有一种或简单几种，但可能占据材料成本的多数；辅助材料可能有很多种，但只占材料成本的少数。我们要知道每一种材料的占比与采购价格，以及材料的消耗比例。如果企业采用了标准成本，这些材料信息可以通过 BOM（材料清单）来获取。

下面举一个简单的例子。某公司的产品，代码为 A1234，投入的原材料有 5 种，原材料的代码、标准投入数量与标准价格如表 12-1 所示。如果不考虑材料损耗的问题，原材料成本为 24.00 元。假设正品率为 98%，要考虑材料损耗问题，每件产品的标准材料成本为 24.49 元。

表 12-1　标准原材料成本例子

（金额单位：元）

原材料代码	标准投入数量	标准价格	原材料成本
#102	1.00	2.00	2.00
#201	2.00	2.50	5.00
#306	5.00	1.00	5.00
#415	1.00	6.00	6.00
#509	3.00	2.00	6.00

为了确定原材料成本，研发或技术部门需要提供材料的投入数量或比例，生产部门要提供正品率，采购部门需要提供各种材料的价格。在进行报价时，有些信息采用标准值，不需要每一次找各部门提供。

其次，要考虑人工费用的计算方式。传统上，直接人工被定义为典型的变动成本，认为直接人工会随着生产量的变化而变化。实际上，大部分的直接人工已经是固定成本。曾经流行的计件工资制，在劳动密集型的企业里得到广泛应用，但现在这些行业在中国慢慢衰落，工人的收入更多依靠固定的工资。

在报价的时候，我们可以将直接人工视为相对固定的开支，报价时需要分摊多少直接人工，可以参考预算。比如某条生产线的直接人工预算为 100 万元，全年的开工时间为 360 天，每天 24 小时，设备利用率为 95%，则全年的可利用生产时间数为 8 208（=360×24×95%）小时，直接人工的工时率为 121.83（=1 000 000/8 208）元。假设一个小时可生产 60 件 A 产品，则每件 A 产品分摊的直接人工成本应该为 2.03（=121.83/60）元。同样的生产线，生产不同的产品，产出的数量是不一样的，但是直接人工的工时率一样。假设生产 B 产品，每小时可以产出 80 件，则每件 B 产品分摊到的直接人工成本为 1.52（=121.83/80）元。

接着是变动制造费用，通常包含了能源成本、包装材料、维修保养费用等。能源成本与包装材料是典型的变动成本，与生产量成正比例关系，在报价的时候，要区分对待，并考虑生产线或设备的参数与特性。比如，生产上述的 A 产品与 B 产品，每小时消耗的电费是一样的，但分摊到每一件产品的电费是有区别的。比如每小时耗电 400 度，每度电为 0.6 元，则每小时电费为 240 元，分摊到每件 A 产品的电费为 4（=240/60）元，分摊到每件 B 产品的电费则为 3（=240/80）元。但是，如果生产不同产品每小时的耗电量有明显不同，就要分别对待。比如生产上述的 B 产品，每小时耗电 500 度，每小时电费为 300 元，则分摊到每件 B 产品的电费调整为 3.75（=300/80）元。

包装材料的成本，需要依照不同的包装材料与规格来确定，可以简单地区分为普通包装、精美包装等，并针对不同产品与客户需求确定合理的包装成本。

报价的时候，对于各种成本项目，要尽量依照事实来确定，并注意效率。对于重要的成本，要认真细分，对于不重要的成本可以简单化处理，使用平均成本。

维修保养费用是一个比较特别的费用，一般企业视之为变动制造费用，但是其实质上更像是固定费用，它的支出与产量关系不大。比如，一条生产线的年产量从 10 000 件提升到了 11 000 件，维修保养费不会增加 10%，甚至还可能更少，因为设备稳定，维修保养的开支反而少了。在定价的时候，维修保养费用可以采用和直接人工一样的做法，用每小时的维修保养费用来进行分摊。

在固定制造费用里，最为重要的项目为固定资产折旧，还有生产管理人员的工资与福利、厂房租金、财产保险等，可以简单划分为折旧费用与其他固定制造费用。这些固定成本项目，可以折算为每一个工时的费用率，并分摊到每一件产品。

有了上述的直接材料、直接人工与制造费用的成本信息，如果采用成本加成法进行报价，就非常简单。比如每单元 A 产品的原材料成本为 24.49 元，直接人工为 2.03 元，制造费用为 15 元，则制造成本为 41.52 元；该公司的报价很简单，是 150% 的制造成本加上运费，假设运费为每件 3 元，则不含税价格为：

65.28（=41.52 ×（1+50%)+3）元 / 件。

第二个因素，是税金。

在定价的时候，要依照不同的业务模式与销售市场，考虑各种税金，比如增值税、消费税与关税。

增值税是最为常见的税种，很复杂，近几年为了减轻企业的税务负担，该税种也在不断调整。比如，前文的 A 产品的不含税价格为 65.28 元，假如增值税税率为 13%，则含税价格为 73.77（≈ 65.28 ×（1+13%））元。

如果进口材料在加工完之后用于内销，需要缴纳进口关税。关税的税率不一，负责定价的人员要及时了解关税政策的变化。

如果进口材料经过加工后复出口，就不需要缴纳关税，除非公司是从事一般贸易。有些产品是鼓励出口的，有些不是，政府对不同的产品，采取不同的关税与不可抵扣增值税税率。适用出口关税的物资往往是稀缺资源，比较少见，出口产品承担的税金负担主要是不可抵扣增值税。假设不可抵扣增值税的税率为 1%，在制定出口价格的时候，产品增值的 1% 属于不可抵扣部分，简单来说是销售价格减去材料成本后，乘以 1%。在定价的时候我们要熟练掌握这些知识。

第三个因素，是费用。

费用是各种期间费用，包括了市场与销售费用、管理费用、财务费用、研发费用、运费。在定价的时候，要注意，很多期间费用是共同承担的，比如管理费用、财务费用与研发费用，需要做比较合理的分摊，分摊到每一个小时，再分摊到每单元产品。

对于销售费用与运费，要特别警惕。要注意销售费用能否区分到不同的应用市场或者业务单元。此外，不同的交付方式，比如出口与内销、本省与国内，运费相差悬殊，在定价的时候，要为具体的客户确定相应的销售运费。比如，在制定南美洲客户的价格时，若销售价格为 2.5 美元 / 千克，毛利率为 20%，毛利为 0.5 美元 / 千克，如果用毛利率来判断，好像还不错。但是，货物从中国到南美洲客户所在港口，每千克的运费高达 0.5 美元，全部毛利已经被运费吞噬了。如果在报价的时候，先把运费扣除，那净价格变为 2 元，毛利为零了。

上述的成本、税金与费用，构成了广义的成本，如果用成本作为定价的主要依据，则可制定相应的价格。但是，不同产品的定价机制是不一样的。有些产品，尤其是消费品，生产商还需要考虑不同销售渠道的利益分配，比如代理商、批发商与零售商的利润分成。

不同的产品，不同的业务模式，利润分成千差万别。举一个例子，网易的成本控第 16 期调查显示，一瓶售价 1 080 元的兰蔻精华肌底液的价格组成里面，经销商费用占了 25%，另外广告与推广费用占 31%，销售、管理与行政费用占 21%，厂商的净利润占 12%，原材料成本只占 2%，如图 12-2 所示。[○]

○ 来源：网易财经，成本控第 16 期：一瓶兰蔻精华肌底液的价格组成。

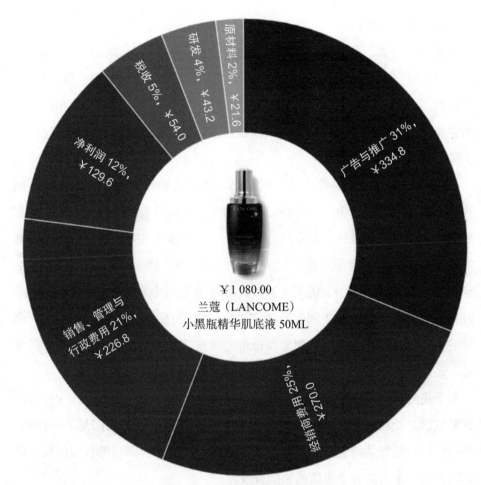

图 12-2　兰蔻精华肌底液的价格组成

第四个因素，是市场。

财务人员往往会忽略市场因素，缺乏从市场的角度去考虑价格的问题。市场的角度很多，下面的探讨也可以帮助提升财务人员业财融合的意识。

首先，公司的竞争战略（成本领先、差异化还是聚焦）影响公司的定价策略。如果采取成本领先的竞争战略，则要将产品的成本做到极致，成为行业的成本领先者，然后依照成本加成的定价方法，做到物美价廉，保持产品的竞争力。

其次，要看市场竞争情况，公司推出的新产品有没有竞品？如果有，就要考虑公司的产品定位与竞争战略了。一个行业的价格，一般先由领导者制定或变动，追随者依照领导者的价格标杆而定价。另外，新产品往往没有竞品，其定价要考虑客户的期望与产品的价值。如果产品的定价与客户的预期有很大的出入，定价太高了，可能失去订单，定价太低了，又会让客户怀疑产品品质。如果可以计算出产品的价值，则可以利用产品的价值来定价。比如，某公司推出新产品，用作汽车生产线的零部件，该部件的使用寿命是之前产品的 3 倍，那产品的定价可以在之前产品的 1.5 ~ 2.5 倍的范围里面确定，如果定价是之前产品的 2 倍，客户可以接受，企业也可以获取超额利润。

再举个例子，某管理咨询公司，其业务是帮助客户建立与改善产品质量体系，那如何制定咨询服务的价格？采用价值定价会是一个不错的方案。在和客户进行商务谈判的阶段，经过调查，确定客户公司目前的质量管理现状、产品合格率与产量，然后预估这个项目的周期（假设两年）。在报价的时候，将服务价格区分为两部分，一部分是固定的，可以覆盖直接参与项目的咨询师的人工成本与差旅费用，假设需要两位咨询师，他们 50% 的工作时间需要投入到该项目中，预估要分摊 30 万元的成本；另一部分是变动的，依照两年时间里改善的产品合格率与产量直接创造的经济效益来确定。产品合格率的改善，可以降低原材料成本，又可以提高产量，由此估算质量改善带来的额外经济效益，咨询公司与客户协议约定以额外经济效益的 25% 作为绩效报酬。这种依靠价值来定价的方案，比较合理，可以为双方接受，又有激励效果。

定价的时候，我们还要注意产品的特性。有些产品的消费体验与价格的高低有关联。比如，奢侈消费品的制造成本微不足道，但其主要投入是期间费用，包括市场营销、广告推广、销售渠道与管理费用等。奢侈消费品的高昂价格把一般消费者隔离在外，有消费能力的客户会从中获取满足感。奢侈消费品属于炫耀式消费，给消费者带来的满足感，是难以用金钱来衡量的。这种典型的商品，包括高级化妆品、高级手表、豪华汽车、高端酒、豪宅等，需要更多地揣摩消费者心理，采用市场营销手段。

曾经有市场研究人员组织了红酒品鉴会，把某一款红酒灌装于不同瓶子，然后虚构不同的名字、背景故事、品鉴评价，加上高低迥异的价格标签。结果发现标示价格昂贵的红酒，得到了明显的高分，而标示低价的，分数明显偏低。对于这类商品的定价，财务人员能够提供的支持很有限，更多仰仗市场营销与消费者心理研究。

作为财务人员，因为根深蒂固的专业倾向，往往倾向于依靠成本和目标利润来定价。有这种倾向是可以理解的，这是由财务人员的专业背景决定的。不过，我们也要注意，市场的因素很灵活，我们需要和销售人员与营销人员多沟通，开发出适合公司业务与产品的定价模型。

举个实际的例子，2020年初新冠疫情突发，全球对口罩的需求疯狂增长，很多企业主与投资人都想投资口罩生产线。如果财务人员参与投资决策，就要了解口罩的成本结构，原材料、人工与制造费用是多少，快速建立一个成本估算与价格制定模型。

图 12-3 是笔者在 2002 ～ 2003 年 SARS 疫情期间，做的一次性无纺布医用口罩的原材料成本估算模型。

如图 12-3 所示，要估算口罩原材料成本，需要先了解口罩的材料构成，分别由无纺布（两层 SS 无纺布加一层 MB 无纺布）、橡皮筋、铝条鼻夹、包装材料与消毒材料组成。其中的无纺布，要知道每一层的长与宽、材料克重、每平方米的成本，最后算出每一片无纺布的成本，仅为 0.046 元；再加上其他的材料，合计直接材料成本为 0.0965 元，即大约为 0.1 元。在正常时期，一次性无纺布医用口罩的出厂价格大约为 0.2 元，市场零售价为 0.3 ～ 0.5 元。

一次性无纺布医用口罩成本分析

小时产量（片）	2 000		
机器利用率	90%		
预计年产量（片）	15 552 000		
含税售价 -RMB/ 个	0.226 0		
不含税售价 -RMB/ 个	0.200 0		
年度销售收入 -RMB	3 110 400		
直接材料成本	第一层	第二层	第三层
	SS 无纺布	MB 无纺布	SS 无纺布
长度（M）	0.185	0.185	0.205
宽度（M）	0.185	0.185	0.205
每层平方米	0.034	0.034	0.042
层数	1	1	1
合计平方米	0.034	0.034	0.042
无纺布采购成本 -RMB/kg 含税	15.00	20.00	15.00
无纺布采购成本 -RMB/kg 不含税	13.27	17.70	13.27
平方米克重 -gsm	25	25	35
每平方米成本 -RMB/sqm	0.331 9	0.442 5	0.464 6
无纺布成本 -RMB	0.011 4	0.015 1	0.019 5
单位无纺布成本 -RMB/ 片			0.046 0
橡皮筋（2×17cm）	￥0.06/m		0.020 4
铝条鼻夹（1×11cm）	￥0.06/m		0.006 6
假设废品率			2%
包装材料			0.012 0
消毒材料成本			0.010 0
合计直接材料			0.096 5

图 12-3　口罩的原材料成本估算

我们在参与决策的时候，如果有能力开发出报价模型，就可以为管理层与业务部门的决策提供有力的支持。案例12-1介绍了笔者曾经开发的一个快速定价模型，可以作为借鉴。

○ 案例 12-1

笔者曾经服务于PGI无纺布集团，担任亚洲区FP&A总监。鉴于市场竞争日益激烈，销售团队在商业谈判的时候，希望可以更快地回应客户，确定价格，将业务锁定。而销售人员在制定价格的时候，需要成本会计帮助进行核算。依照程序，成本会计在报价的时候，还要用到BOM等信息，耗时长，有时会耽误销售部门的业务决策。

为此，市场营销总监找到笔者，希望笔者可以改善报价机制，开发快速定价模型，以帮助成本会计对订单报价进行快速分析，并判断价格是否可接受。

经过双方的交流，对快速定价模型，我们达成了下面的共识。

（1）确定关键指标，作为判断依据，比如毛利或者材料价差。经过权衡，选择了更为简单的材料价差，材料价差等于净销售价格减去原材料成本。为了更公平与更合理地比较价格，销售价格要扣除运费与信用期占用的资金成本后，再用来计算材料价差。

（2）与管理层商定，基于每千克产品的简单材料价差进行审批，分别给客户经理、销售总监、销售副总裁、财务副总裁与总经理，制订相应的审批权限与标准。

（3）录入界面要简洁易懂，设定录入参数与菜单。运算的内容与录入参数的界面分别位于不同的工作表，甚至将运算的工作表隐藏起来，不让非财务人员操作。

基于上面的共识，笔者把快速定价模型区分为三个工作表，分别为：

InputSheet（录入报表）、Parameters（参数维护）与 CalSheet（运算报表）。

　　图 12-4 是 InputSheet 录入界面，只需要录入简单的信息，包括客户、客户代码、产品代码、产品描述、颜色、处理方式、克重与成品幅宽。部分内容可以通过下拉菜单选择，比如产品描述、颜色、处理方式这些信息保存在 Parameters 工作表。

　　为了便于后面录入公式，采用单元格命名的技巧，把 D7 单元格的名字改为"COLOR"，同样把 D8 单元格改为"TREAT"，D10 单元格改为"WIDTH"，D12 单元格改为"TRADE"，D16 单元格改为"PRICE"，D17 单元格改为"FREIGHT"，D19 单元格则改为"CURRENCY"。

　　接着，选择交易方式，通常有内销（Domestic）与出口（Export）。对于内销的业务，销售价格和运费用人民币（RMB）作为计价货币，并包含增值税。如果是出口业务，销售价格与运费以美元（USD）作为计价货币，均不考虑增值税。然后，在 E16 单元格用 IF 函数进行判断，公式为 =IF(D12="Domestic"，"RMB/kg"，"USD/kg")，即如果 D12 单元格的交易方式为 Domestic，则计价单位为"RMB/kg"，否则为"USD/kg"。

　　如图 12-4 所示，录入基准的 PP 材料价格（PP，Polypropylene，聚丙烯，一种可降解石化材料），录入每单元产品的销售价格与运费以及录入汇率与信用期的天数，即可计算出不含税的销售价格与简单价差；按照审批权限，除了销售总监与副总裁，还需要得到财务副总裁的批准。

　　第二个工作表 Parameters，用来维护被引用的参数，比如产品描述、颜色、处理方式与贸易方式，在工作表 InputSheet 的相应单元格可以引用这些信息来做下拉菜单，使用起来更便捷，而且不会出错。颜色与处理方式的选择，会增加材料成本，其材料成本会被工作表 CalSheet 用函数 VLOOKUP 引用。

　　为了方便引用，对相应的区域进行命名，区域 D3:E8 命名为"COLCOST"，G3:H8 命名为"TREATCOST"，参见图 12-5。

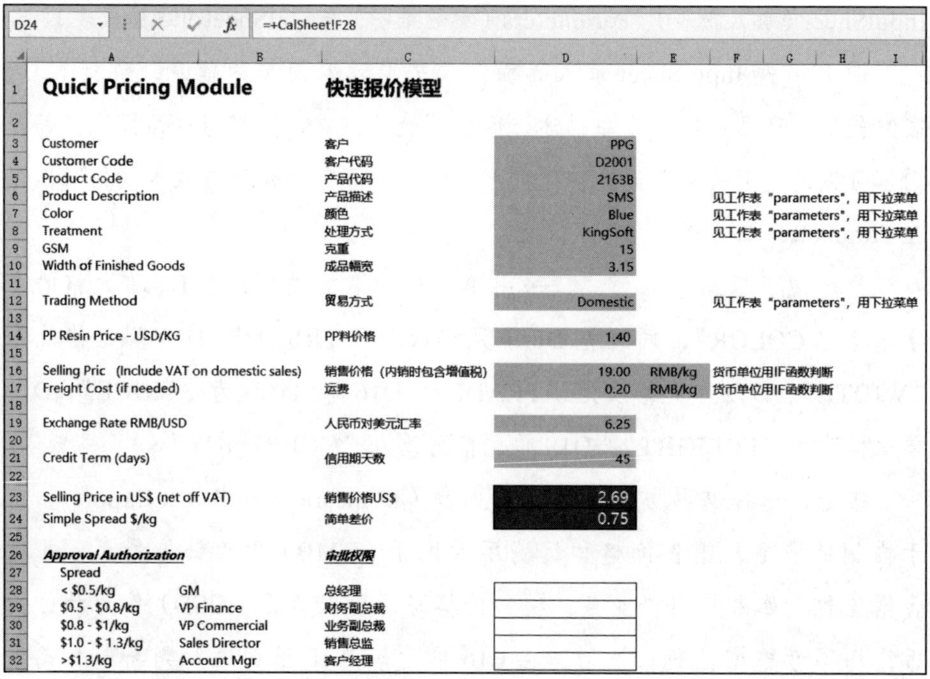

D24 =+CalSheet!F28

	A	B	C	D	E	F
1	**Quick Pricing Module**		**快速报价模型**			
2						
3	Customer		客户	PPG		
4	Customer Code		客户代码	D2001		
5	Product Code		产品代码	2163B		
6	Product Description		产品描述	SMS		见工作表"parameters",用下拉菜单
7	Color		颜色	Blue		见工作表"parameters",用下拉菜单
8	Treatment		处理方式	KingSoft		见工作表"parameters",用下拉菜单
9	GSM		克重	15		
10	Width of Finished Goods		成品幅宽	3.15		
11						
12	Trading Method		贸易方式	Domestic		见工作表"parameters",用下拉菜单
13						
14	PP Resin Price - USD/KG		PP料价格	1.40		
15						
16	Selling Pric (Include VAT on domestic sales)		销售价格(内销时包含增值税)	19.00	RMB/kg	货币单位用IF函数判断
17	Freight Cost (if needed)		运费	0.20	RMB/kg	货币单位用IF函数判断
18						
19	Exchange Rate RMB/USD		人民币对美元汇率	6.25		
20						
21	Credit Term (days)		信用期天数	45		
22						
23	Selling Price in US$ (net off VAT)		销售价格US$	2.69		
24	Simple Spread $/kg		简单差价	0.75		
25						
26	***Approval Authorization***		***审批权限***			
27	Spread					
28	< $0.5/kg	GM	总经理			
29	$0.5 - $0.8/kg	VP Finance	财务副总裁			
30	$0.8 - $1/kg	VP Commercial	业务副总裁			
31	$1.0 - $ 1.3/kg	Sales Director	销售总监			
32	>$1.3/kg	Account Mgr	客户经理			

图 12-4 InputSheet 录入界面

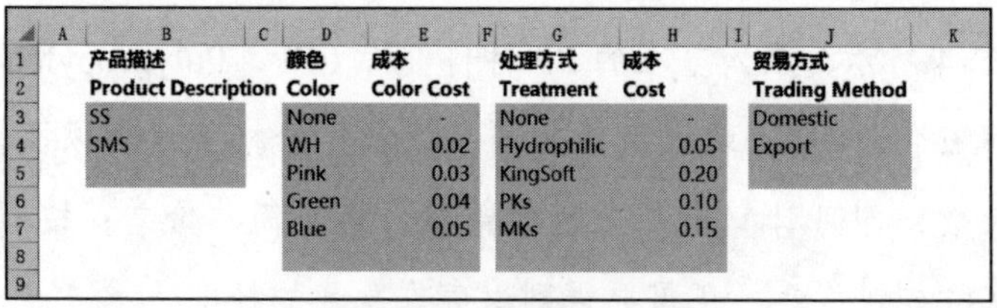

	A	B	C	D	E	F	G	H	I	J	K
1		**产品描述**		**颜色**	**成本**		**处理方式**	**成本**		**贸易方式**	
2		**Product Description**		**Color**	**Color Cost**		**Treatment**	**Cost**		**Trading Method**	
3		SS		None	-		None	-		Domestic	
4		SMS		WH	0.02		Hydrophilic	0.05		Export	
5				Pink	0.03		KingSoft	0.20			
6				Green	0.04		PKs	0.10			
7				Blue	0.05		MKs	0.15			
8											
9											

图 12-5 参数表

第三个工作表 CalSheet 参见图 12-6，利用前面两个工作表的录入选项与参数，进行函数运算，得到扣除增值税后的销售单价与简单价差，并被引用到工作表 InputSheet，供使用者判断与审批。

为了便于理解，对其中几个单元格的函数逻辑进行解释，如下：

F3 单元格：=IF(TRADE= “DOMESTIC”,PRICE/1.13/CURRENCY,PRICE),

如果是内销的人民币价格，扣除增值税（13%），并除以 InputSheet 设定的汇率，得到美元价格；如果不是内销，以美元计价，则为 InputSheet 录入的价格。

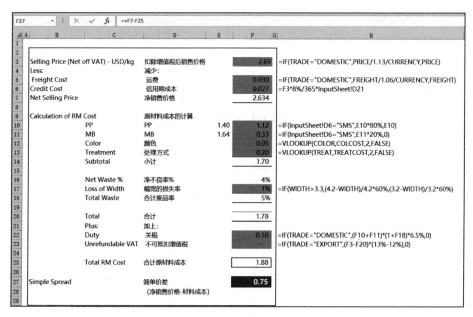

图 12-6　运算工作表

F5 单元格：=IF(TRADE="DOMESTIC",FREIGHT/1.06/CURRENCY, FREIGHT)，如果是内销的运费，需要扣除增值税（6%），并除以设定的汇率；如果不是内销，则为 InputSheet 录入的运费。

注意，增值税税率以及其他税率在过去几年时间里经常更新，为了适应未来可能出现的变化，可以把增值税税率、关税税率、出口退税率作为录入的参数。

F6 单元格：=F3*8%/365*InputSheet!D21，以 F3 单元格的价格，结合 8% 的资金成本率，计算信用期占用资金的成本，资金成本率依照公司情况而定。

F10 单元格：=IF(InputSheet!D6=" SMS ",E10*80%,E10)，如果为 SMS 产品，则主要材料中，80% 为 PP，20% 为 MB，如果为 SS 产品，则材料 100% 为 PP。这个内容关系到产品，在开发财务模型时需要了解公司的产品与材料构成。

F11 单元格：=IF(InputSheet!D6=" SMS ",E11*20%,0)，如果为 SMS 产品，MB 占主要材料的 20%，如果为 SS 产品，则没有 MB。假设每千克 MB 的材料价格比 PP 多 0.24。

F12 单元格：=VLOOKUP(COLOR,COLCOST,2,FALSE)，这个函数使用了区域命名的技巧，在开发财务模型时，这个技巧非常实用。F13 单元格是判断处理方式的成本，也是一样的逻辑。

F17 单元格：=IF(WIDTH>3.3,(4.2−WIDTH)/4.2*60%,(3.2−WIDTH)/ 3.2* 60%)，这是一个非常特别的公式，用以判断这个产品的幅宽损失。F16 单元格已经考虑了不良品率（4%），F17 单元格要考虑产品的规格尺寸造成的幅宽损失。在开发定价模型的时候，我们需要依照公司的设备与工艺进行判断与决策，这个公式并不考验 Excel 操作技术，而是考验你对设备与工艺的熟悉程度。这个公式涉及的几个常数 3.3、4.2、60%，都是与产品和设备有关的。如果能够将这种函数做出来，就立刻激活了整个模型。

F22 单元格：=IF(TRADE=" DOMESTIC ",(F10+F11)*(1+F18)*6.5%,0)，如果为内销，就要考虑 6.5% 的进口关税（这是针对这个业务而言，对于其他公司的业务，进口关税会不尽相同）。因为主要材料 PP 与 MB 是进口的，只需要考虑这两种主要材料的进口关税，再乘以（1+ F18），F18 为合计废品率。

F23 单元格：=IF(TRADE=" EXPORT ",(F3−F20)*(13%−12%),0)，如果为对外出口，需要考虑出口不可抵扣增值税，不可抵扣增值税税率为增值税税率（13%）减去退税率（假设为 12%），即 1%。F3−F20 是增值部分，乘以不可抵扣增值税税率。如果不是对外出口，没有不可抵扣增值税，则为零。

经过测试与验证，营销总监觉得这个模型有很大的帮助，不但可以降低报价的难度，而且还提高了报价的可靠性。这个模型用到的简单价差，扣除了运费与信用期占用资金成本，更为合理。简单价差也让销售人员更加关注销售价格与原材料价格的联动机制，鼓励销售人员与客户进行商业谈判的时候，将材料价格联动机制作为合同条款，降低公司的经营风险，也确保与客户建立可持续发展的商业关系。

12.2　固定资产投资决策模型：成为管理层的决策参谋

投资是一个十分广泛的概念，凡是牺牲现在的利益和支出必要的价值，以获取未来更大的利益和价值都可以理解为投资。投资的本质反映了资本的增值过程。

例如，现在投入 10 000 元，一年后产出 12 000 元，投资收益为 2 000 元。10 000 元的投入是当前的利益和价值，投资是对当前价值的放弃或支出。12 000 元的产出是投资以后发生的收入，是未来价值，2 000 元则是投资的收益。

投资可以区分为直接投资与间接投资。如图 12-7 所示，直接投资可以区分为固定资产投资、无形资产投资、流动资金投资与直接股权投资；间接投资包括了金融市场投资与期货市场投资等。

在日常工作中，财务管理人员经常需要参与决策的投资活动主要有技术改造投资、固定资产投资项目和股权投资。

技术改造是指企业对现有的工艺与设备进行改造与升级，实现扩大再生产、增加品种、提高质量、节约能源、降低原材料消耗、提高劳动生产率等目的，以提高经济效益。技术改造可行性分析，主要包括设备经济寿命的计算、最佳更新时机的选择、考虑使用寿命下的固定资产更新分析。这几种技术改造的决策都有很成熟的模型，但是在现实中很少使用。

> **直接投资**
>
> - 固定资产投资：一般固定资产投资、技术改造投资、基建投资
> - 无形资产投资：土地使用权、专利、专有技术、商标、知识产权
> - 流动资金投资：应收账款、存货、应付账款
> - 直接股权投资：并购、购买股权
>
> **间接投资**
>
> - 金融市场投资：股票投资、外汇投资、黄金投资、票据投资
> - 期货市场投资：金属期货、粮食期货、石油期货等

图 12-7　投资的分类

本章要深入探讨固定资产投资决策。在资本支出预算里面，有重大影响的战略项目，财务人员需要对项目进行研究，并通过可行性分析模型做出判断与决策。

固定资产投资项目成功的三要素为：按时完成、在预算内、交付质量符合预期。每一个重大的固定资产投资项目，必须确定投资目的、投资对象、投资地点、投资预算与投资建设期。

举个例子，为了满足新能源汽车客户的需求，A 公司董事会批准，在苏州增加一条年产量 20 000 吨的特种塑料生产线。预算项目资本金为 2 亿元，开办费用为 500 万元。项目计划启动于 2022 年 7 月 1 日，正式投产于 2023 年 12 月 31 日。

这是一个典型的固定资产投资项目，投资目的是提高特种塑料的供应能力，以满足新能源汽车客户的需求。投资对象是 20 000 吨的特种塑料生产线，投资地点在苏州，投资预算包括资本金 2 亿元，开办费用 500 万元。投资建设期为 2022 年 7 月 1 日至 2023 年 12 月 31 日。

企业在进行重大固定资产投资的时候，还要依照投资目的、投资地点与客户的需求，确定投资的策略与定位。固定资产投资的策略一般包括了灵活性、更高速度与低投资成本。参见图 12-8。

灵活性。这个定位是为了投资保护，对相关的生产线或设备进行柔性设计，可以生产多种产品，灵活切换。这种柔性设备的投资金额大，产品的定位为高端，追求品质，追求产品差异化与品牌化，有创新与特殊解决方案。比如特斯拉在上海建设新能源汽车生产线，可以保持灵活性，生产多种型号的产品。

更高速度。这个定位是为了追求更大的产量与更低的生产成本，定位是性价比，特别强调生产运营的效率，并最大化利用设备的生产能力。比如，海尔电器为了满足西南地区消费者的需求，在重庆建设冰箱生产线，可能会引进一条产量很高的生产线。

低投资成本。这个定位是为了实现更低的投资额，作为市场试水的目的，特别适合开拓新兴市场。主要特点有投资成本低，产品简单，设备稳健，运营成本低。举个例子，格兰仕微波炉决定去柬埔寨投资一条微波炉生产线。为了试水，建设一条产量低但很稳健的生产线更为明智。

如图 12-8 所示，不同定位的固定资产，其关键驱动因素与关键属性各不相同。对于投资决策者来说，在进行重大固定资产决策的时候，如果采用了错误的决策，就可能带来一个失败的项目。比如，一条定位为柔性高端的生产线，资本支出巨大，但因为缺乏市场需求，不得不生产高性价比的中端甚至是低端的产品，那注定会成为失败的项目。

关键驱动因素	关键属性
差异化与品牌化 创新和特殊解决方案 品质	灵活性
最低的生产成本 追求数量 运营效率	更高速度
更低的进入成本 低成本运营 简单化 稳健性	低投资成本

图 12-8　固定资产投资的驱动因素

笔者曾经服务的一家公司，CEO是技术出身的创始人，追求行业最先进的产品与技术，然后投资了两条超级生产线。两条超级生产线的投资额相当于八条普通生产线的投资额，金额巨大，不得不举债融资。遗憾的是，正式投产之后，并未获得预期的高端市场的订单，超级生产线不得不用来生产普通产品，很快把整个集团的利润与现金流吞噬掉了，贷款利率因为财务恶化也更高了。经过一两年的挣扎，最后公司被迫进入破产保护程序，CEO出局，并变卖了其持有的股份。

固定资产投资项目的可行性分析方法有两类，分别是静态分析法与动态分析法。

静态分析法，不考虑货币的时间价值与折现率，包括了投资收益率法、投资回收期法、追加投资效果评价法、最小费用法，适合比较简单的、投资回收期较短的项目。

动态分析法，考虑货币的时间价值，一般用内部收益率（Internal Rate of Return，IRR）来判断，还可以用净现值（Net Present Value，NPV）与动态投资回收期法来判断。NPV与动态投资回收期法需要用到折现率，将每一期的现金流量折算为现值进行判断。如果NPV大于零，或者动态投资回收期超过目标值，就是可行的。

IRR作为内部收益率，计算时不需要依靠折现率。简单来说，IRR就是NPV为零时的折现率。计算出来的IRR，比如13%、15%或18%，该如何判断其可行性？

判断IRR的可行性，需要确定一个目标值。这个目标值可以理解为"最低资本回报率"，或"要求回报率"，是指投资者要求的最低资本回报率。若低于这个比率，应该放弃这个项目。

IRR是在不考虑资本来源的前提下，项目本身的内部收益率。最低资本回报率要考虑资本成本与项目风险。通常情况下，最低资本回报率为公司的加权平均资金成本（Weighted Average Cost of Capital，WACC）加上项目风险溢价，反映被投资项目的特定风险水平。

项目风险，包括了系统性风险与经营性风险。系统性风险是投资所在的国家与地区的宏观环境的风险，包括政治、经济、社会与技术的风险（参考战略规划的 PEST）。经营性风险是具体项目遇到的风险，主要考虑业务风险与技术风险。

业务风险是获取客户与订单的风险，对销售的把握越大，风险越低。比如某公司投资一个项目，投资之前已经与某个关键客户签订了销售协议，对方愿意以协议的价格，预定该项目未来 5 年 50% 的理论产量。此时，对于公司来说，业务风险非常小。甚至有客户愿意签订"Take or Pay"合同，保证在未来几年时间里，每一年购买的数量，如果低于该数量，必须支付公司的损失，这样就鼓励公司大胆投资。对于公司来说，业务风险几乎为零，只剩下技术风险，对于客户来说，他们能够以更优惠的价格得到供应保障，双方实现共赢。

技术风险是指对运转固定资产设备的把握程度，把握程度越高风险越低。比如某公司的生产线，已经在其德国工厂顺利运营，现需要在中国建设一条相同的生产线，那可以认为，技术的风险为最低级别。

对于不同风险的项目，要依照不同的风险程度，定义不同的最低资本回报率，才能够让各个项目在内部的竞争中，更加公平与合理。但现实是，很多企业对最低资本回报率都采取简单粗暴的统一标准，比如在中国区都是 15%。这样的标准非常简单，也貌似公平。但是，这样会导致很多高风险项目在内部选拔的时候胜出，低风险低收益的项目落败，长此以往，公司将积累大量的高风险项目。财务常识之一是，风险与收益成正比。这样，在市场繁荣时期，业绩可能超预期，但一旦市场出现疲软，业绩会出现剧烈波动。实际上，作为一个理性决策的企业，需要有不同风险程度的项目与不同投资回报率进行搭配，这样可以提升企业的抗风险能力。

如何给不同的项目制订适宜的最低资本回报率呢？这是一个不容易的任务。制订太高的最低资本回报率，会错失投资机会；制订太低的最低资本回报率，又会降低企业的投资回报率。如果需要确定务实可靠的最低资本回报率，就要考虑企业的融资成本，还需要向专业的数据机构购买行业回报率的数据。案例 12-2 是一个典型的应用例子。

○ **案例 12-2**

B 公司是世界著名的投资公司，每一年为投资国家确定相应的最低资本回报率。图 12-9 是为中国市场准备的最低资本回报率列表（为了方便演示，具体数字经过了简化）。

首先考虑了系统性风险，并依照商业评估与技术评估的经营性风险进行组合，得到不同的最低资本回报率。比如，左下角的第一个最低资本回报率为 12.5%，是要求最低的回报率。这个组合里，商业上"有合同支持，产能大于 50%，而且合同在 3 年以上"，技术上是"被证明的技术，而且目前公司正在使用"，可以判断这个项目的商业风险与技术风险都非常低，就可以采用最低级别的最低资本回报率。随着商业风险与技术风险的递增，定义更高的最低资本回报率，在商业风险最高的级别是需要"市场创建"，而且技术上是"未被证明的技术，需要重大的开发，风险高"，最低资本回报率被确定为 28.5%。从投资回报来看，12.5% 与 28.5% 有天壤之别，也可以反映两者的风险存在巨大差异。

在图 12-9 里，还考虑了旧设备迁移项目。笔者曾经在 2003 年为当时服务的公司做出一个决策，将集团公司在德国的一条旧生产线搬到广东。这是一台非常陈旧的德国设备，已经停滞多年，但是工艺独特，如果引进中国市场，可以生产出独一无二的产品。关键客户 P 公司很感兴趣，为了鼓励投资，P 公司愿意在投产后 5 年时间里，以协议价格购买全部的理论产量。对于公司来说，业务风险已经为零，可以采用很低的最低资本回报率，提供给 P 公司更优惠的价格。经过一年左右的谈判，成功签订了 Take or Pay 补偿合同，后来成为一个非常成功的投资项目。

		技术评估					
		被证明的技术，而且目前公司正在使用	被证明的技术，对公司来说是新的，但风险很低	相似的技术，但需要持续开发，中等风险	未被证明的技术，需要重大的开发，风险高	设备迁移，比较新，目前应用的技术	设备迁移，比较旧
业务评估	市场创建	22.5%	23.5%	25.5%	28.5%	不适用	不适用
	需要获取市场份额	19.5%	20.5%	22.5%	25.5%	20.5%	22.5%
	地区供应短缺，目前由竞争对手占有较大市场份额	17.5%	18.5%	20.5%	23.5%	18.5%	20.5%
	市场需求的有机增长	15.5%	16.5%	18.5%	21.5%	16.5%	18.5%
	地区供应短缺，由公司占有较大市场份额	13.5%	14.5%	16.5%	19.5%	14.5%	16.5%
	有合同支持，产能大于 50%，而且合同在 3 年以上	12.5%	13.5%	15.5%	18.5%	13.5%	15.5%

图 12-9　最低资本回报率列表

对于动态分析法的三个指标，在资金有限的情况下，采用 IRR 比较合适；在资金充裕的情况下，采用 NPV 更好。因为一般企业的资金都是有限的，需要内部不同项目之间进行竞争，IRR 成为更受欢迎的判断指标。在重大的固定资产投资项目可行性分析中，动态投资回收期通常作为其中一个参考指标。

无论采用哪个分析指标，我们都需要对各种类型的现金流量进行计算与判断。在固定资产投资项目的投资过程中，有关的现金流量有下面几种。

初始现金流量。这包括了固定资产的资本支出、开办费用与流动资金。资本支出，包括购建、运输、安装、税金等，但不能包括资本化利息。开办费用，包括培训、法律服务与试运行阶段的材料成本、人工与制造费用。流动资金是经营活动中需要的应收账款、存货与应付账款，假设最后全部收回。

经营现金流量。项目经营期内的经营现金流量，等于营业收入减去付现成本与所得税，也可以简单理解成"净利润加折旧"。

终结现金流量。项目终止的时候，固定资产残值收入或者变价收入，以及收回的流动资金，构成了终结现金流量。

在固定资产投资决策模型里，初始现金流量主要在建设期发生（除了流动资金）；经营现金流量在经营期发生，如果有确定的使用寿命，比如5年，经营期就采用5年，如果设备的寿命很长，使用寿命不确定，经营期一般采用10年，如果是特殊项目，比如光伏，或者有协议价格与补贴的项目，可以依照协议的年限来确定经营期。对于项目投资分析来说，超过10年后的现金流量经过折现，影响变小，这也是多数项目采用10年作为投资期的原因。

在开发固定资产投资决策模型的时候，需要理解几个重要名词，比如资本支出、开办费用、资本化利息、流动资金，下面分别加以解释。

1. 资本支出

资本支出（capital expenditure，CAPEX）包括了土地购置、厂房与建筑工程费、设备的购置与安装工程费，还有其他费用，比如设计费、咨询费、律师费、参与建设人员的工资福利等。

在进行固定资产投资可行性分析的时候，负责投资项目的工程部门需要提供一份非常详细的 CAPEX 清单，包括土地、厂房与建筑、主要设备、辅助设备以及各种费用，以内容与供应商进行详尽划分。

2. 开办费用

开办费用（startup cost）包括非建设人员开办期间的工资福利、员工培训费用，以及试运行期间的材料、人工与制造费用（要注意，如果试运行的产品产生收入，要用来抵减试运行的成本与费用），还有在建设期不计入固定资产购建成本的汇兑损益和利息支出。开办期间与建设期是指企业被批准筹建之日至开始生产经营之日的期间。

请注意，开办费用可以用于抵扣税前利润，从而在可行性分析时，要抵减所得税影响。假如这个投资项目是这个投资实体的第一个投资项目，正在建设期，还没有收入与利润，但依旧应该在固定资产投资决策模型上，保留开办费用抵税。比如，开办费用为 500 万元，抵减 25% 的所得税，实际上影响现金流量的开办费用为：375（=500×(1−25%)）万元。

3. 资本化利息

在重大固定资产投资项目的预算里面，会包括资本化利息（capitalized interest），但是在计算 IRR 时不用考虑资本化利息，CAPEX 不包含资本化利息。

对待资本化利息，不同国家的会计政策不同，要注意。

中国《企业会计制度》规定，应予利息资本化的借款范围为专门借款，即为购建固定资产而专门借入的款项，不包括流动资金借款。只有发生在固定资产购置或建造过程中的借款费用，才能在符合规定条件的情况下予以资本化。当期可以资本化的金额不得超过当期实际发生的借款费用。一旦购建的固定资产达到预定可使用状态，应停止借款费用资本化，以后发生的借款费用应当计入当期损益。对于购入不需要安装的设备，在购入时已经达到预定可使用状态，其发生的借款费用不予以资本化。

美资企业需要遵循美国会计准则，处理资本化利息时会不一样。计入固定资产原值的资本化利息，是以投资期间的资金占用为基准。案例 12-3 介绍了美资企业计算资本化利息的逻辑。

○ 案例 12-3

ABC 公司正在建设一个固定资产项目，截至 2022 年 7 月和 8 月，该项目的在建工程科目金额分别为 2 000 万美元和 3 000 万美元。

在 2022 年 8 月，要计提当月的资本化利息，假设以 6% 的资金成本率计算。

当月的资本化利息为 (2 000+3 000)/2 × 6%/12=12.5（万美元）。

假如 ABC 公司的 CAPEX 投资项目，仅靠追加的实收资本与自有资金，即可满足投资的需要，不需要外部贷款，没有利息费用产生，但也要计提资本化利息。这样，资本化利息会增加在建工程科目金额，并作为利息的收入项增加当期的利润。请注意，因为美国公司一般用 EBIT 或 EBITDA 作为利润 KPI，利息费用的处理问题，没有影响到绩效考核，就不会有因资本化利息的处理而产生的争端。

4. 流动资金

在分析投资项目可行性时，对于流动资金（working capital），通常只需要考虑应收账款、存货与应付账款。投资项目占用的流动资金，是指这个项目需要额外追加的流动资金，其计算方法通常有两种。

（1）使用现金营运周期分别计算。

先假设项目的 DSO（应收账款周转天数）、DIO（存货周转天数）和 DPO（应付账款周转天数），然后分别计算：

$$应收账款 = 年度销售收入 /365 \times DSO$$

$$存货 = 年度销售成本 /365 \times DIO$$

$$应付账款 = 年度销售成本 /365 \times DIO$$

$$流动资金 = 应收账款 + 存货 - 应付账款$$

（2）使用流动资金占销售的比例进行计算。

先假设项目的流动资金占销售的比例，流动资金 = 年度销售收入 × 假设的流动资金占销售的比例（%）。

无论用哪个方法，首年投入的流动资金都为现金流量的流出。次年开始，当年投入的流动资金为变化数字，流动资金增加，则现金流量为流出；流动资金减少，则现金流量为流入。

在商业社会里，不排除有些企业处于一个非常好的市场地位，可以大量占用供应商的资金，从而使得流动资金为负数。比如，Y 企业主营业务为定制化家居，其客户为各地经销商。因为定制化产品具有特殊性，经销商会预收客人的货款，再下订单并支付货款给 Y 企业，然后 Y 企业安排生产与发货。显然，这种商业模式下，Y 企业几乎没有应收账款，如果存货管理又很好，假设 DIO 为 30 天，而供应商提供的平均信用期比较长，假设 DPO 有 90 天，Y 企业的流动资金就会成为负数。在这个条件下，企业扩大业务规模，占用更多供应商的资金，流动资金的变化，使现金流量产生正流入。

假设在 Excel 开发固定资产投资决策模型，需要计算 IRR、NPV、折现率与动态法投资回收期，还要熟练使用函数 NPV 与 IRR。

在固定资产投资决策模型中，折现率通常使用 WACC，即加权平均资金成本。WACC 的确定，对于 NPV 与动态法投资回收期来说至关重要，相当于最低资本回报率对于 IRR 的重要性。

计算 WACC 时，首先要明确公司的财务结构，即负债与所有者权益各
自所占的比重。其次，确定负债的资金成本率，可以参考公司目前的银行贷
款利率，再减去企业所得税得到税后的成本。然后，确定权益资本成本率，
权益资本成本是税后分红，不用考虑企业所得税。最后分别计算各自的资金
成本，加总后再计算 WACC。

如图 12-10 所示，假设负债为 600 万美元，权益为 400 万美元，负债资
金成本与权益资金成本分别为 6% 与 15%，计算出 WACC 为 8.7%。

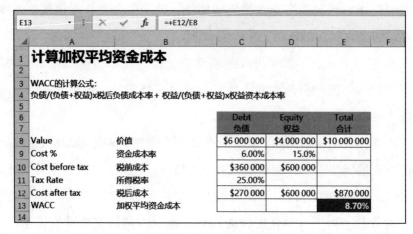

图 12-10　WACC 的计算

那么该如何计算权益资本成本率呢？第一，确定无风险利率，通常使用
国债利率；第二，确定市场的预期回报，即在投资国家或地区该行业的预期
回报率，以及确定投资项目的贝塔值，即投资项目的风险系数。举个例子，
无风险利率为 3%，市场的预期回报为 9%，贝塔值为 2，则权益资本成本率
=3%+(9% − 3%) × 2=15%，参见图 12-11。

完成了 WACC 的计算，再利用 NPV 函数与 IRR 函数的公式与逻辑，你
就可以尝试开发固定资产投资决策模型了。

案例 12-4 就是固定资产投资决策模型的应用例子。

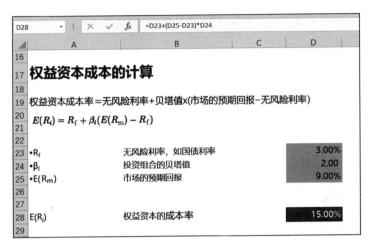

图 12-11　权益资本成本率的计算

○ 案例 12-4

B 公司董事会批准了在中国华南区投资一条塑料薄膜生产线，固定资产总投资金额为 2 000 万美元，开办费用为 100 万美元。假设流动资金为销售收入的 10%。投资 10 年后的残值收入假设为 200 万美元，折旧年限为 10 年，用直线法计提折旧。

该生产线每年的最大产量为 10 000 吨，估计首年利用率为 80%，次年为 90%，第 3 年开始为 100%。并假设每吨产品的销售价格为 2 500 美元，考虑到后期竞争力下降，第 6 年开始价格每年降 1%。

假设原材料成本为每吨 1 400 美元，直接人工费用为每吨 100 美元，变动制造费用为每吨 300 美元，固定制造费用为 100 万美元。

假设新增营业费用占销售收入的比例为 2%，所得税税率为 25%，最低资本回报率为 15%。

根据上面的资料，开发固定资产投资决策模型，将 IRR 作为关键的决策指标。

开发此模型，首先要设置关键假设，把已知的假设条件用报表呈现出来，如图 12-12 所示。

C30 ='图12-14'!E35

	A	B	C	D
1	**关键假设**			
2				
3	货币单位：万美元			
4				
5	固定资产投资	万美元	2 000	
6	开办费	万美元	100	
7	残值收入	万美元	200	
8				
9	流动资金占销售收入比例		10%	
10				
11	最大产量	吨	10 000	
12	首年		80%	
13	次年		90%	
14	第3年开始		100%	
15				
16	销售价格	美元/吨	2 500	
17	从第 6 年开始逐年降低		1%	
18				
19	原材料成本	美元/吨	1 400	
20	直接人工	美元/吨	100	
21	变动制造费用	美元/吨	300	
22				
23	其他固定制造费用（不包括折旧）	万美元	100	
24	新增营业费用占销售收入比例		2%	
25				
26	所得税税率		25%	
27				
28	最低资本回报率（Hurdle Rate）		15%	
29				
30	IRR		14.1%	
31				

图 12-12 关键假设

然后，把这些关键假设的条件关联到另外一个工作表，即固定资产投资决策模型，如图 12-13 所示。模型的计算结果 IRR 为 14.1%，低于目标回报率的 15%，那么判断这个项目没有达到目标值，可能会被否决。

IRR 没有达到目标值，需要进一步研究，销售数量可否提升？或者可否调整销售价格？为了支持管理层决策，我们可以做敏感性分析，如图 12-14 所示，对数量与价格的敏感性进行模拟运算。

E35 　=IRR(E31:O31)

固定资产投资决策模型

货币单位：万美元	Y0	Y1	Y2	Y3	Y4	Y5	Y6	Y7	Y8	Y9	Y10
数量（吨）		8 000	9 000	10 000	10 000	10 000	10 000	10 000	10 000	10 000	10 000
销售收入		2 000	2 250	2 500	2 500	2 500	2 475	2 450	2 426	2 401	2 377
单价（美元/吨）		2 500	2 500	2 500	2 500	2 500	2 475	2 450	2 426	2 401	2 377
直接材料		1 120	1 260	1 400	1 400	1 400	1 400	1 400	1 400	1 400	1 400
直接人工		80	90	100	100	100	100	100	100	100	100
变动制造费用		240	270	300	300	300	300	300	300	300	300
折旧费用		180	180	180	180	180	180	180	180	180	180
其他固定制造费用		100	100	100	100	100	100	100	100	100	100
销售成本		1 720	1 900	2 080	2 080	2 080	2 080	2 080	2 080	2 080	2 080
销售毛利		280	350	420	420	420	395	370	346	321	297
营业费用		40	45	50	50	50	50	49	49	48	48
EBITDA		420	485	550	550	550	526	501	477	453	430
EBITDA比率		21%	22%	22%	22%	22%	21%	20%	20%	19%	18%
固定资产投资	−2 000										
开办费用	−100										
残值收入											200
流动资金		−200	−25	−25							250
所得税	25	−60	−76	−93	−93	−93	−86	−80	−74	−68	−62
现金流量	−2 075	160	384	433	458	458	439	421	403	385	817
累计现金流量	−2 075	−1 915	−1 531	−1 099	−641	−184	255	676	1 079	1 464	2 282
税后IRR	14.1%		目标回报率		15.0%						

图 12-13　固定资产投资决策模型

敏感性分析 – 数量和价格

14.1%	8 000	8 500	9 000	9 500	10 000	10 500	11 000	11 500	12 000
2 400	5.7%	6.9%	8.0%	9.1%	10.2%	11.2%	12.2%	13.2%	14.2%
2 450	7.5%	8.7%	9.9%	11.0%	12.2%	13.3%	14.3%	15.4%	16.4%
2 500	9.2%	10.4%	11.7%	12.9%	14.1%	15.3%	16.4%	17.5%	18.6%
2 550	10.8%	12.2%	13.5%	14.7%	16.0%	17.2%	18.4%	19.5%	20.7%
2 600	12.4%	13.8%	15.2%	16.5%	17.8%	19.1%	20.3%	21.5%	22.7%
2 650	14.0%	15.4%	16.9%	18.2%	19.6%	20.9%	22.2%	23.5%	24.7%
2 700	15.5%	17.0%	18.5%	19.9%	21.3%	22.7%	24.1%	25.4%	26.7%

图 12-14　敏感性分析

案例 12-4 中的模型非常简单，但已经把固定资产投资的各个要素演练了一遍。在实际进行重大的固定资产投资决策的时候，可行性分析的程序为：

目标的确定：根据企业发展需要，内部提出并确定有投资意向的投资方案。

方案拟订：拟订达到同一投资目标的多个互相可替代的方案。

方案分析与比较：选定一个基础方案（通常假定是最好的）作为比较对象，要让各备选方案有可比性，比如时间、产量与质量。

评价模型的建立：确定关键假设、公式与函数，搭建模型，计算 IRR 与 NPV，如有必要，还可进行敏感性分析。在评价模型里面包括多个工作表，比如汇总与签署表、市场与销售分析、项目工程分析、固定资产投资清单、利润表与可行性评估分析、销售预测、成本预测、流动资金预测、人员与组织架构。

综合评价与选优：除了要以经济效益作为选择最优方案的最重要依据，还要考虑社会、政治、环境等因素。

最后总结一下固定资产投资可行性分析的注意事项：

- 折旧方法的选择不影响 EBITDA，但会影响到税前利润，从而影响到现金流量与 IRR。对于企业来说，采用加速折旧法，相当于将企业所得税延后缴纳了，对前期的现金流量有利，这样可以提高 IRR。
- 固定制造费用和营业费用，指这个项目带来的额外费用，不是运营未来项目后分摊到的费用。比如，一个公司现有一条塑料薄膜生产线，年产量为 10 000 吨，目前每年营业费用为 1 000 万元。现计划增加一条生产线，年产量也是 10 000 吨，营业费用需要增加 200 万元，那么在开发新项目的投资决策模型的时候，只需要考虑 200 万元的营业费用，而不是未来运营的时候分摊到的营业费用（600 万元）。

- 在建设期发生的开办费用，是有抵税作用的费用化支出，要抵减企业所得税的影响。

- 流动资金在第 2 年或以后年份，是指增加的部分，假设到最后一年全部收回。

- 项目投资成本不得包括资本化利息，如果项目预算包含了资本化利息，也要将其扣除掉。需要注意的是，计算 IRR 时不用考虑资本化利息，否则可能会把一个好项目给淘汰了。

- 在经营期发生的利息费用，会影响所得税，但利息费用在计算项目的 IRR 时也不作为现金支出项，除非计算 EIRR（权益内部收益率）。计算 EIRR 时可将利息费用作为现金支出项，但是前期的投入 CAPEX 不是项目投资本金，而是企业投入的权益资本，后面经营期间的还款与利息也作为现金支出项。详见案例 12-5。

○ 案例 12-5

有些企业进行固定资产等投资时，资金来源一般为贷款和权益资本，分别使用 PIRR 与 EIRR 来进行决策。

PIRR（Project IRR），即项目内部收益率，是指整个项目的收益率。它的计算是假定项目融资中没有贷款部分，计算回报率时只考虑项目的现金流（即不包括融资成本）。

EIRR（Equity IRR），即权益内部收益率，只考虑权益股东的现金流。EIRR 是权益股东对其投资的资金所赚取的回报率。

假设有个投资项目，是建造厂房，然后将其出租。

现假设项目的建造成本为 1 000 万元，每年的租金收入为 120 万元，10 年后厂房的市场价格可以为 1 600 万元。如图 12-15 所示，计算得到 PIRR 为 15%。

	A	B	C	D	E	F	G	H	I	J	K	L
1	**PIRR与EIRR的计算**											
2												
3	假设有个投资项目，建造厂房，然后将其出租。											
4	假设项目的建造成本为1 000万元，每年的租金收入为120万元，最后厂房的销售价格可以为1 600万元。											
5	计算项目IRR（PIRR）及权益IRR（EIRR）。											
6												
7	建造成本	1 000										
8	每年租金收入	120										
9	售出价格	1 600										
10												
11	项目现金流量	Y0	Y1	Y2	Y3	Y4	Y5	Y6	Y7	Y8	Y9	Y10
12	建造成本	(1 000)										
13	每年租金收入		120	120	120	120	120	120	120	120	120	120
14	售出价格											1 600
15	合计现金流量	(1 000)	120	120	120	120	120	120	120	120	120	1 720
16												
17	项目IRR	15.0%	=IRR(B15:L15)									
18												

图 12-15 PIRR 的计算

现假设项目的建造成本为 1 000 万元，其中 300 万元是权益资本，700 万元来自贷款，假设未来 10 年等额归还本息，每年支付 95 万元。假设权益资金成本为 12%，贷款利率为 6%。那么，对于企业来说，前期投入为 300 万元，后面每一年分期付款，计算出 EIRR 为 22.8%。因为成功利用了财务杠杆，企业获得了更高的收益率。计算结果如图 12-16 所示。

	A	B	C	D	E	F	G	H	I	J	K	L
1	**PIRR与EIRR的计算**											
2												
3	假设有个投资项目，建造厂房，然后将其出租。											
4	假设项目的建造成本为1 000万元，每年的租金收入为120万元，最后厂房的销售价格可以为1 600万元。											
5	计算项目IRR（PIRR）及权益IRR（EIRR）。											
6												
24	融资下的现金流量											
25	取得贷款（假设10年）	700										
26	权益资本投入	300										
27	利息与本金支付		(95)	(95)	(95)	(95)	(95)	(95)	(95)	(95)	(95)	(95)
28	每年租金收入		120	120	120	120	120	120	120	120	120	120
29	售出价格											1 600
30	净现金流量	(300)	25	25	25	25	25	25	25	25	25	1 625
31												
32	权益IRR	22.8%	Equity IRR									
33												

图 12-16 EIRR 的计算

12.3　企业估值模型：资本运作的必备利器

企业估值模型是非常有代表性与挑战性的财务模型，很多财务人员职业生涯里少有机会接触，估值模型因此显得神秘。FP&A 经理或总监有更多的机会参与公司的投融资、并购、IPO 等资本运作事务，需要具备开发估值模型的能力。

在开发估值模型前，要注意企业在不同的发展阶段，估值方法是不同的。比如，一个正在研发与试验阶段的企业，想吸引投资人入股，是无法靠未来若干年的自由现金流量贴现来估值的，毕竟企业连销售收入都没有，投资本金只能依靠创始人的投入或天使资本。

下面的几种估值方法，适用于企业的不同发展阶段。

12.3.1　P/MAU 估值法

MAU（monthly activated users），即每月活跃用户，企业 MAU 估值等于 MAU 乘以每个用户的价值（P/MAU），用户价值参考可对比同行业公司。

P/MAU 估值法适合没有利润，销售业务也刚刚起步的公司，适合 VC 风险投资与 A 轮定价。比如一个已经上线的网络游戏，现有 100 万活跃用户，如果每个游戏用户的价值为 100 元，则企业 MAU 估值为 1 亿元。

12.3.2　P/S 估值法

P/S 估值法是市销率估值法，通过比较稳定的销售收入来估值，适合于评估亏损公司的价值。特别适合正在发展且未有盈利的互联网企业，在 B 轮、C 轮融资的企业，或者正处于亏损期的企业。

市销率是市价对每股销售收入的比值，英文为 price-to-sales，简称 PS。

市销率（PS）= 股价 / 每股销售收入 = 市值 / 销售额

市销率的优点主要有以下几个，一是对于正在发展中的未有盈利的企业，或持续亏损的企业，可以由此计算出一个有参考意义的价值乘数；二是比较稳定可靠，不容易被操纵；三是可以用市销率来与行业对手进行对比，判断企业的投资价值。

当用市销率来评估亏损的公司时，它反映的是该公司的价值相对于行业其他对手是否有投资机会。假设这家公司的市销率是1，而同行业其他对手的平均市销率是2，那么意味着有投资机会，如果该公司能够扭亏为盈，其股价将会大幅上涨。

使用市销率估值时，要注意，不同行业之间的数据指标没有可比性，此时可以结合毛利率、销售增长率等指标来综合分析。

此外，市销率作为一种估值方法，并没有考虑到高负债公司偿还债务的支出。市销率估值时要考虑标的公司的债务情况，在相同的市销率下，一个没有债务的公司会比高负债、高杠杆的公司更具吸引力。

12.3.3　EV/EBITDA 估值法

一个企业的净利润为负数，但通常 EBITDA 为正数。这个时候，可以用 EBITDA 对企业估值。

EBITDA 估值等于上年的 EBITDA 乘以合理的倍数（EV/EBITDA），倍数由行业平均水平、企业经营状况与资本市场行情决定。

EBITDA 是很受资本市场欢迎的指标，越来越多的上市公司与市场分析师推荐投资者使用 EBITDA 进行分析。当一个行业处于低迷时期，很多公司利润表现不理想，用 PE 估值显得廉价。这个时候，资本大鳄利用市场低迷进行收割，用 EBITDA 指标选出投资标的，比如 EBITDA 表现不错，但是亏损且市值低迷的公司。资本大鳄买下来之后，将标的公司私有化，退市，派驻董事会，更换管理层，然后更换合作银行，降低贷款利息与财务费用，进行眼花缭乱的资本运作与并购重组，将标的公司打造成扭亏为盈并快速增长的企业形象，企业价值得以快速修复与改善。案例 12-6 就是一个真实的例子。

○ **案例 12-6**

笔者亲身经历过黑石操盘的资本运作案例。2009 年，黑石利用美国金融危机，想收购无纺布行业的上市公司，并盯上了美国 PGI 公司。PGI 是一家在美国纽约证券交易所上市的公司，专注于开发与生产无纺布材料。

2010 年初，黑石成功收购了 PGI 全部股权，以 3.3 亿美元的低价成交，相当于上一年 EBITDA 的 4 倍，接着将其私有化、退市。接下来 5 年，PGI 先后收购了几个竞争对手，包括英国的 Fiberweb、巴西的 Providencia、法国的 Dounor，很快成为行业的领导者，销售收入高居行业榜首。在并购过程中，黑石不用再提供资金支持，只是帮助 PGI 向合作银行融资。同样，每次收购完成后，被收购的公司也是被私有化，退市，关闭总部，解散管理层，卖掉不想保留的工厂，取得整合效益。

在黑石的要求下，PGI 从 2014 年开始优化经营，追求业务卓越，宣布赢在中国的战略，并对外宣称在纽约证券交易所重新 IPO。2015 年 2 月，递交了 IPO 申请，6 月将公司的名字改为 AVINTIV 特种材料公司，以展示一个注重技术与研发的全新公司形象。PGI 资本运作的过程如图 12-17 所示。

但在 2015 年 8 月，黑石突然宣布与美国 Berry 塑料达成交易，成交价格为 24.5 亿美元，以现金交易，相当于上一年 EBITDA 的 6.9 倍。这个为期 5 年半的资本运作，起初投入 3.3 亿美元，后来收回 24.5 亿美元，用 XIRR 函数计算，可以得到 IRR 为 55.3%，显然这是一个非常出色的投资回报。

2010年，黑石谈判购买PGI股份，以3.3亿美元的低价成交，相当于上一年EBITDA的4倍，随后将其私有化、退市

2014年，开始优化经营战略，追求业务卓越，对外宣称重新IPO

2015年8月，宣布与美国Berry塑料达成交易，成交价格为24.5亿美元，相当于上一年EBITDA的6.9倍

此后5年，PGI先后收购Fiberweb, Providencia, Dounor，成为行业领袖，取得整合效益，更换管理层

2015年2月，递交IPO申请，6月改名为AVINTIV特种材料公司

图 12-17　PGI 资本运作的过程

12.3.4　P/B 估值法

P/B 估值法的计算公式是：股价 = 每股净资产 × 合理的市净率（P/B），市净率与行业平均水平以及企业经营状况有关。

P/B 估值法适用于高风险行业以及周期性较强的行业，拥有大量资产并且账面价值相对稳定的企业，比如银行、房地产企业。

12.3.5　P/E 估值法

股价 =EPS × 市盈率（P/E），市盈率与行业平均水平以及企业业绩增长有关。P/E 估值法适用于已经有稳定利润的公司，但通常不适用于高科技与互联网企业。

12.3.6 DCF 估值法

目前最广泛使用的自由现金流量折现估值法，即 DCF 估值法，提供了严谨的分析框架，系统地考虑影响公司价值的每一个因素，最终评估一个公司的投资价值。DCF 估值法的逻辑与步骤如下。

第一步，测算企业自由现金流量。

DCF 模型的基础是对企业的财务预测，需要根据财务预测结果，测算企业自由现金流量（Free Cash Flow，FCF）。

自由现金流量是指企业在满足了再投资需求之后剩余的，不影响持续发展前提下的，可供投资人与各利益相关者分配的现金，即基于公司资产每年能够创造出的可用于股东和债权人分配的自由现金。自由现金流量的公式如下：

$$自由现金流量 = 息税前利润 - 企业所得税 + 折旧与摊销 -$$
$$其他非现金支出 - 资本支出 +/-$$
$$营运资金的变化$$

其中资本支出与营运资金的变化属于满足企业再投资需求的支出。一般营运资金随着销售增长是需要追加的，但有时也会有例外。比如零售行业的企业可以占用供应商的资金，随着业务的增长，营运资金还会带来现金流量的流入。

折旧与摊销包括固定资产折旧和无形资产摊销。

其他非现金支出包括坏账准备、存货减值准备、汇兑损失准备等。如果没有明确的预测数字，可以忽略。

自由现金流量不反映融资活动的影响，不考虑股利、新增股本、偿还贷款本息等。

DCF 估值法假设标的企业永续经营。但在 DCF 估值模型里，通常使用

10年作为假设的预测期；如果是创业型公司，预测期通常为 3 ~ 5 年。

第二步，确定 WACC，用来计算未来 10 年自由现金流量的 NPV。

预测出企业自由现金流量之后，再根据公司所在行业特点选取合适的折现率对自由现金流量进行贴现，折现率一般为 WACC。

确定了 WACC 之后，对未来 10 年的自由现金流量进行贴现，分别用 PV 函数对每年的自由现金流量进行贴现再加总，或者使用 NPV 函数对 10 年的自由现金流量进行贴现。

第三步，假设预测期以后的永续增长率，并计算出终止价值。

假设标的公司永续经营，在预测期结束后，需要计算出一个终止价值，然后对终值进行贴现。

终止价值（TV）= 第 10 年的自由现金流量 ×

（1+ 永续增长率）/（WACC- 永续增长率）

计算出终值后，再计算终值的现值。

要确定终止价值，需要先确定永续增长率，通常这是一个主观的假设。如果避免用永续增长率，也可以用退出倍数法预测终止价值，即假设在预测期期末出售企业可能成交的价格，按照一定的估值倍数估算，比如按照预测期最后一年的 EBITDA，乘以 EV/EBITDA 倍数估算。

第四步，计算股权价值。

计算股权的价值需要考虑 10 年自由现金流量的净现值（NPV），即预测期满的终止价值的现值（PV），减去少数股东权益、有息债务，并加上溢余资产。

有息债务包括银行贷款、企业债券等，经营性的负债，如应付账款、应付票据与预收账款，则不扣除。

溢余资产是指没有在预测期产生收益但现在存在客观价值的资产，如可供出售金融资产、长期股权投资等。

简单来说，股权价值 =10 年 DCF 的 NPV+TV 的 PV－ 净债务和少数股东权益 + 溢余资产。

如果需要对标的公司的部分股权进行交易，则交易股权的价值等于股权价值乘以股权比例。

如果需要 IPO，则通过股权价值除以股票数量，可以得到每股股票的价值。案例 12-7 是阿里巴巴的投资公司计算开盘价的例子。

○ 案例 12-7

2014 年 9 月 20 日，阿里巴巴集团成功登陆美国纽约证券交易所，并以 92.7 美元的价格开盘，较 68 美元 / 股的发行价上涨 36.32%。以首日开盘价计算，阿里巴巴的市值达到 2 383 亿美元。阿里巴巴在纽交所上市总计融资 217.7 亿美元，成为当时美国有史以来规模最大的 IPO。

开盘之后，买卖双方集合竞价激烈，阿里巴巴开盘价罕见"难产"，在开盘上市两个小时之后，第一笔交易才达成。

怎么估算阿里巴巴的开盘价？下面的估值模型与计算步骤，可供学习与参考。

第一步，预测未来 10 年的自由现金流量，并计算其现值，如表 12-2 所示。

第二步，计算适合阿里巴巴的 WACC，为 9.44%。

第三步，假设永续增长率为 3%，计算 2025 年的自由现金流量。

第四步，计算 2024 年的终止价值及其现值。

第五步，加上 2015 ～ 2024 年的自由现金流量的现值，得到企业价值。

第六步，减去净债务与少数股东权益，得到股权价值。

第七步，也是最后一步，将股权价值折算为美元，并除以股票数量，得到了每股价值为 92.8 美元。详见图 12-18。

表 12-2　阿里巴巴自由现金流量及其现值

(单位：百万元)

在3月结束的会计年度	2014	2015	2016	2017	2018	2019	2020	2021	2022	2023	2024
营业收入	52 504	78 164	108 473	136 860	168 003	201 150	239 328	269 540	296 752	317 524	330 225
息税前利润	24 920	28 650	46 334	63 763	83 454	106 109	126 072	143 017	157 437	168 287	175 019
企业所得税税率 (预估平均)	12.8%	23.5%	24.8%	25.3%	25.6%	25.9%	24.9%	25.2%	25.5%	25.8%	26.2%
企业所得税 (理论值)	-3 190	-6 733	-11 491	-16 132	-21 364	-27 482	-31 392	-36 040	-40 146	-43 418	-45 855
+折旧	1 339	2 418	3 768	5 153	6 388	7 428	8 138	8 677	9 207	9 844	10 587
-资本支出	-4 776	-7 816	-8 135	-8 896	-10 080	-11 228	-11 966	-12 129	-11 870	-11 501	-11 127
+净营运资金变化	-4 682	-9 804	-536	550	471	779	-2 340	-3 185	-2 883	-2 870	-2 758
=自由现金流	13 611	6 715	29 940	44 438	58 869	75 606	88 512	100 340	111 745	120 342	125 866
贴现现金流的现值		6 715	27 359	37 106	44 918	52 714	56 392	58 416	59 447	58 502	55 912

资本成本		
无风险利率	3.90%	
股权风险溢价（即市场预期回报率与无风险利率之差）	5.60%	
贝塔值	1.00	
股权资本成本	9.50%	= 无风险利率 + 股权风险溢价 × 贝塔值
税后债务成本（已经扣除企业所得税）	3.00%	
净负债价值 / 企业价值	1%	
加权平均资金成本（WACC）	9.44%	
永续增长		
永续增长率	3.0%	
2025 年自由现金流	129 642	=2024 年自由现金流 ×（1+ 永续增长率）
价值计算		
2024 年终值	2 014 639	=2025 年自由现金流 /（加权平均资金成本 – 永续增长率）
终值的现值	894 934	即 2024 年终止价值的现值
＋2015～2024 年自由现金流的现值	457 481	
＝企业价值	1 352 415	= 终值的现值 +10 年自由现金流的现值
－ 净债务和少数股东权益	18 420	
＝股权价值（百万元）	1 333 995	
人民币兑美元汇率	6.14	
＝股权价值（百万美元）	217 263	
股票数量（百万）	2 341	
股票价值（以美元计）	92.8	

图 12-18　WACC 与价值的计算

　　对估值的结果还可以进行敏感性分析与合理性检验。

　　（1）敏感性分析。根据 DCF 模型得出企业股权价值后，可以通过敏感性分析来检验估值结果，从而优化关键假设与模型。

　　敏感性因素一般可选择如销售收入、EBIT、WACC、永续增长率等主要参数。敏感性分析可以采用模拟运算的方式，以便于呈现与判断敏感性程度与项目的抗风险能力。

（2）合理性检验。针对模型中参数的合理性进行检验和检查，主要是对模型中使用到的关键假设与参数的合理性进行检验，包括预测的收入、原材料成本、毛利润率、净利润率、运营资金周转指标、WACC、永续增长率等。

合理性检验的逻辑是要依据行业发展规律，与同行业公司对比，测算数据及参数是否在合理区间内，避免出现明显不符合逻辑、难以解释的参数。

平衡计分卡绩效指标库

1. 财务指标

指标类别	序号	指标名称	指标定义/计算公式
偿债能力指标	1	流动比率	流动资产 ÷ 流动负债 ×100%
	2	资产负债率	负债 ÷ 资产 ×100%
	3	利息保障倍数	(利润总额 + 利息费用) ÷ 利息费用
	4	营运资金	流动资产 − 流动负债
经营能力指标	5	应收账款周转率	销售收入净额 ÷ 应收账款平均余额
	6	应收账款周转天数	365/ 应收账款周转率
	7	存货周转率	销货成本 ÷ 平均存货
	8	存货周转天数	365/ 存货周转率
	9	应付账款周转率	销货成本 ÷ 平均应付账款
	10	应付账款周转天数	365/ 应付账款周转率
	11	现金营运周期	应收账款周转天数 + 存货周转天数 − 应付账款周转天数
	12	营运资金占销售百分比	(应收账款 + 存货 − 应付账款) / 销售收入 ×100%
	13	总资产周转率	销售收入 ÷ 平均总资产

（续）

指标类别	序号	指标名称	指标定义 / 计算公式
盈利能力指标	14	净利润率	净利润 ÷ 销售收入净额
	15	总资产利润率	净利润 ÷ 平均资产总额
	16	净资产利润率	净利润 ÷ 平均所有者权益
	17	每股收益	净利润 ÷ 发行在外的普通股加权平均数
	18	市盈率	每股价格 ÷ 每股收益
成长能力指标	19	销售收入增长率	本期销售收入增长额 ÷ 上期销售收入 ×100%
	20	总资产增长率	本期总资产增长额 ÷ 上期有效总资产 ×100%
	21	主营业务利润增长率	本期主营业务利润增长额 ÷ 上期主营业务利润总额 ×100%
	22	净利润增长率	本期净利润增长额 ÷ 上期净利润 ×100%

2. 客户指标

指标类别	序号	指标名称	指标定义 / 计算公式
客户	1	市场份额	销售收入 ÷ 行业销售总额 ×100%，或销售数量 ÷ 行业销售数量 ×100%
	2	销售计划达成率	实际销售额 ÷ 计划销售额 ×100%
	3	销售增长率	本期销售增加额 ÷ 上期末销售额 ×100%
	4	新产品销售比例	新产品销售收入 ÷ 总销售收入 ×100%
	5	新客户销售额比例	新客户销售收入 ÷ 总销售收入 ×100%
	6	大客户销售额比例	大客户销售收入 ÷ 总销售收入 ×100%
	7	客户平均销售收入	总销售收入 ÷ 客户总数
	8	客户平均利润贡献	净利润（或用其他利润指标）÷ 客户数
	9	客户流失率	流失客户数量 ÷ 期初客户总数 ×100%
	10	准时交货率	准时交货数量 ÷ 已承诺客户订单总数量 ×100%
	11	广告投放计划执行率	（广告实际投放次数 - 计划投放次数）÷ 计划投放次数 ×100%
	12	市场活动目标达成率	（实际指标 - 计划指标）÷ 计划指标 ×100%

3. 内部流程指标

指标类别	序号	指标名称	指标定义 / 计算公式
质量	1	质量合格率	合格产品数量 ÷ 总产量 ×100%
	2	返工率	返工数量 ÷ 总产量 ×100%
	3	退货率	退货数量 ÷ 售出产品数量 ×100%
成本控制	4	单位产品成本	总成本 ÷ 产品数量
	5	原材料损耗差异	—
	6	成本节约目标达成率	实际节约数 ÷ 计划节约数 ×100%
效率	7	原材料采购计划完成率	实际采购数 ÷ 计划采购数 ×100%
	8	产品供货周期	产品从确立订单到交货的周期
	9	生产能力利用系数	投入生产的资产 ÷ 可用于生产的资产总额 ×100%
	10	固定资产利用率	销售收入 ÷ 固定资产净值 ×100%
创新	11	新产品开发上市数量	—
	12	获得国家专利数量	—
	13	新产品计划销售达成率	新产品销售数 ÷ 计划销售数 ×100%
	14	新产品利润构成率	新产品利润贡献额 ÷ 产品利润贡献总额 ×100%

4. 学习与成长指标

指标类别	序号	指标名称	指标定义 / 计算公式
学习与成长	1	培训覆盖率	参加培训人数 ÷ 员工总数 ×100%
	2	员工年均培训时间	企业年度参加培训的员工时间之和 ÷ 员工总数
	3	员工培训费比率	实际培训支出 ÷ 销售额 ×100%
	4	员工流失率	员工流失数 ÷ 同期员工平均数 ×100%
	5	员工主动流失率	员工主动流失数 ÷ 同期员工平均数 ×100%
	6	关键员工流失率	关键员工流失数 ÷ 同期关键员工平均数 ×100%
	7	关键员工主动流失率	关键员工主动流失数 ÷ 同期关键员工平均数 ×100%

附录二

上市公司的财务分析内容

网易财经对上市公司财务分析的内容包括主要财务指标、盈利能力、偿还能力、成长能力、运营能力，具体的指标如下。

1. 主要财务指标

1）基本每股收益（元）　　　　2）每股净资产（元）

3）每股经营活动产生的现金流量净额（元）

4）主营业务收入（万元）　　　5）主营业务利润（万元）

6）营业利润（万元）　　　　　7）投资收益（万元）

8）营业外收支净额（万元）　　9）利润总额（万元）

10）净利润（万元）

11）净利润（扣除非经常性损益后）(万元)

12）经营活动产生的现金流量净额（万元）

13）现金及现金等价物净增加额（万元）

14）总资产（万元）　　　　　15）流动资产（万元）

16）总负债（万元）　　　　　17）流动负债（万元）

18）股东权益（不含少数股东权益）（万元）

19）净资产收益率加权（%）

2. 盈利能力

1）总资产利润率（%）　　　　　　2）主营业务利润率（%）

3）总资产净利润率（%）　　　　　4）成本费用利润率（%）

5）营业利润率（%）　　　　　　　6）主营业务成本率（%）

7）销售净利率（%）　　　　　　　8）净资产收益率（%）

9）股本报酬率（%）　　　　　　　10）资产报酬率（%）

11）销售毛利率（%）　　　　　　　12）三项费用比重（%）

13）非主营比重（%）　　　　　　　14）主营利润比重（%）

3. 偿还能力

1）流动比率（%）　　　　　　　　2）速动比率（%）

3）现金比率（%）　　　　　　　　4）利息支付倍数（%）

5）资产负债率（%）

6）长期债务与营运资金比率（%）

7）股东权益比率（%）　　　　　　8）长期负债比率（%）

9）股东权益与固定资产比率（%）

10）负债与所有者权益比率（%）

11）长期资产与长期资金比率（%）

12）资本化比率（%）　　　　　　　13）固定资产净值率（%）

14）资本固定化比率（%）　　　　　15）产权比率（%）

16）清算价值比率（%）　　　　　　17）固定资产比重（%）

4. 成长能力

1）主营业务收入增长率（%）　　　　2）净利润增长率（%）

3）净资产增长率（%）　　4）总资产增长率（%）

5. 运营能力

1）应收账款周转率（次）　　2）应收账款周转天数（天）

3）存货周转率（次）　　4）固定资产周转率（次）

5）总资产周转率（次）　　6）存货周转天数（天）

7）总资产周转天数（天）　　8）流动资产周转率（次）

9）流动资产周转天数（天）

10）经营现金净流量对销售收入的比率（%）

11）资产的经营现金流量回报率（%）

12）经营现金净流量对净利润的比率（%）

13）经营现金净流量对负债的比率（%）

14）现金流量比率（%）